本书是 2010 年度国家社科基金重大项目"中国土地制度变革史"（项目批准号：10ZD&078）的成果

中国土地制度史

The History of Land Institution in Traditional China

龙登高 主编

【卷四】

佃权新论：
中国传统农地经营权制度研究

何国卿 唐云建 魏星 著

中国社会科学出版社

目 录

上篇 土地经营权市场配置下的"非自耕农化"

第一章 "底面分离":中国近世地权制度的一次革命 …………(3)
　　第一节　地权分化的发生和发展 ………………………………(5)
　　第二节　交易形式多样化保障和促进地权分化 ………………(9)
　　第三节　研究综述和本篇概要 …………………………………(13)

第二章 "非自耕农化"现象及其内在选择机理 ………………(21)
　　第一节　不符合理论预期的"非自耕农化"现象 ……………(23)
　　第二节　市场环境和行动主体的相关规定 ……………………(33)
　　第三节　无限期内的农户总和效用最大化模型 ………………(38)
　　第四节　以"阶梯价格"策略实现最优发展 …………………(46)

第三章 "自耕农是否最优"的再讨论 …………………………(55)
　　第一节　自耕农经营模式不是农户最优发展的必然形态 …(56)
　　第二节　自耕农经营模式对农户和社会资源配置的扭曲 …(60)
　　第三节　自耕农经济是低水平均衡 ……………………………(68)

目 录

中篇　押租制与农地经营权交易体系

第四章　传统农地制度演化视角下的押租制 ……………（79）
　　第一节　押租制的基本含义 ………………………………（79）
　　第二节　押租制与传统农地制度 …………………………（80）
　　第三节　研究综述和本篇概要 ……………………………（105）

第五章　押租制理论模型 ……………………………………（124）
　　第一节　押租制经济功能的现有理论观点 ………………（124）
　　第二节　作为地租保证金的基础押租模型 ………………（126）
　　第三节　作为长期土地改良收益分配的稳佃押租模型……（128）
　　第四节　作为地租收入跨期替代的贴现押租模型 ………（141）
　　第五节　押租制理论模型的综合 …………………………（147）

第六章　押租制在传统农地制度中的地位和意义 …………（154）
　　第一节　传统农地制度中的产权/合约连续谱 ……………（154）
　　第二节　农地经营性物权与资产性物权的分离与合成……（158）

下篇　永佃制与江南农业的集约化发展

第七章　永佃制兴起的动因分析 ……………………………（167）
　　第一节　本篇的研究思路 …………………………………（169）
　　第二节　永佃制的概念和实际 ……………………………（171）
　　第三节　永佃制的起源和成因概述 ………………………（179）
　　第四节　现有研究的不足与本篇的创新 …………………（184）

第八章　人口变迁与永佃制的兴起 …………………………（186）
　　第一节　清代江南的人口特征 ……………………………（186）
　　第二节　江南的农业劳动力短缺现象 ……………………（193）

第三节　清前中期江南农业劳动力短缺的原因 …………（195）
　　第四节　农业劳动力短缺与永佃制的兴起 ………………（198）

第九章　江南农业的集约化发展与永佃制的兴起 …………（201）
　　第一节　清代江南农业的进步 ……………………………（201）
　　第二节　清代江南农业在市场推动下的发展 ……………（205）
　　第三节　农业生产的集约化发展 …………………………（210）
　　第四节　江南佃农经营能力的上升 ………………………（215）

第十章　地权市场中的主佃博弈与永佃制的兴起 …………（219）
　　第一节　清代江南地权市场的发展 ………………………（219）
　　第二节　不在地主的增加 …………………………………（223）
　　第三节　永佃制的博弈论分析 ……………………………（227）

第十一章　本书结论和政策启示 ……………………………（236）
　　第一节　打破"自耕农最优论"的陈说 …………………（237）
　　第二节　押租制促进多层地权的形成 ……………………（240）
　　第三节　永佃制兴起的经济学逻辑 ………………………（244）
　　第四节　对当下农村土地改革问题的启示 ………………（246）

参考文献 ……………………………………………………（249）

后　记 ………………………………………………………（266）

上 篇
土地经营权市场配置下的"非自耕农化"

第一章 "底面分离"：中国近世地权制度的一次革命

中国是一个有着几千年悠久历史和灿烂文明的古老的农业大国，在漫长的历史年代中，农业都是我国的立国之本。中国传统农业经济之所以能够长期独步世界、领先西方，能够在有限的土地面积和技术水平下养活人类1/4以上的人口，一个重要的原因就是中国的传统土地制度能够通过土地交易与流转促进资源的优化配置，提高土地单位面积产量。尤其是在人口爆发式增长的中国明清时代的近世社会，[①]传统农地产权制度和交易制度是优化土地、资本与劳动力要素组合的关键。[②]

尽管农业社会的基本经济结构在几千年中没有大的变化，但中国传统的土地制度并不是像过去所认为的那样一成不变的，而是富于创新和发展的。为了实现使资本与土地动态结合以促进土地改良、使土地与具有较高生产效能的劳动力动态结合以提高单位土地产出的目的，中国传统农地制度经历了长期不断的变迁和演进。

在产权制度方面，中国传统土地制度在国有和私有、国家分配和自由买卖之间几经消长。到了明清时期，政府对于民田流转的干预大

[①] 据许涤新、吴承明估计，明朝盛期人口达1.2亿左右，清朝人口在高峰时（1834年）则突破4亿。参见许涤新、吴承明《中国资本主义的萌芽》，人民出版社1985年版，第187—201页。

[②] 龙登高：《地权市场与资源配置》，福建人民出版社2012年版。龙登高：《中国传统地权制度及其变迁》，中国社会科学出版社2018年版。

为减少，发展到"任依私契，官不为理"的民间契约自由的历史阶段。①

在产权制度发展的基础上，明清时期交易制度发展出了极为丰富的形式，出现了胎借、一般租佃、大押佃、典、抵当、活卖、找价、绝卖等多种连续变化的、现期收入和未来收入相互替代的交易类型，已经远远超出了普通意义上的租佃和买卖的范畴。

而土地的经营性物权（田面权）和资产性物权（田底权）的两权分离，则在一些农业较为发达的地区使相当一部分佃农获得了土地自主经营权，成为中农化了的拥有土地和资本的有产者，大大提高了佃农的生产经营能力。②

交易制度的发展以产权制度的变革为前提，而产权制度的发展也受到了交易制度发展的强烈的反馈作用——地权的两权分离（底面分离）在某种程度上就脱胎于传统租佃制度中押租制的发展。由于押租制这一保障长期租佃合约的制度安排得到广泛实施，土地的使用权或耕作权因而得以逐渐转化为永佃权，继而又逐渐转化为田面权，成为乡规民约所公认的土地产权制度中新的惯例，并渐次得到晚清、民国和土地改革时期政府的承认。

赵冈认为："永佃制之出现也可以说是中国'物权'观念的一次革命。"龙登高也指出，以田底权、田面权等形式出现的资产性地权和经营性地权的分离，是明清时期地权制度和地权市场的一次革命。③本章将概述这一"底面分离"的地权革命的总体状况。

---

① 龙登高：《朴素的经济自由主义取向——中国民间经济与基层社会的管理传统流变》，《上海论坛》2011年5月。
② 方行：《清代佃农的中农化》，《中国学术》第2辑，商务印书馆2000年版；龙登高、彭波：《近世佃农经营的性质与收益比较》，《经济研究》2010年第1期；龙登高：《地权市场与资源配置》，福建人民出版社2012年版；龙登高：《中国传统地权制度论纲》，《中国农史》2020年第2期。
③ 赵冈：《永佃制研究》，中国农业出版社2005年版；龙登高：《地权市场与资源配置：基于清代地权交易案例的解释》，《基调与变奏：七至二十世纪的中国》，台北政治大学与"中央"研究院2008年版；龙登高：《清代地权交易的多样化发展》，《清史研究》2008年第3期。

◈◈ 第一章 "底面分离"：中国近世地权制度的一次革命 ◈◈

第一节 地权分化的发生和发展

近世农村土地交易活跃，演化出了较为发达的地权交易市场。龙登高、杨国桢、赵冈、方行、黄宗智[①]等学者的已有研究成果表明，近世的这一农村土地交易市场表现出"交易形式多样"和"交易对象（权利）多层次"两个显著特点，本篇中将这一市场称为"多层次地权交易市场"。

交易形式的多样性和交易地权的多层次性，二者之间相互影响、相互促进。多层次分化的地权要在市场中有效流转交易，需要多样化的、适宜的交易形式为交易的可靠和效率提供保障，交易对象的创新催生交易手段的创新；交易形式的多样化发展，为地权分化并进入市场交易流转提供了可能和便利，又往往是地权分化的重要诱因，交易手段的创新推动交易对象的创新。

一 地权分化成为地权交易的核心问题

一般的土地买卖交易中，交易的对象是完整的土地所有权；一般的土地租佃交易中，交易的对象是单纯的土地使用权。而近世的一些地区，从土地的所有权当中，逐渐分化出权益程度不一的各形式的佃权、田面权、田底权等相互独立的、可单独交易的土地权益。这些权益经由得到市场认可并通行的交易形式，流转配置到不同的持有人手中，权益的存在以及配属透过这一地权交易市场得到确认。

一般的概念中，土地所有权包含对土地的占有、使用、收益、处分，本卷将土地使用权与其他程度不一的经营性收益权复合而成的权益称为佃权，佃权的让渡在地主和佃户之间从交易方式上是"租"、在佃户之间是"转（买卖）"；将田面权、田底权等具有资产性质的

---

① 龙登高：《地权市场与资源配置》，福建人民出版社 2012 年版；杨国桢：《明清土地契约文书研究（修订版）》，中国人民大学出版社 2009 年版；赵冈：《中国土地制度史》，新星出版社 2006 年版；方行：《清代农民经济扩大再生产的形式》，《中国经济史研究》1996 年第 1 期；[美] 黄宗智：《长江三角洲的小农家庭与乡村发展》，中华书局 1992 年版。

权益,视为不同形式、不同层次的所有权益,这些权益的持有者对土地具有一定程度、一定内容的"所有"权益,这些权益的让渡在交易方式上则是"买卖",此外田面权主还可再次招佃、向其佃户让渡一定的佃权。根据已有的研究发现,从纯粹的使用权到程度较低的佃权、再到权益较高的永佃权、进而到田面/田底权,是一个类似"剥洋葱皮"的过程,完整的土地所有权分化成相对独立的、程度大小不一的各种权益。

有学者认为,近世中国土地权益交易的核心问题不再是单纯的土地所有权的交易,而是地权分化。明中叶以后,在西欧"是自耕农民的自有小土地所有制的发展",而在中国"自耕农民的自有小土地所有制并没有得到充分的发展",土地配置的变化"主要不是以地权重新分配的形式,而是以地权分化的特殊形式表现出来"。"所谓地权分化,指的是在原有的地主所有权中,不断分离出使用权——永佃权和分割出部分所有权——田面权,在租佃制度上形成永佃关系,在土地制度上形成'一田两主'的形态。"[1]

章有义通过对明清时期徽州地区的诸多置产簿的研究就发现,田主购进的地权中不少往往是底面分离的,而且即使底面又统一到田主手中,往往也是经历过多次转手的;并且,有意思的是,"即使大小买(大买为田底,小买为田面,笔者注)集中于同一占有者手中,在产权转移时,同一卖主多半还是分立'杜卖契'(田底的买卖契书,笔者注)和'杜吐字'(田面的买卖契书,笔者注),表示是两项买卖";而且"大租(田底,笔者注)和典首(田面,笔者注)即使集中于同一地主手中,仍然是作为不同的地权形态并存着"[2],在置产簿中分别列项记载。可见,地权的分化实际上已经多么地深入人们的习惯和认知当中。

---

[1] 杨国桢:《明清土地契约文书研究(修订版)》,中国人民大学出版社2009年版,第19、91页。

[2] 章有义:《明清徽州土地关系研究》,中国社会科学出版社1984年版,第211、278页。

二 佃权的发展和巩固

已有的研究发现，近世租户的佃权通过不同的方式，从纯粹的使用权逐步扩展——从一般的使用权、到具有一定程度的土地控制权的佃权、再到较长期限的租佃权利，再到永佃权——租户对租佃土地的控制权不断地得到加强，租户对土地的经营和使用具有更强的自由支配权，租佃关系的稳定性也得到更强有力的保障。

佃农通过一定的土地改良投入，可获得一定程度的土地控制权。佃农通过"投入工本将荒地开垦成良田，或改良土地，或通过农田水利设施建设增加土地产出，从而增强对土地的支配权，获得佃田的物权"。"因为佃主在土地价值含量中常常有所投入……这就为佃主自由处分土地及其收益奠定了谈判砝码。"①

佃农通过一定的押租金，获得较稳定的长期租佃权利。如杨国桢的研究发现，在清代时出现了"一种议有年限的长期租佃关系"，比如在湖南地区被称为"小写"的交易形式，这种交易形式就内含预先设定年限和不预先设定年限两种租佃关系；再比如在台湾地区，在嘉庆、道光年间以后，台湾地区的租佃关系当中也盛行一种类似湖南地区的"小写"的租佃关系，当地称之为"贌耕"。以"贌耕"的形式租佃土地的佃农，在达成租佃交易时要先向田主交纳数目不定的"碛地银"，并签订租佃契约规定租佃关系的年限；当租佃年限已满时，则田主要将租约达成时租户交纳的"碛地银"原数奉还。②

当佃农对土地的改良投入或者押租金增加到一定程度，则取得对土地的永佃权利。此外还有通过低价典出土地（先典出后租进）、长期"守耕""霸耕"等方式取得永佃权。取得永佃权的佃户，在不违背租佃契约事先约定的情况下（如欠租、拖租等），享有永久承佃耕作该土地的权利，此时地主不能撤佃，从而佃农享有更多的经营、投资的选择自由。杨国桢研究发现，早在明代中期，永佃权就已经流行

---

① 龙登高：《地权市场与资源配置》，福建人民出版社2012年版，第29、36页。
② 杨国桢：《明清土地契约文书研究（修订版）》，中国人民大学出版社2009年版。

于东南部省份的某些地区，并且在书面的契约形式上被固定下来；到了清代，则不仅在东南部的省份，而且在华北、西南、东北等多个地域也逐渐发展起来。[1]

长期租约下的稳定佃权或者永佃权，与近世盛行的定额租金制度相结合，增强了佃户对土地经营剩余的索取权和控制权，可以降低租佃关系中田主"增租夺佃"的风险，从而确保佃户经营权益。稳定的佃权帮助佃农获得了较大的经营土地的自主权，佃农可以自由地选择他所希望的土地经营方式；通过长期稳定的租佃预期，佃农可以更好地保持生产经营计划的连续性，也更加愿意进行长期性田地改良投入。

三 "一田两主"：地权分化的结果

然而，永佃权只是局限于出佃地主与承佃佃户之间的交易关系，虽然地主让渡更大程度的权益于佃户，虽然佃户明确享有永佃权益，但按照约定无法将此权益在地权市场中转手交易。如果佃户想要退出租佃关系，只有选择"退佃"的方式，即将永佃权益再次归还地主。但事实上，享有永佃权的佃户之间往往会"私相授受"、相互转让自身掌握的永佃权，并逐渐形成惯例、进而成为习俗并得到公开承认。在佃户之间进行交易、转让的永佃权实际就转化成为田面权，此时原地主剩下的土地权益，则成为田底权，也可单独用于交易。

永佃权转化为田面权，实际上是佃权转化为一种所有权；田面权和田底权，事实上成为两种不同形式、不同层次的所有权益，土地形成"一田两主"的情况。如陈秋坤研究发现，台湾早期的因"开垦永佃"而占有永佃权的许多佃户，就"自恃享有永佃权，私下将多余的地块分赎给其他佃农，从而抽取租粟，形成所谓的'田主'"；除了佃户私下"交易"之外，还有垦佃返乡退佃，从而要求田主或者下家承佃的佃户补偿过去的田地投入的情形，也促成了在同一地块上的两种相互独立、自由交易的权利，形成"一田两主"的地权结构。[2]

---

[1] 杨国桢：《明清土地契约文书研究（修订版）》，中国人民大学出版社2009年版。
[2] 陈秋坤：《清代台湾土著地权——官僚、汉佃与岸里社人的土地变迁1700—1895》，"中央"研究院（台北）2008年版，第8页。

第一章 "底面分离"：中国近世地权制度的一次革命

值得特别注意的是，虽然永佃权在佃户之间相互交易，是土地所有权中分化出田面权的重要原因，然而这种权利分层的观念和交易方式一旦形成，本身就成长为土地交易市场中的一种新的独立交易形式。佃农获取田面权，本身已经成为一个交易的目的，而并不一定是为了永久的租佃。如果说永佃权在地主与佃户之间，还是招佃与承佃的关系的话，那么田面权在地主与佃户之间，则是所有权益的买卖关系。

如杨国桢研究发现，中国台湾地区，自乾隆初年起往往就不再经由永佃权形成地权分化，而是直接形成田底权和田面权分离的"一田两主"。到了清代中期，已经有不少地区的所谓"顶首钱""退价"之类的，实际上都不再是增强佃权的押租钱，而是购买"田面权"的地价；此时佃农不仅具有土地的永久使用权，而且可以自由地处理自己所掌握的那部分对土地的所有权。[①] 陈秋坤研究明清时期台湾的地权变动时就发现，敦仔（岸里社大土官——笔者注）及其家族吸引汉佃开垦名下田地常用的方式之一，就是"汉佃提供'埔底银'，直接向业主（敦仔及其家族——笔者注）买下田底权（台湾地区所谓田底权，实为大陆地权的田面权——笔者注）"。[②] 可见，完整的土地所有权已经可以直接分化为"田面"和"田底"两种所有权利，在佃农和田主之间进行买卖交易。

第二节　交易形式多样化保障和促进地权分化

在近世地权交易制度发展过程中，绝卖、活卖、典、转典、押租、转耕、转顶等多样化的交易形式不断涌现，并促使租佃制度发展出雇佃混合、佃仆混合、一般租佃、押租等多样化形式，为土地产权分化并巩固为经营性地权和资产性地权提供了源源不竭的演化动力。

[①] 杨国桢：《明清土地契约文书研究（修订版）》，中国人民大学出版社2009年版。
[②] 陈秋坤：《清代台湾土著地权——官僚、汉佃与岸里社人的土地变迁1700—1895》，"中央"研究院2008年版，第72页.

上篇 土地经营权市场配置下的"非自耕农化"

一 地权交易形式的多样化

活卖或者绝卖,都表现为交易对象的所有权的让渡,区别在于因活卖保有所有权的赎回权利或者未来进行加找、加贴的权利,因而交易价格往往较绝卖为低。明清时,绝卖与活卖的差异更加明显,在交易实践中两种类型的买卖契约有明确的区分。

不同于活卖和绝卖,典这一交易形式则并不让渡交易对象的最终所有权,只是在规定期限内原主失去交易对象的控制权和收益处分权,到期后原主须按交易原价赎回上述让渡的权利。承典人通过典的交易,获得的控制权和收益处分权是相对所有权独立、可以自由交易的物权,因而承典人也可以在需要时将此物权转典他人。也就是说,典这一交易形式同时催生了地权的分化:它要求原主将完整的权益分割成最终的所有权和用于典出的物权,原主保有所有权而出让典权,承典人可自用此典权、亦可在市场上再度以合适的交易形式予以处置。

龙登高的研究发现,到明清时期,典权交易日趋丰富,并主要形成三种类型。其一是"典田离业",即承典人管业而出典人离业,由承典人独立地支配该土地的经营和收益;其二是"典田佃种还租",即出典人一方面出典土地,另一方面又从承典人那里回租该土地耕种,每年向承佃人缴纳地租,这事实上是典和出佃两种交易形式的先后承续。其三是"典田佃种",出典人仍然回租土地,只是以向承典人支付纯粹的利息,代替承典人本应获得的土地收益。由此三种形式亦可见,承典人要么自己处置承典土地从而获取收益,要么出租土地获取租金或者利息。[1]

同时,在交易中典还经常与活卖、绝卖连用。在典契文书之后,常常可以附带卖契文书,从而若出典人逾期不能原价赎回土地,则可以由典的交易关系转为绝卖。此外,已有研究发现还有多次、反复找价的所谓"活典"形式,此时如果最终出典人难以赎回,往往

---

[1] 龙登高:《地权市场与资源配置》,福建人民出版社2012年版;龙登高:《中国传统地权制度及其变迁》,中国社会科学出版社2018年版。

也会发展成为绝卖。龙登高认为，在实际操作中典与卖常常是紧密相关的两种形式，在原主真正卖地之前通常采用先行出典的交易形式，后续可以延长典期、也可以加找典价，如此一而再、再而三则"典尽为卖"。①

田面权和田底权这两种所有权权利，也可以分别采用活卖、绝卖或者典的交易形式在市场中进行处置。采用活卖或者绝卖的交易形式，则原权主让渡田面权或者田底权；采用典的交易形式，则原权主保留田底权或田面权的所有权，而让渡出对田面权或者田底权的控制权和收益处分权。佃权的买卖则表现为转耕或者转顶的交易形式，佃农掌握一定程度的佃权，需要退出租佃关系时，既可以选择将佃权"退"还给地主，也可以选择将既有佃权"转让"给新的佃户，佃权的转让自由而不受地主的干预。

二 土地租佃形式的多样化

佃雇混合，或者半佃半雇，实际上是一种雇佣劳动与土地租佃相结合的合伙经营形式。不同于一般租佃下佃农给付租金获取土地进行独立经营，此种交易形式中佃农以劳动力和部分非土地生产资料，地主以土地和部分非土地生产资料，二者合伙经营，分享产出。杨国桢的研究发现，在一些地区流行的名为"代种字""半种地文约""镑青文约"等的承佃文书中就约定，由佃户出劳动力（有的还约定由佃户出部分生产资料，如粪肥和种子）、地主出生产资料，双方按照比例分配生产收益。此种形式，"在万历年间即已存在，清代更为普遍"②。

佃仆混合，或者半佃半仆，是一种佃户用役力充当部分土地租金或押租金的租佃交易。与一般租佃相同，而不同于雇佃混合，此种交易形式下佃农是获取土地后进行独立的农业经营。"双方自愿签订契约，承应某些义务以换取若干权利"，"庄仆每年要为主家服劳役若干日，承担某些生产性或非生产性的工作"，"可以换得主人一片土

---

① 龙登高：《地权市场与资源配置》，福建人民出版社2012年版。
② 杨国桢：《明清土地契约文书研究（修订版）》，中国人民大学出版社2009年版，第55页。

地供自己耕种"①。半佃半仆和半佃半雇两种交易形式,都是佃户的租金支出较一般租佃更低的租佃关系,往往是较为贫下佃户的优先选择,前者用自身的劳力作为租金的部分替代,后者用未来的部分耕作收益换作土地的部分租金。

一般承佃或招租,地主与佃农之间以一定方式的租金交割,地主将土地的使用权出租给佃农从事独立的农业经营。这一形式也是近世土地经营的基本方式,主佃之间是较为纯粹的经济关系。

近世,押租这一交易形式在租佃关系中广泛使用。在押租制下,佃农需要预先向地主缴纳额度不一的押租银,然后再取得佃种土地的权利;押租银不计利息,到退佃时原数奉还。根据预先缴纳的押租金的多少,佃户享有不同程度的佃权,押租越多则佃户对佃权的控制力越强、租佃关系越稳定;同时,押金还与佃户需要另外缴纳的租佃租金相配合,押金越高则土地的租金越低,甚至发展出"以押抵卖"的形式,押金堪与土地卖价平齐,佃户仅支付微少的租金。龙登高认为,押租这一交易形式,"是基于降低交易成本和减少风险而出现的土地交易形式",对于田主而言它帮助区分佃农的实力大小,从而甄选有实力的可靠佃户,对于佃农而言则增强对土地的控制权,减少未来的风险。②

从而,多样的交易方式和多层次的地权结合之下,形成了不同的地权交易结果,具体如下:

表1-1　　　　　　　　土地交易方式与土地价格关系

交易方式	土地权益	交易价格
雇佃混合	佃权(使用)	最低
佃仆混合	佃权(使用)	较低
一般租佃	佃权(使用)	低

---

① 赵冈:《中国土地制度史》,新星出版社2006年版,第260—261页。
② 龙登高:《地权市场与资源配置》,福建人民出版社2012年版。

第一章 "底面分离"：中国近世地权制度的一次革命

续表

交易方式	土地权益	交易价格
押租	佃权（使用及一定收益）	较高
典	所有权（占有、使用、收益）	高
活卖	所有权	更高
绝卖	所有权	最高

第三节 研究综述和本篇概要

自明清以至民国，在一些地区发展出来的这一多层次地权交易制度，以及在这一土地交易制度下的土地交易行为，是近年来经济史学界的一个研究热点，涌现出了许多创新性的成果。从以下三个方向对这些既有研究进行梳理：其一是地权交易与土地分配的平均/集中程度的关系，其二是多样的地权交易与产出效率的关系，其三是多层次土地交易制度的金融功能和意义。

一 地权交易与土地集中度

对于土地分配的平均/集中程度的研究，主要是对传统的土地"不断集中、无限集中"论的回应，如赵冈通过租税结构变化、商业资金流入农村和人口增长与土地的代际传承三个因素，认为土地分配的运动方向并非单一的"不断集中"，而是多向运动的。"农村中的地权是经常在变动转移，但这种运动是多方面的运动……固然中农会丧失土地而沦为无地之贫农；然而富裕农户也会有人家道中落；贫农力田致富，买进田产变为中农。这种多方向运动，大家都可能动，就像搬庄换位，今天你坐庄，明天我坐庄。"①

赵冈还进一步利用搜集到的200余个地权分配的案例，将之转化为土地分配的基尼系数进行研究，指出地权的集中受到了市场机制和

---

① 赵冈：《中国土地制度史》，新星出版社2006年版，第93页。

诸子均分的继承制度两个相反机制的联合影响，两个机制的力量是不断地相对变动的，没有一个机制可以长期单独主导地权分配运动过程；"认为中国的地主是不断在兼并土地，土地分配是永远集中，只是基本教义派学者的想象，而'田地百年转三家'，才是民间人士长期观察的经验之谈"①。

二　地权交易与农业产出效率

按传统观点，人们认为租佃等非自耕的产权关系会降低农业生产的效率，契约关系的风险、经营预期的不稳定、生产计划的短期性、土地与劳动力的分离以及过度利用土地的机会主义行为、对长期的土地改良投资的动力缺乏等，是导致非自耕形态下产出效率降低的重要原因。然而，近来对多层次地权市场中地权配置与产出效率之间的研究，却得出了不一样的结论。

龙登高等从租佃交易对农户的资金"跨期调剂功能"、转佃交易之下的退出机制与自由选择等角度进行了考察，指出恰恰在多层次地权市场中，"通过地权的租赁或交易实现土地与劳动力的动态配置"，土地才能更好地"在不断变化中动态地配置到种田能力强的劳动力手中，配置到每个劳动力最强壮的人生阶段，配置到劳动力多而耕作能力强的家庭与农场当中"②。

王昉从监督执行成本、风险分摊和剩余索取权的角度探讨了租佃契约与产出效率的关系，指出永佃制这类长期的租佃契约关系中的租约长期化，既可以"减少（原产权主体的，笔者注）监督和管理费用，又可以使新的产权使用者具有长期明确的投资回报，从而激发起内在的激励因素"，"使整个制度交易成本的不确定性得以降低，机会主义行为减少"，"整个社会的资源配置效率大为提高"③。

---

① 赵冈：《传统农村社会的地权分散过程》，《南京农业大学学报》2002年第2期。
② 龙登高、任志强、赵亮：《近世中国农地产权的多重权能》，《中国经济史研究》2010年第4期。
③ 王昉：《传统中国社会农村土地所有权和使用权关系的演变——以租佃制度为中心的分析》，《河北经贸大学学报》2007年第3期。

第一章 "底面分离":中国近世地权制度的一次革命

温方方结合对原始契约文书资料的整理,从合约理论的角度对土地契约的多样性进行了分析,指出"在交易费用为零和竞争约束的假设前提下,三种契约形式(典、租佃和押租,笔者注)的资源配置效率是相同的",而这三种不同的交易方式共存,原因在于它们是旨在"满足不同的需求以及承担不同的交易费用"①。

赵亮、龙登高首先通过实证的分析,对租佃制经营的农户和自耕农之间的经济效率进行了比较,"发现租佃制往往比自耕农要更有优势"。经济相对发达的南方地区,佃农与半自耕半佃农的比例反倒更高,而经济相对落后的华北地区的比例却更低(图1-1所示)。随后通过引入企业最优所有权结构理论的分析,发现"在自由交易的情况下,制度总盈余最大的地权结构将占优势",因而租佃制从分离土地投资功能与生产要素功能、调节土地产权面积和经营面积间的矛盾和择优劳动力的选择机制三个方面,获得了其适应性和优势,从而证明在某些情况下租佃制反倒比自耕农更具有经济效率。②

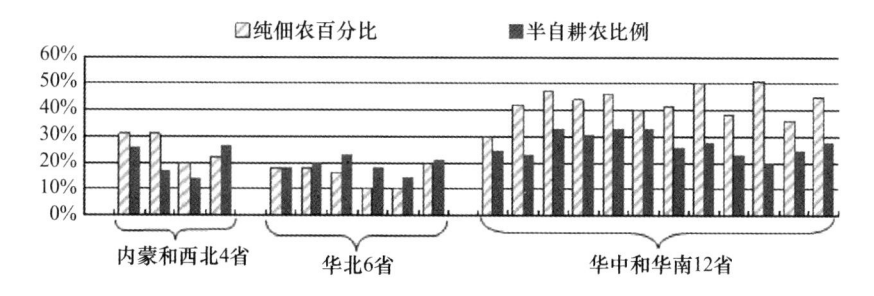

图1.1 佃农与半自耕农占农业总户数百分比(1936年)

注:内蒙和西北4省为察哈尔、绥远、宁夏、青海;华北6省为甘肃、陕西、山西、河北、山东、河南;华中和华南12省为江苏、安徽、浙江、福建、广东、江西、湖北、湖南、广西、四川、云南、贵州。

资料来源:国民政府主计处《中国租佃制度之统计分析》,正中书局1937年版。

---

① 温方方:《传统中国土地契约多样性分析——基于合约理论的研究》,《中国经济史研究》2015年第1期。
② 赵亮、龙登高:《土地租佃与经济效率》,《中国经济问题》2012年第2期。

三 地权交易的金融功能

一些学者也开创性地从现代金融工具的角度对多层次地权市场进行了研究。闻鸣等[①]将这些多样的地权交易形式与现代的金融工具一一进行了详细的比较分析，认为田底权能稳定获利，"类似于现代金融市场中的普通股"，活卖和典的交易形式允许回赎，"与现代短期融资常用的回购协议相似"，押租制度则"与现代企业可转换债券有诸多类似"，而找价的形式"实质上竟是在进行'分期付款'"。由此，他们认为"地权市场的高度发达使得通过交易实现资金的跨时跨区调配……成为可能"，他们将之解释为地权市场的"金融性"，"承载了人们的金融需求"。

张湖东则从土地抵押借贷的角度，分析了地权交易的金融功能，指出田底、田面乃至农户在土地上占有的某种权益甚至是在土地上的未来的某些收益都可以充当借贷的抵押物，从而降低了农户的融资成本，成为农户解决"融资难"的一个可靠的金融工具。此外，他还从权益投资的角度对田底和田面权进行了分析，指出拥有田面权对于农户而言"保证耕作稳定的同时获取增值收益"，田面权可以稳定农户的经营规划预期，也可以激励农户的改良投入、获取投入的增值收益；而拥有田底权，成为几无良好的投资渠道、同时又有强烈土地偏好的传统社会中，"沉淀社会财富的同时获取固定收益"的可靠手段。[②]

龙登高、任志强和赵亮考察了土地交易形式的多样化与农户的资金融通之间的关系，指出多样的交易形式使得农户可以更便利地"以土地为中介实现跨期调剂与资金融通"。在受到各种风险冲击的情况下，农户家庭的抗打击能力较弱，常常有较大的融资需求以应对各种不测风险，然而农户的融资手段又较为缺乏，往往万不得已只得卖地

---

① 闻鸣、侯璐：《清代地权交易安排与现代金融工具的相似性》，《中国工商业、金融史的传统与变迁——十至二十世纪中国工商业、金融史国际学术研讨会论文集》，2007年。
② 张湖东：《权利自由切分与交换——中国传统土地交易再研究》，《中国经济史研究》2014年第3期。

求存。多样化的交易手段,恰好为农户在"直接的产权转让"之外,提供了更多的"以土地为中介的债权融通型"工具,"在金融工具缺失的时代充当了资金融通工具的替代,农户赖以济危解困,延续家庭经济与再生产"①。

龙登高还特别指出了多层次地权市场中,以地权为中介的资金融通的同时,最大限度维系农户产权、维持农户劳动力与土地结合的三大重要机制。其一,是押、典、当和抵等形式可以仅通过土地收益或使用权来满足农户的融通需求,仍然维持农户的最终所有权;其二,是在活卖和顶退的形式下保留回赎机制,"为所有者提供产权转移之后回旋的余地,使之能够有机会重掌地权,东山再起";其三,在农户万不得已失去土地之后,仍然可通过找价的形式,"使地权所有者与土地收益不致一刀两断,无以延续"。地权市场中的这些规则取向,为农户在使用以地权为中介的便利的资金融通工具的同时,也"最大限度地保障地权所有者的权益"②。

四 研究思路及创新点

正如龙登高指出的,许多农户"放弃自己对有限土地的全部产权,而选择拥有更大面积田地的田面权",并且"像这种情形为数不少"③。在多层次地权市场中农户的些"怪异"行为,正是本篇着力研究的问题,将之称为"非自耕农化"现象。在多层次地权市场中的农户,为何会表现出"非自耕农化"的倾向?"非自耕农化",到底是农户受制于大的外部交易环境而不得已的"下下之策",还是农户本身自主自发的有利选择?正是接下来本篇所要集中探讨的问题之所在。

如前所述,自明清以至民国,多层次地权市场的发展伴随而来的

---

① 龙登高、任志强、赵亮:《近世中国农地产权的多重权能》,《中国经济史研究》2010年第4期。
② 龙登高:《地权交易:融通需求与维系产权的取向》,《中国工商业、金融史的传统与变迁——十至二十世纪中国工商业、金融史国际学术研讨会论文集》,2007年。
③ 龙登高:《地权市场与资源配置》,福建人民出版社2012年版,第119—120页。

上篇　土地经营权市场配置下的"非自耕农化"

是较大规模、较高比例的佃农和半自耕半佃农。关于这一现象的原因，李德英通过考察20世纪30年代成都平原地区的农地地权结构得出的主要观点是，一个地区的租佃制度发达与否，与该地区的生态环境关系非常密切，"土壤肥沃，物产丰富"，"土地投资的回报率高，租佃制就发达，而土地贫瘠的地方，则自耕农居多"[①]。

李德英的生态环境是"非自耕农化"现象的主要原因这一观点，能否进一步推广到其他地区，当然有待进一步研究；龙登高等[②]从租佃交易对农户的资金"跨期调剂功能"这一角度的考察，却为这一问题提供了另外一个视角。如表1-2所示，土地耕作权的租佃制度，为"只有劳动力而没有或缺乏土地的农民"提供了一种有利的出路与机制，那就是"将未来的劳动收入贴现为租地的资本"，从而"佃农可以由一无所有变成拥有资本，从而建立自己的独立经营"。"租佃制度不仅可以将未来的劳动收入贴现，也可以将未来的土地收益贴现"，农户通过进一步地押租获取更稳定的土地控制权和剩余索取权，而种田能手"希望耕种较多的土地"，也可通过押租金获取土地耕种权。

表1-2　　　　　　　　租佃制与资金跨期调剂功能

	一般租佃制	押租制
佃户	未来劳动收入贴现为租地耕种的资金	购买土地的用益物权
地主	出让土地的使用权	未来土地收益贴现

注：表引自龙登高、任志强、赵亮《近世中国农地产权的多重功能》，《中国经济史研究》2010年第4期。

[①] 李德英：《20世纪30年代成都平原佃农地主结构分析》，《中国经济史研究》2007年第4期。
[②] 龙登高、任志强、赵亮：《近世中国农地产权的多重权能》，《中国经济史研究》2010年第4期。

第一章 "底面分离"：中国近世地权制度的一次革命

正是受到龙登高等的这一研究角度的启发，本篇将从农户家庭经营的角度，考察多层次地权交易制度与"非自耕农化"现象大量发生之间内在的必然因果关系，解释农户"非自耕农化"选择的内在机理。

首先，本篇将从地权市场的地权分化多层次和交易形式多样的特征中，抽象出资本（土地）价格这一变量，以无限期下的总和效用最优化为目标，借鉴新古典经济增长模型，搭建一个家庭的无限期动态最优化决策模型，以考察农户的长期动态的消费策略、储蓄策略（资产积累路径）和价格策略。

然后，在上述模型难以取得显性解析解的情况下，通过讨论农户在决策的"两难困境"中如何按照最优决策的相关原则行动，分析农户家庭福利实现无限期动态最优化之下的最优发展路径表现出的相关性质，发现农户配置地权时采取"阶梯价格"策略，即随着家庭发展状况的逐步改善而逐步提高所配置地权的综合价格水平，可以帮助农户在每个时期实现"又好又快"的发展。"阶梯价格"策略最大化了家庭的经营收入，更有力地支撑家庭消费支出从而更"好"地改善家庭福利状况，同时增强积累能力不断加"快"家庭的发展速度。因此，它是农户充分利用近世多层次地权市场中地权产品和交易手段多样性便利，最优化家庭发展的、自生自发的、必然的理性选择。

最后，本篇还将在农户无限期动态最优化这一模型的基础之上，就"自耕农最优"的观点作三点再探讨，尤其是运用博弈论中演化博弈的理论工具，阐述宏观的地权交易制度与微观的个体农户地权配置策略之间的两个相互依赖、相互决定的演化博弈均衡，指出较力求维持自耕农经营模式的土地交易制度及其结果——实际集体行动协调困难导致的"囚徒困境"之下的低水平的均衡，不仅农户个体的发展和福利是帕累托次优的，社会土地资源配置偏离最优化的风险大大提高。

本篇的创新之处，其一是围绕农户的最优地权配置策略，论证了"多层次地权交易制度促进农户家庭经营"这一结论。珀金斯也曾对此做过一些讨论，然而他的结论却比较"消极"，仅认为中国的土地租佃制度并没有显示出什么阻碍或者破坏生产力发展的方面,[①] 而本篇则从正面论证了传统地权制度对中国农业生产的积极影响。

其二，本篇借鉴 David Cass 的新古典增长模型,[②] 运用最优控制理论的数学工具，通过分析一个农户在无限期内配置地权的最优策略，阐明了多层次地权市场中农户"非自耕农化"现象的内在激励机制，并考察了农户家庭福利状况的变化。

[①] ［美］珀金斯：《中国农业的发展（1368—1968）》，宋海文等译，上海译文出版社1984年版。

[②] Cass D., "Optimum Growth in an Aggregative Model of Capital Accumulation", *Review of Economic Studies*, 1965, 32（32）, pp. 233 – 240.

第二章 "非自耕农化"现象及其内在选择机理

以"地权多层次分化"和"交易形式多样化"为突出特征的近世地权市场中,大量农户在考虑地权配置时,采取了"非自耕农化"策略,积极参与各类从土地完整产权中分化而出的地权交易,以非自耕农身份进行农业生产经营。在这一地权市场中,农户在考虑地权配置时,为何会采取"非自耕农化"策略,将是本章力求解决的问题。

本章借鉴 David Cass[①] 的新古典增长模型,建立了无限期下农户家庭消费效用的动态最优化模型,以给定的地权市场为外生条件,研究动态最优地安排家庭消费与积累的策略之下,农户的最优化的地权配置(农户通过各类地权交易,从市场中取得的用于经营生产的土地组合,可以用一个综合所有地权交易的综合价格水平来表示)将随时间,或者说随农户的积累水平发生何种变化。

分析发现,在地权多层次分化和交易形式多样化的地权交易市场中,农户的最优地权配置是随农户的积累水平,或者说资产水平之变化而相应变化的。以一个综合价格水平来表示地权配置,则当资产水平较低时,农户将以较低的价格水平来配置土地,当农户资产逐步增加时,这一价格水平也将逐步上升。农户通过努力生产经营,一点一滴积累家庭财富,家庭向上发展如同攀登阶梯,而同时农户从地权市场中配置土地的价格水平也如同攀登阶梯一般逐步上升,因此将农户

[①] Cass D., "Optimum Growth in an Aggregative Model of Capital Accumulation", *Review of Economic Studies*, 1965, 32 (32), pp. 233 – 240.

上篇　土地经营权市场配置下的"非自耕农化"

最优化土地配置的这一价格策略,形象比喻为"阶梯价格"策略。

这些结论意味着,在"非自耕农化"现象的背后,是最优发展路径要求农户在考虑土地配置时,采取"阶梯价格",即根据资产的高低动态变化,对应变化所配置地权价格的高低,从而动态地实现家庭生产经营的净收益最大化,以提升家庭的当前消费能力和为未来的储蓄能力,最终实现家庭总效用目标的最大化。

需要特别说明的是,本卷中所指独立生产经营的农户,采用的是恰亚诺夫的观点,即独立经营的农户的决策目标,乃是以家庭的生产多大程度地去满足家庭的消费、发展需要为目标,[1] 而不是舒尔茨的理论视角中所认为的、以生产的利润最大化为目标。[2] 虽然,在本章的"阶梯价格"策略的推导中,似乎恰亚诺夫的消费满足最大化和舒尔茨的生产利润最大化相"统一"了,然而这实际上只是因为本章的模型设定导致利润最大化目标是和效用最大化一致的。在第三章第三节中,通过引入农户对地权的非生产方面的正的偏好,可以看到两个目标实际上并非总是一致的,为了满足地权的非生产偏好,农户是可能做出非利润最大化决策的。

更准确地说,之所以本卷中农户家庭更接近一个"恰亚诺夫农户"、而非"舒尔茨农户",一个最本质的原因在于机会成本的设定。正如稍后的设定中所假设的一样,农户的劳动和资产是没有收入上的机会成本。劳动没有收入上的机会成本,就意味着农户除了在本卷所假定的农业生产中获取劳动报酬以外,就只有无所事事的"闲荡"了;资产没有收入上的机会成本,就意味着除了用于购进土地投入农业生产中、从而获得收益外,没有别的获得收益的方式。而从效用上的机会成本而言,劳动依然是零机会成本的,这甚至比恰亚诺夫的观点更加"苛刻",因为农户不需要权衡劳动的收入(从而对效用的影响)与辛苦程度;资产是有效用上的机会成本的,正如模型中资产随时间 p 的运动方程的设定所示意,资产的净变动正是和消费的净变动

---

[1] [苏联] 恰亚诺夫:《农民经济组织》,萧正洪译,中央编译出版社1996年版。
[2] [美] 西奥多·W. 舒尔茨:《改造传统农业》,梁小民译,商务印书馆2006年版。

"息息相关"的。

因此，本卷中的家庭农业经营是允许或者说必然会出现黄宗智所提出的"密集化"或者"过密化"①这类"没有发展的增长"的情况的，从生产函数形式的假定就可以看到，无论单位劳动（力）能有多少对应的土地资本可用，农户总是要将全部的劳动投入生产之中。

第一节 不符合理论预期的"非自耕农化"现象

在自耕农与非自耕农经济中，一般的观点是"自耕农最优"。微观而言，农户通常偏好于获取完整的土地所有权，经营自有土地能激发农户采用最佳的生产方式发挥土地最大的生产效率；宏观而言，自耕农经济与"耕者有其田"的理想状态较为契合，人们通常认为鼓励土地交易会加剧土地与劳动的分离问题，"富者连阡陌、穷者无立锥之地"的资源配置状态既意味着许多个体的不幸，同时导致全社会的生产效率损失和巨大的社会动荡风险。"自耕农最优"既是公众中较为主流的观点，在学界的严肃研究中也颇为流行；然而，正如第一章所提出的，在近世地权交易市场中，人们非但没有执着地追求地权的完整性，反而发展出了多样的地权分化形式和交易方式，在地权交易的实践中涌现大量不符合理论预期的"非自耕农化"交易。

一 "中农佃农化"：农户通过租佃扩大经营规模

方行认为，清代有"佃农中农化"的趋势。所谓中农，"指地位介于富农和贫农之间的农民。他们大都具有比较齐备的、包括土地、农具和资金在内的生产要素，多数是自耕农"②。而通过清代发达的永佃制度和押租制度这两大途径，土地这一资产的部分权利逐渐从地主向生产经营者转移，"耕种地主土地的佃农获得土地，实为佃农中

---

① ［美］黄宗智：《长江三角洲的小农家庭与乡村发展》，中华书局1992年版。
② 方行：《清代佃农的中农化》，《中国学术》第2辑，商务印书馆2000年版。

农化最本质的标志”。

方行的“佃农中农化”这一判断，主要是从佃户在永佃制或者押租制当中，也掌握一定规模的土地权利的角度而言的。虽然佃农并没有掌握多少地权完整的土地（自耕农成分较低甚至完全没有自耕的成分），然而他认为那些虽然是不完整的、然而实际由佃户掌握的或多或少、或大或小的土地权利，也应当被视作佃户的财产。因此，他主张从佃户占有的土地权利多寡的角度判断，而不应当简单地从自耕土地规模的角度判断，从而他认为清代出现了“佃农中农化”的趋势——这些佃农实际占有的土地权利的价值，与自耕农视野中的中农相比其实并不逊色。

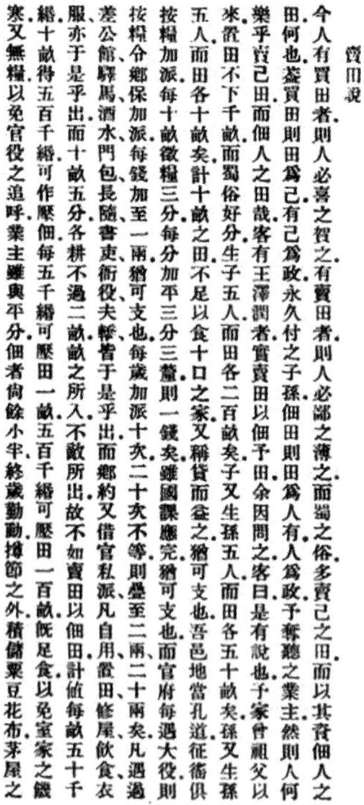
賣田說

今人有買田者。則人必喜之賀之。有賣田者。則人必鄙之薄之。而蜀之俗。多賣己之田。而以其賣佃人之田。何也。蓋買田則田爲己。有己爲政。永久付之子孫。佃田則田爲人有。人爲政。予奪聽之業主。然則人何樂乎賣己田。而佃人之田哉。客有王澤潤者。實賣田以佃予田。余因問之。客曰。是有說也。予家曾祖父以來。賣田不下千畝。而蜀俗好分。生子五人。而田各二百畝矣。子又生孫五人。而田各五十畝矣。孫又生孫五人。而田各十畝矣。計十畝之田。不足以食十口之家。又稱貸而益之。猶可支也。吾邑地當孔道。征徭俱按糧加派。每十畝徵糧三分。每分加平三分三釐。則一錢矣。雖國課應完。猶可支也。而官府每遇大役。則按糧令鄉保加派。每錢加至一兩。猶可支也。每歲加派十次二十次不等。則疊至二兩、二十兩矣。凡遇過差公館、驛馬、酒水、門包、長隨、書吏、衙役、夫轎、皆于是乎出。而鄉約又借官私派。凡自用、當田、修屋、飲食、衣服、亦于是乎出。而十畝五分。各耕不過二畝。畝之所入。不敵所出。故不如賣田以佃田。計値每畝五十千緡。十畝得五百千緡。可作壓佃。每五千緡可壓田一畝。五百千緡可壓田一百畝。既足食。以免室家之饑寒。又無糧。以免官役之追呼。業主雖與平分。佃者尙餘小半。終歲勤勤。撙節之外。積儲粟豆花布。茅屋之

童山文集　卷十一　一三九

图 2－1　李调元《卖田说》

将方行发现的这一现象从相反的方向进行解读，即从农户在既有财富水平之上配置地权组合的视角，则占有的土地权利的价值堪比中农的佃农，并没有选择成为自耕农，反而热衷于配置诸多非完整产权的土地，让自身“沦为悲惨的佃农”——类似地，我们将之命名为“中农佃农化”。方行提出“佃农中农化”，当然是针对“佃农即等于穷困”这一被广泛认同的命题；本卷提出“中农佃农化”，则是将这一历史现象与“自耕农最优化”命题相对应。

不仅仅是“中农佃农化”，事实上在多层次地权市场中，各个层次的农户“非自耕农化”的现象都较为普遍。试看清代人李调元《卖田说》。①

清人李调元发现一个十分奇怪的

① 见《童山文集补遗》（一），《丛书集成初编》，第 11516 册。

第二章 "非自耕农化"现象及其内在选择机理

现象,那就是蜀地之人热衷于出卖自有的土地,而以卖地的所得佃种他人土地。常理而言,人们应当赞赏买地置业之人、而鄙薄"卖地败家"之人。买得土地,则土地全凭自家处置,也可传于子孙后代成为传家之基业;而租佃他人土地,则土地的经营处置不能全由自家决断,"予夺听之业主"。那么为何蜀地之人却热衷于"反其道而为之",由自耕农转变为非自耕农呢?

李调元恰有一家客王泽润,出卖自家田地而佃种李调元家土地,从他的口中道出原委。原来之所以卖田而又佃田,在于家中自有田地规模较小,仅仅耕种这少量的自有田地结果却是"入不敷出",还不如将土地卖出,用卖地之资复又租地,十亩卖地之资可租佃得百亩,从而既"足食以免家室之饥",还可以有所积储。

李调元《卖田说》中所记述的这一现象非是个例,看湖南安仁县李元武卖地佃田案例[①]。黄鸿淑的一段庄田,原佃户不再耕种,李元武得知后立即卖掉自己的3亩田,而后"拿了5两5钱作进庄银,打算佃种这块较大较好的田地"。

再看1859—1882年的二十三年间台湾地区大甲西社陈田在松仔脚庄的土地交易变动情况[②]。

表2-1　　　台湾地区陈田土地交易情况(1859—1882)

年份	交易	交易土地位置	期限(年)	价格(大员)	大租	经营土地增减	田面权增减	应交大租总数(斗)
1859	膜耕	A	12	押租180	2斗	+		2

[①] 中国第一历史档案馆、中国社会科学院历史研究所:《清代地租剥削形态》(乾隆刑科题本租佃关系史料之一),中华书局1982年版,第179号,引自龙登高《地权市场与资源配置》,福建人民出版社2012年版,第96页。

[②] 刘泽民:《大甲东西社古文书》,"国史馆"台湾文献馆2003年版,第310—382页;转引自赵亮、龙登高《地权交易、资源配置与社会流动——以19世纪台湾范家土地交易与家族兴衰为中心》,《中国经济史研究》2012年第3期。

上篇 土地经营权市场配置下的"非自耕农化"

续表

年份	交易	交易土地位置	期限（年）	价格（大员）	大租	经营土地增减	田面权增减	应交大租总数（斗）
1864	赎耕	B	永佃	40	120文（约为2斗谷价值）	+	+	4
1870	胎借	A	6	170	2斗	—	—	2
1870	腹耕	C	永佃	55	4斗	+	+	6
1870	膜耕（续佃）	A	12	押租183	2斗			6
1875	赎耕	D	永佃	120	2斗	+	+	8
1878	转佃	A		押租183	2斗	—		6
1878	卖地	B		106	120文	—	—	4
1881	买地	E		4	1斗	+	+	5
1882	买地	F		95	2斗	+	+	7

陈田是大甲西社的一个垦佃，① 在1859—1882的这二十三年间的共进行10次土地交易，在1859—1975的前十六年间陈田进行了5次佃进土地的交易，都是通过押租的形式获得长期佃权或者永佃权；仅在1881、1882两年有2次买地交易，而从买地金额来看，最高的这一次甚至还低于1859、1870和1875年间佃进土地时的押租金。可见，选择租佃土地、而非购买"根骨俱全"的完整产权，是陈田较长时间以来的主要地权配置方式。

成都平原地区的郫县亦有一位与陈田做相似选择的保长，乃是一个"大佃农"，他"与一般小佃农完全不同，他租佃了90亩水田，

---

① 在台湾地区，垦佃是指从台湾原住民、官府等田主手中租佃土地进行垦殖的佃农，往往获得的是永佃权。

雇了两个人为他耕种，按租约规定上田交租米9斗（产米1.2石左右）、中田7斗（产米1石左右）、下田5至6斗（产米8斗左右），押租金较重，每亩30银元"[1]。从掌握的土地产权意义上讲，这位保长虽是佃农成分，却与一般意义上的小佃农相区别，是实实在在的"佃富农"。

二 "非自耕农化"是近世地权市场中的一般现象

近世发展出的这一多层次地权市场中，积极选择各类型佃权交易或者田面权交易，甚至卖地增佃、卖地转佃的现象，并非特定个体的孤例行为；准确地说，多层次的地权交易制度本身，就是促进地权分配形式的"非自耕农化"。

一方面，从土地权利分散化的角度而言，多层次地权交易制度引致"非自耕农化"。正如学者指出的，近世土地权益交易的核心问题不再是单纯土地所有权的交易，而是地权分化。一个完整的土地产权，在不同层次上逐渐分化出权利大小不一的佃权，而在所有权的层面也分化出田面权和田底权这样"一田两主"的关系。章有义通过对明清时期徽州地区的诸多置产簿的研究就发现，田主购进的地权中不少往往是底面分离的，而且即使底面又统一到田主手中，往往也是经历过多次转手的；并且，有意思的是，"即使大小买集中于同一占有者手中，在产权转移时，同一卖主多半还是分立'杜卖契'（田底的买卖契书——笔者注）和'杜吐字'（田面的买卖契书——笔者注），表示是两项买卖"；而且"大租（田底——笔者注）和典首（田面——笔者注）即使集中于同一地主手中，仍然是作为不同的地权形态并存着"[2]，在置产簿中分别列项记载。可见，地权的分化实际上已经多么地深入人们的习惯和认知当中。地权的这种分化以及各

---

[1] 欧学芳：《四川郫县实习调查日记》，萧铮主编：《民国二十年代中国大陆土地问题资料》，成文出版社有限公司1977年版，第61873—61874页。转引自李德英《20世纪30年代成都平原佃农地主结构分析》，《中国经济史研究》2007年第4期。
[2] 章有义：《明清徽州土地关系研究》，中国社会科学出版社1984年版，第211、278页。

自的独立交易，使得整个土地市场中非自耕的土地占比越来越大。①

试看绍兴地区的一则地权分散配置案例。②

表2-2　　复杂的地权及其耕种权的配置：绍兴案例

	耕作权当年	田底权通常出租	田面权可出租可自耕	清业田自耕	轮值祭祀田
雇农陈阿龙	1.2亩	0.96亩，他耕，收大租，田面权属本村中农	0.8亩，自耕，交大租，其田底权属外乡中农		
贫农陈刘鹤	3.7亩		1.8亩，自耕，交大租。4.5亩，他耕，收小租		1.9亩
富农陈王泉	24.15亩	2.4亩，收大租。田面权分属另2人	8.65亩，自耕，交大租。田底权分属另3户	11.5亩	4亩

资料来源：华东军政委员会土地改革委员会《浙江省农村调查》，1952年，第133页。

农户陈阿龙占有0.96亩土地的田底权，田面权则属于本村的某中农，同时又占有另0.8亩土地的田面权，而田底权又属于外乡的某中农；农户陈刘鹤占有1.8亩土地的田面权自己耕种，田底权属于本村陈阿王，又占有4.5亩土地的田面权，却又将之租佃于他人耕种；农户陈王泉有11.5亩的清业田（拥有完整产权），又有8.65亩土地

---

① 事实上，地权的分化并独立交易后，会导致完整的土地产权分散到不同的控制者手中；然而地权市场是自由而活跃的，与这种分散化趋势相反地，也会有已经分散的地权逐渐集中、最终大部或者全部汇聚到同一控制者手中的趋势。当一个佃户通过工本投入、长期耕种或者支付押租等形式占有越来越大的佃权之后，还可以继续押租获取永佃权，甚而出资买进田面权或者田底权成为"田主"，若"根、骨"俱归于同一占有者手中，则这一田地分散的权利又重新汇聚为一完整的产权。地权的分散化和逆分散化在市场中是皆有发生的，这也正是近世的这一地权市场地权交易自由、多样的精髓所在；然而，总的来看多层次地权市场的繁荣发展的结果，就是非自耕形态的土地占据了不小的比例。

② 龙登高、任志强、赵亮：《近世中国农地产权的多重权能》，《中国经济史研究》2010年第4期。

的田面权（田底分属三家），还有 2.4 亩的田底权（田面分属两家）。① 这一则案例，正生动地展现了地权分化的土地交易市场下，完整土地产权被不同层次地分割、进而分散配置到不同占有者手中的结果。②

再由无锡县堰桥乡两村和江苏长河地区的土地权利配置情况，看地权的分散化。由表 2-3 可见，堰桥乡两村土地当中自耕田的比例都是比较低的，胡家渡村自耕田约仅占全村土地的 25%，六堡村这一比例约为 33%；而永佃田、租田（租入者有田面权）和借田（租入者无田面权）的租佃关系是最基本的地权交易形式。表 2-4 亦可见，康熙初年江苏长河地区的土地产权分化是非常普遍的，95% 以上的田地其完整的产权分化为田底和田面，而 81% 以上的佃农占有土地的田面权。

表 2-3　　　　　　　　无锡县堰桥乡两村租佃情况

田别	胡家渡村		六堡村	
	亩数	占全村土地百分比	亩数	占全村土地百分比
自耕田	279.210	24.88	197.789	32.9
永佃田（租田）	592.230	52.78	353.138	58.8
借田	101.350	9.03	50.035	8.3
出租田	149.270	13.31	—	—
总计	1122.060	100	600.960	100

资料来源：华东军政委员会土地改革委员会主编《江苏省农村调查》，第 129 页。

---

① 龙登高、任志强、赵亮：《近世中国农地产权的多重权能》，《中国经济史研究》2010 年第 4 期。

② 虽然本则案例来自于民国时期，然而这一时期仍然是明清时期生发出来的多层次地权市场的继续发展时期，因此它仍然表现的是多层次地权市场下的地权分散化特征，下一则案例无锡县堰桥乡两村案例亦同。

表2-4　　　　　　　　　长河地区的永佃权情况

	底面分离的田地	佃户享有田面权
下21都20图	92.3%	91.4%
西18都31图	96.1%	72.0%
下21都3图	97.3%	82.1%
共计	95.5%	81.4%

资料来源：章有义《明清徽州土地关系研究》，中国社会科学出版社1984年版。

另一方面，购进不同层次的佃权、典权乃至田面权，成为农户积极采用的地权配置方式，农户非但不会如"自耕农最优"的观点中所预想的，对非完整地权买卖的交易方式表现出"排斥"或者"拒绝"，反倒热衷于这些类型的交易。如章有义对清代鸦片战争前徽州休宁一朱姓家庭的置产簿的研究发现，朱姓家庭"所买进或当进的100宗田地中，就有70宗是底面权已经分离了的"，剩余的30宗是否底面分离暂无从断定。[①] 对祁门一胡姓家庭的置产簿分析发现，其家70宗田产内，除6宗不详以外，其他绝大部分是田底和田面分离的，"仅有两三宗似乎是皮骨未分"[②]。这一方面表明人们在购进土地时，并不将交易方式局限在完整地权的买卖，人们对购进田底或者田面这种部分所有权的交易方式并不"排斥"、反而大量采用；另一方面，也反映了地权在市场中的分散化配置的确较为普遍。

朱姓家庭的置产簿中记录的交易价格，反映出人们非常看重田面、乐于购进田面，对田面权"趋之若鹜"，进而出现了买方间的激烈竞争，导致田面权价格不断攀升的情况[③]。从章有义的统计可以发现（表2-5），田面的均价是快速增加的，1817年的两宗交易反映出田面交易均价甚至急增4倍之多。

---

① 章有义：《明清徽州土地关系研究》，中国社会科学出版社1984年版，第82页。
② 章有义：《明清徽州土地关系研究》，中国社会科学出版社1984年版，第397页。
③ 章有义：《明清徽州土地关系研究》，中国社会科学出版社1984年版，第104页。

表2-5　　　　　　　　田面价格的变动情况

年份	宗数	税亩	总价银（两）	每亩价银（两）	指数
1693	1	2.50	7.28	2.91	39.4
1729—1756	8	13.60	100.30	7.38	100
1784—1794	3	5.30	45.0	8.49	115.0
1803—1807	5	10.40	101.0	9.71	131.6
1817	2	2.97	110.0	37.04	501.9
合计	19	34.77	363.58	10.46	

资料来源：章有义《明清徽州土地关系研究》。

再看1736—1895年台湾中部地区田底（台湾地区所谓田底，实为本卷中的田面——笔者注）价格的变动趋势。[①] 由下图可见，排除鸦片战争和太平天国运动等事件导致的农村经济消退、从而地价整体下滑，这一时期台湾中部地区的田面价格总体而言，也是快速增长的。田面价格的快速增长，表明田面权的交易在市场中，非但没有受到人们的"冷落"，反而被"竞相追逐"。

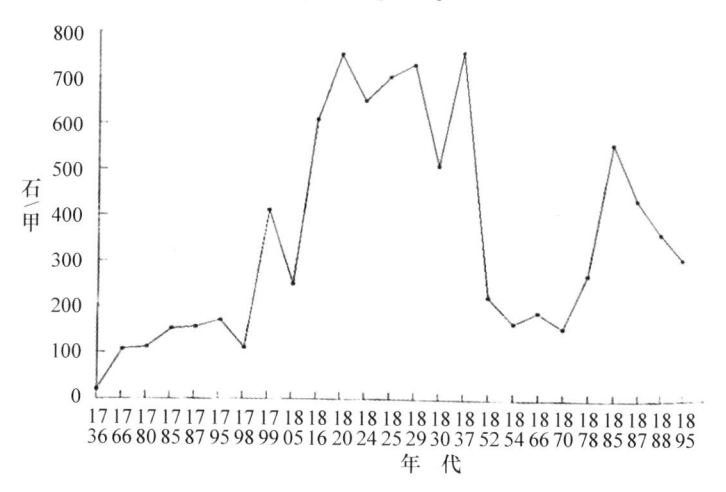

图2-2　中国台湾地区中部田面价格变动趋势（1736—1895）

---

① 陈秋坤：《清代台湾土著地权——官僚、汉佃与岸里社人的土地变迁1700—1895》，"中央"研究院2008年版，第154—158页。

◆ 上篇 土地经营权市场配置下的"非自耕农化" ◆

传统的观点一般认为，佃农往往较自耕农贫穷，这也是其经营的土地之所以为租佃而非自有的原因，然而事实上却是，佃农"一般被认为是农村中经济状况比较好的阶层，属于中农甚至于富农范畴"[①]。"苏南地区的佃农普遍比自耕农富裕，甚至比某些握有田骨的地主享有更多的财产。"[②]

"据苏南吴县、吴江县等地的调查统计，佃富农每人平均占有土地只有0.57亩，但每人平均使用土地却有7.36亩，每户平均使用土地达到了47.67亩，而一般富农每户平均使用土地才31.82亩。"[③]河南省辉县4个村的调查发现，佃入土地的比例，在富农、中农和贫农中分别是48.6%、15.9%和35.6%；在许昌的5个村分别是30.4%、15.4%和26.7%，在镇平的6个村则分别是58.3%、55.8%和30.9%[④]。可见，许多在地权配置当中选择了较大比例的佃权或者田面权而自有土地的规模较小甚至为零的佃农，事实上并不贫乏，因此很难说他们是由于贫乏而"被逼无奈"沦为佃户。

据赵冈的研究，明代开始租佃制度普遍盛行，"明清时期自耕的农田占农田总面积的比率往往不足一半"。鱼鳞册或丈量清册中往往标明了是自耕还是佃耕，赵冈通过对万历九年某地、顺治年间某年某地、康熙十五年某地和某年某地的四份册档的研究就发现，分别共登记500坵、103坵、668坵和456坵田地，其中属于自耕的田地比例竟分别仅为34.4%、53.4%、24.7%和37.5%。并且他还推断，"相当数量的出租土地是租给小土地所有人，即半自耕半佃农"。"在永佃制盛行的地区，自耕农的比率普遍都较小，而佃农比率较高。"通过对一些私家租簿的分析他还发现，主佃双方往往形成"多头关系"，田主往往将已有的土地分租给多个佃户，佃户所佃的田地也往往来自多个不同

---

① 龙登高、彭波：《近世佃农经营的性质与收益比较》，《经济研究》2010年第1期。
② 赵冈：《中国土地制度史》，新星出版社2006年版，第84页。
③ 龙登高、彭波：《近世佃农经营的性质与收益比较》，《经济研究》2010年第1期。
④ 数据来源：农村复兴委员会编：《河南省农村调查》，商务印书馆1934年版，第59—61页，表69—72。

的田主，田主和佃户形成了一个有较高竞争性的租佃市场。①

王昉研究也发现，"从整体上来看，租佃率呈现出不断上升的趋势，这种趋势在宋代以后更为明显，并且在明清时期占据了绝对主导地位，这在江南地区表现得尤为突出"②。租佃制度的普遍性，从明清时期的一些民间记述之中也可见一斑，如苏州地区"有田者什一，为人佃作者什九"，华亭地区"佃户不下万人"，嘉庆年间的《巴陵县志》讲该地区"十分其农，而佃种居其六"，道光年间的《江阴县志》讲该县"农之家十居八九，农无田而佃于人者十居五六"③。可见，在多层次地权市场之下，租佃关系在农村地权配置结构中大大发展，而相应地自耕的比例被缩小。

如上所述，不仅可以在微观个体的行为层面看到许多如卖田转佃、卖田增佃或者以佃代买之类的"非自耕农化"行为，并且就近世的这一多层次地权市场本身的特征而言，也是在促进地权分散配置和"非自耕农化"交易形式，可以说"非自耕农化"正是近世地权交易制度本身对农户内在地激励结果。

第二节 市场环境和行动主体的相关规定

在提出抽象化的模型前，有必要对关乎模型运作的生产要素市场环境、商品市场环境以及作为模型行为主体的农户提出相关规定。

一 关于地权市场的假定

1. 地权市场是外生给定的，意味着地权市场的一切与模型相关

---

① 赵冈：《中国土地制度史》，新星出版社2006年版，第262、306、298页。
② 王昉：《传统中国社会中租佃制度对产出的作用分析——基于德怀特·希·帕金斯视角的研究》，《财经研究》2006年第3期。
③ 分别来自顾炎武：《日知录》卷十，《苏松二府田赋之重》，上海古籍出版社影印本1985年版；范守己：《御龙子集·曲洧新闻》卷二，《四库全书存目丛书集部》，北京大学出版社1997年版；贺长龄编：《皇朝经世文编》卷二十九，《巴陵志田赋论》，世界书局1964年版；李兆洛：道光《江阴县志》卷九，《风俗》。转引自王昉《传统中国社会中租佃制度对产生的作用分析——基于德怀特希·帕金斯视角的研究》。

的特征和信息是外生给定的,不受农户决策影响,农户只能将市场信息作为决策的依据条件。

2. 地权市场是稳定无变化的,意味着在模型的任何时期,农户面临的地权市场都是同一的,地权市场作为模型的外生环境不随模型的内生变量时间变化。

3. 地权市场是供给充分的,"供给充分"一词意在表明,在市场所提供的产品种类范围内,农户对地权产品的需求总是可以得到满足,农户可以从市场中取得其所想要取得的任意数量的地权交易,这将保证农户可以充分自由地决定其地权配置。

4. 地权以多种层次分化后在市场中交易,并有多样性的交易手段支持和保障其交易,并且不同的地权产品及其对应交易手段,对于农户没有价格之外的差别,或者说如果有诸如质量、稀缺、风险等差异,则已经全部包含在其价格之中——这意味着,模型中的农户考虑配置何种地权产品时,实际考虑的是该产品的价格。

5. 地权产品的价格是资产和费用的组合。费用,是农户为土地使用权——将土地作为生产要素投入农业生产——而向土地所有权持有者付出的一次性价格,当交易"逆向进行",即地权产品从农户手中卖回原主时,相较于原购买该地权产品时,农户损失的价格部分;资产,是农户购入地权产品的价格中,不随生产使用消失的其余部分,当交易"逆向进行"时,它将从原主手中返回农户。当地权产品是纯粹的使用权时,价格可以是单纯的费用;当地权产品是权益更强的佃权、永佃权、田底权等时,价格包含费用和资产;当地权产品是典权或者完整所有权时,价格是资产。

6. 地权产品的价格与折旧。模型中,农户从地权市场获取地权产品,将对应的土地作为生产要素投入生产,为了与经典的经济学术语相对应,将地权产品称为资本,农户从地权市场配置地权产品称为配置资本,地权产品的价格称为资本的价格。如上所述,资本的价格中可能包含消失的部分(费用),也可能包含将继续存在的部分(资产),将这一特征与资本的折旧这一经典经济学概念相对应,进一步将地权市场与农户决策的关系抽象简化为:市场为农户提供不同价格

第二章 "非自耕农化"现象及其内在选择机理

水平的资本,并对应不同的折旧水平。结合第一章从学者们的研究中得出的不同地权产品其价格与农户所掌握权益的差别,当地权产品从单纯的使用权、到包含更复杂更广泛的其他所有权益、再到完整的所有权,价格逐步上升,而其中的费用部分逐步下降——因此,称资本的折旧率是关于价格的函数,且折旧率随着价格的增加而单调递减。

农户可能从地权市场中配置多种类型的地权产品,它们可能具有不同的价格水平和不同的折旧水平,模型中使用综合价格水平 p 及折旧率 ρ 代表这一配置组合。

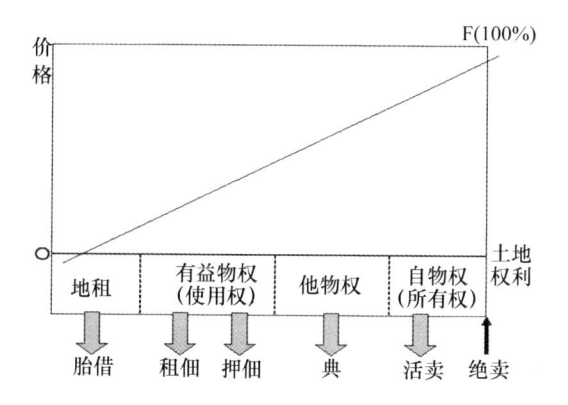

图 2-3 土地交易形式与交易价格的关系①

如上图所示,资本的交易形式从纯租佃到活卖/绝卖,则资本的价格逐渐增加。因此根据问题的实际需要,对价格 p 的定义域予以规定:将纯费用且最低的资本价格定义为价格 p 的下边界,将纯资产且最高的资本价格定义为价格 p 的上边界,即:

$$p \in [\underline{p}, \overline{p}] ②$$

如前所述,随着价格的提高,则价格中用于地权权利投资的部分

---

① 引自龙登高《地权市场与资源配置》,福建人民出版社 2012 年版。
② 实际上市场中交易的地权产品价格是离散有限制的,但是农户可以在多个产品之间自由组合,为了讨论的便利性,假定 P 可以在区间内连续取值。

越来越大、费用部分 $fee(p)$ 越来越低,由此定义单位资产的折旧率,[①] 且折旧率随着价格 p 的增加而单调递减:

$$\delta(p) = fee(p)/p, \delta'_p < 0$$

二 关于农户的假定

1. 农户的行动目标与行动原则。模型中,农户的行动目标是无限期下的总和效用,农户是一个经济人,其行动原则为理性地追求目标最优化,并以此制定经营方案、安排相关联的行动和选择。即,在力求总和效用最大化的情况下,农户制定其生产经营方案(如在某一时期,决定将当期家庭收入中的多少用于消费支出,而将多少用于家庭的生产积累)。

2. 农户的家庭收入。模型中,作为农户行动目标的总和效用,是各个时期农户家庭消费效用的跨期贴现后的总和,效用是基于消费水平的主观满足,农户家庭收入是消费资金的唯一来源。农业生产的经营收益,则是农户家庭收入的唯一来源,从要素角度而言包括劳动力投入的工资回报、企业家经营才能的经营回报和土地权利投入的资本回报。

3. 农户的消费与储蓄。农户利用既有资产(上一期的储蓄)从地权市场配置资本,与自身劳动禀赋结合,开展农业生产并取得收益形成当期家庭收入,农户在当期家庭收入中分配一部分用于当期消费,将其余部分用于储蓄,形成下一期的资产。模型还假定,收入中的储蓄部分仅能转化为下一期的资产用于土地投资,没有其他的投资渠道,也就是说没有收入上的机会成本。

4. 农户是农业企业家。农户是一个独立经营的生产性单位,无

[①] 考虑雇佃混合、佃仆混合等租佃形式,不仅全部的交易价格成为租金费用,而且佃方还需要从生产收益中支付相应部分给出佃方,实际上这是交易价格的分期支付。如果将之作为一种金融便利手段,那么将前后两部分支付金额汇总视为交易价格;然而本卷模型中出于简洁考虑,设定农户在配置地权时不允许资金借贷,因此仅将第一部分支付金额作为交易价格,从而折旧率大于1。因此,考虑将这些交易形式纳入模型,本卷对折旧率并不设定1作为上限。

论是自耕农还是非自耕农，农户作为农业企业家，利用自身资源禀赋，组织相关生产要素，开展独立经营，意味着他对家庭的农业生产进行投资（包括劳动力的投入和土地的投入）、管理（发挥其企业家才能）、收益（承担经营风险，处分各生产要素的收益分配）。农业生产的经营收益形成家庭收入，一部分用于家庭消费，其余用于再生产积累。

5. 农户的资源禀赋。按照经典经济学关于生产函数的假设，农户的农业生产需要资本、劳动两种生产要素资源。农户拥有劳动这一要素资源，劳动来源于并且唯一来源于其家庭人口。也就是说，为了便于讨论，模型中没有雇工经营形式，也就是说劳动市场存在与否，模型并不"关心"。资本（土地）来源于外生给定的地权市场（也是唯一的要素市场），需要农户按照一定策略，从地权市场中配置取得。

6. 农户的家庭人口。家庭人口是劳动的唯一来源，家庭人口规模决定劳动规模，均视为外生变量，且假定是零变动的，即保持恒定——因此，农户进行经营生产所需的两种生产要素中，劳动是外生给定、恒定不变的，且如前所述，无论资本多少，劳动均以此规模全部投入生产。

7. 资本与资产。模型中，资本是指农户投资于农业生产的土地实物，是生产函数中的生产要素；资本量，是指投入于农业生产中的土地实物数量，也就是生产函数中的生产要素数量。模型中，资产是指农户所配置的地权产品总和，或者说农户为经营生产购入所需资本这一目的所预留或者分配的家庭收入；资产量，是指农户所配置的地权产品在市场中的价值总和，或者说农户为配置地权产品所预留或者分配的一定量的家庭收入。资本（量）和资产（量）都是模型的内生变量，由农户自主制定的经营方案所决定。此后，不再区别表述资本与资本量、资产与资产量，其延伸概念亦如此。

在多层次地权市场下，厘清此差异是很有必要的，以经营100亩土地的农户为例。在农业生产中，农户实际可以有100亩规模的土地用于生产，则此100亩土地是其"资本"、100亩是其"资本量"；而土地资产及土地资产量却要取决于农户在这100亩土地上持有何种权利及这些权利的市场价值——若是完全的自耕,则其土地资产是100亩土地的完整权利,土地资产量是100亩土地在市场上完全脱手的价值收益;若只是一般的租佃,则其土地资产仅是100亩土地的使用权利,土地资产量是此100亩土地的租金总和而已。

8. 人均资本和人均资产。人均资本,指资本除以劳动规模;人均资产,指资产除以劳动力规模。因此,人均资本和人均资产,也都是内生变量,由农户自主制定的经营方案所决定。由于前述假定劳动规模恒定,因而人均资本和人均资产被劳动的增加所稀释,或者因劳动的减少所增加的情况不会发生,其变动的唯一来源是农户的经营决策。

三 关于商品市场的假定

如前所述,农户需要劳动和资本(土地)两种要素进行生产,假定劳动为"自给自足",不存在劳动市场;资本为灵活配置取得,关于资本的要素市场已做必要规定。最后,有必要对商品市场做一些必要规定,假定存在一个便利的商品市场,既是农户作为消费者获取消费品的市场,也是农户作为生产者出售其农业生产产品,从而实现经营收益的市场(农户可以借助此商品市场便利地将家庭的实物收入货币化[①])。

第三节 无限期内的农户总和效用最大化模型

将农户作为一个独立从事农业生产的经营单位,考察在多层次地权市场中,农户如何开展农业生产、经营家庭生计,实现家庭的最优发展。为此,借鉴经济增长理论中 David Cass[②] 将家庭消费最优化引入经济增长模型的思路,考虑无限期内农户家庭经营的动态最优化问题,利用动态最优化的有关数学分析方法,搭建一个以总和效用最大化为目标,计划安排家庭消费和储蓄的时间路径,动态最优化配置家庭资产形式(地权组合形式)的数学模型,探讨多层次地权交易市

---

① 下文所指家庭收入,都是指货币化后的家庭收入。
② Cass D., "Optimum Growth in an Aggregative Model of Capital Accumulation", *Review of Economic Studies*, 1965, 32 (32), pp. 233 – 240.

场下农户地权资产配置的最优化策略，考察多层次地权交易市场对农户家庭收入增长和财富积累的重要意义。

特别说明的是，由于模型并未将家庭人口规模以及劳动规模纳入作为内生变量，相反将其作为外生变量并假定始终保持不变，从而家庭的总目标与人均目标保持一致，加之生产函数具有线性齐次的经典特性，因此出于分析的简化、便利需要，模型中的效用函数、生产函数均采用人均变量和人均形式，即模型是"人均模型"，以下将不再特别说明。

一 模型设定

农户最大化无限期内总和效用，即最大化目标函数 $z(c_t, a_t, p_t)$ 为：

$$MAX: z(c_t, a_t, p_t) = \lim_{T \to \infty} \int_0^T Exp[-\rho_t] * u(c_t)^d t \quad (2.1)$$

约束函数为：

$$a_t' = f(a_t/p_t) - \delta(p_t) a_t - c_t, \quad a_t' = da_t/dt \quad (2.2)$$

c_t、a_t、p_t 分别为 t 时期的消费水平、资产水平、资本价格水平，$\delta(p_t)$ 如前所述为资本折旧率，$\delta(p_t) a_t$ 为资产的折旧规模。p 为未来效用水平的贴现因子常数，$Exp[-pt] u(c_t) \mid p \in (0, 1)$ 为 t 时期效用水平的贴现值。

效用函数 $u(\ )$ 本身不是时间 t 的函数，不随时间变化，它是关于消费水平的单调递增函数，消费水平越高则效用水平越高；且消费水平的变动对效用水平的影响的大小程度，与消费水平的高低呈单调递减关系。[1]

生产函数 $f(\ )$[2] 本身不是时间 t 的函数，不随时间变化，它是关

---

[1] 即，效用函数对消费的一阶导数为正，二阶导数为负。

[2] 经典生产函数是一定技术水平之下、关于劳动和资本的函数，如前述，模型采用人均变量，因此在分析的便利目的下，劳动的值设定为1并从生产函数中隐去，生产函数写为关于资本的函数；模型中，资本由资产除以资本价格决定，因此生产函数写为关于资产、资本价格的函数。

于资本水平（a_t/p_t）的单调递增函数，资本水平越高则产出水平越高；且资本水平的变动对产出水平的影响的大小程度，与资本水平的高低呈单调递减关系[1]。

式2.1、2.2表明，农户的行动目标为合理安排（c_t, a_t, p_t）使得总和效用 z 最大；约束条件为，在每一个时期，农户从经营的净收入 $f(a_t/p_t) + [1-\delta(p_t)]*a_t$ 中合理安排消费 c_t，剩余部分作为积累成为下一时期的资产 a_{t+1}。

模型提出的问题，从数学求解的角度而言，是有约束条件下的动态优化问题，考虑采用建立哈密尔顿函数探讨最优控制。控制变量为 c_t、p_t，状态变量为 a_t，式2.2为状态变量 a_t 的运动方程[2]。由此，通过式2.1和式2.2，构建哈密尔顿函数 $H(p_t, c_t, a_t, \lambda_t)$：

$$H = Exp[-pt]\, u(c_t)\, u(c_t) + \lambda_t [f(a_t/p_t) - \delta(p_t) a_t - c_t] \tag{2.3}$$

则根据最大值原理，最优解由式2.4—式2.9确定：

$$Max: H(p_t, c_t, a_t, \lambda_t) \mid p_t \tag{2.4}$$

$$Max: H(p_t, c_t, a_t, \lambda_t) \mid c_t \tag{2.5}$$

$$\partial H/\partial \lambda_t = f(a_t/p_t) - \delta(p_t) a_t - c_t = a_t',\ a_t' = da_t/dt \tag{2.6}$$

$$\partial H/\partial a_t = \lambda_t^* [f'_{a_t} - \partial(p_t)] = -\lambda_t',\ f'_{a_t} = \partial f/\partial a_t,\ \lambda_t' = d\lambda_t/dt \tag{2.7}$$

$$\lim_{T\to\infty} \lambda_T \geq 0\ 且\ \lim_{T\to\infty} \lambda_T^* a_T = 0 \tag{2.8}[3]$$

$$a_0\ 为给定的初始状态 \tag{2.9}$$

---

[1] 即，生产函数对资本的一阶导数为正，二阶导数为负。

[2] 就事实上而言，应当考虑农户通过借贷获取货币资本，用于消费及生产的情况，然而为了简化讨论，暂时忽略这一情况。虽然没有讨论，但结合稍后的模型结果可知，借贷对于在多层次地权市场中的资产不足的农户而言十分利好，透过地权交易体系带来的便利，适当的借贷可以在充分优化消费支出的情况下，进一步地提升农户的自我发展能力。

[3] 就本卷讨论的动态最优化而言，家庭可以通过不断地借贷，一方面用于消费、一方面用于农业生产的投资，因此为了避免庞氏骗局式的结果，则必须要求家庭最终在偿还掉所有债务后的实有货币资产 $a_T \geq 0$。即：对于终结点的状态而言，终结的时间 T 是自由的，而终结的状态 $a_T \geq 0$，此种情形下的横截条件要求及其推导，参考蒋中一《动态最优化基础》，中国人民大学出版社2015年版，第292页。

第二章 "非自耕农化"现象及其内在选择机理

在任何时刻 t，在给定其他变量的情况下，最大值原理要求控制变量 p_t、c_t 必须使得 H 取值最大（式2.4、式2.5），式2.6为状态变量 a_t 的运动方程，式2.7为辅助变量 $\lambda_t\{p_t\}$ 的运动方程，式2.8为横截条件要求，对应在路径终点不能"遗留"对消费效用有正的贡献的资产这一最大化效用目标的必然要求。此处表述方式，暗含模型涉及函数对有关变量都连续可导的前提假设。

暂时忽略有关控制变量的取值范围约束，[①] 使用一阶条件分别重新表述式2.4、式2.5为式2.10、式2.11：

$$\partial H / \partial p_t = \lambda_t^* \left[f'_{p_t} a_t \right] = 0, \quad f'_{p_t} = \partial f / \partial p_t, \quad \partial'_{p_t} = d\delta(p_t)/dp_t \tag{2.10}$$

$$\partial H / \partial c_t = Exp[-pt] u'_{c_t} - \lambda_t = 0, \quad u'_{c_t} = du(c_t)/dc_t \tag{2.11}$$

重新整理并简化式2.6—式2.11，则实现总和效用最大化的最优路径[②] λ_t[③] 由以下偏微分方程组 I（式2.12—式2.17）确定：

$$f'_{p_t} - \delta'_{p_t} a_t = 0 \tag{2.12}$$

$$\lambda_t = Exp[-pt] u'_{c_t} \tag{2.13}$$

$$a'_t = f(a_t/pt) - c_t - \delta(p_t) a_t \tag{2.14}$$

---

① 若控制变量的取值范围有约束，则式3.5或式3.6中使得 H 最大的控制变量取值并不一定总在受约束的范围之内，即式3.5或式3.6中控制变量的解将可能是受约束取值范围的边界，从而下述的一阶条件将不再适用。为了简化讨论，先不妨假设控制变量不受约束，这虽然使我们不能准确地求得路径的精确解，但有利于随后对变量在路径中的经济性质进行定性的分析；此后，再根据问题的经济性质要求，对控制变量施加合适约束作进一步讨论。

② 模型中的变量在各个时期取值，从而在时间流上形成一个由一系列值构成的"路径"，本篇中采用变量外加花括符"{ }"的方式表示变量在时间流上形成的这一"路径"，如价格路径 $\{p_t\}$；为便于表述，将由 p_t、c_t、a_t 三个变量组成的路径 $\{p_t, c_t, a_t\}$ 简化表示为 PATH。同时，本篇中将始终采用右上角标"*"的方式，标记多层次地权市场中农户最优发展路径 PATH* 及其相关变量，如最优福利结果 Z^*，变量路径 $\{p_t\}^*$、$\{c_t\}^*$、$\{a_t\}^*$。稍后将要讨论的其他特定假设约束条件下的"最优"发展路径，将使用其他标记方式表述，以示区分。

③ $a_T \geq 0$ 的路径也由一阶偏微分方程组 I 所确定。从经济意义上而言，它是货币资产 a_t 在该时期的影子价值；然而由于它是建立哈密尔顿方程时引入的控制变量，并非本卷讨论的主题所关心，故将它从最优路径的讨论中略去，但是必须注意的是，每一条路径都包含相应的对 λ_t 的规定。

$$-\left(u''_{c_tc_t}/u'_{c_t}\right)c'_t = f'_{a_t} - \delta(p_t) - \rho, \quad u''_{c_tc_t} = d^2u(c_t)/dc_t^2, \quad c'_t = dc_t/dt \tag{2.15}$$

$$\lim_{T\to\infty} Exp[-\rho T]\, u'_{c_T} \geq 0 \text{ 且 } \lim_{T\to\infty} Exp[-\rho T]\, u'_{c_T} a_T = 0 \tag{2.16}$$

初始状态 a_0 给定、终结状态 a_T 自由 (2.17)

虽然偏微分方程组Ⅰ确定了取得最大福利状态 z^* 时，从时间0到时间T控制变量和状态变量的路径 $PATH^*$，但是由于模型采用了抽象函数，没有给出具体函数形式，因此偏微分方程组Ⅰ并不能给出显性的解析解。就本卷旨在研究一个经济现象其后的成因机制的目的而言，求取模型的显性数学解析解不是本卷关注的重点。下一节，我们将结合经济学中理性人为最优化目标所必须遵循的一些行动原则，集中讨论路径 $PATH^*$ 在时间维度上的有关性质，由此揭示多层次地权市场中农户在配置地权组合时采取"非自耕农化"策略的内在原因。

由式2.1（目标函数）、式2.2（约束函数）所定义的决策模型中，农户具有一个资产为 a_0 的初始状态，此时他需要理性地制定一个最优的计划 $PATH^*$，包括资本价格路径 $\{p_t\}^*$、消费水平路径 $\{c_t\}^*$、资产积累路径 $\{a_t\}^*$，按照这一计划行动，则他达成目标的最优化，即取得总和效用的最大化 z^*——换言之，沿着路径 $PATH^*$ "前进"，农户家庭将实现最优发展。

二 最优发展路径的约束和要求

对模型中农户的决策过程分析发现，在为实现最优发展制定最优计划时，围绕资本价格和消费水平两个控制变量的决策，农户受到"两难困境"的约束。

约束一：资本价格 p_t 决策"两难"

第一个"两难困境"，是资本价格决策"两难"，表现为控制变量资本价格取高值或是取低值的"两难"。在给定资产水平约束的情况下，若是选择较低的资本价格，可以获取更多的资本，从而提高农业经营收入，但此时较低的资本价格导致较大的资产折旧；若是选择较高的资本价格，则减少了可获取的资本量，从而降低了农业经营收入，但此时资产折旧规模也相应减少。资本价格决策上的"两难困境"，实际上是地权配置决策时土地数量与土地权益的"两难"，农户必须在土地数量和土地权益之间进行平衡，也就是在农业经营收入与资产折旧（可以视作生产经营的成本）之间进行平衡，从而取得净收入的最大化。

约束二：消费水平 c_t 决策"两难"

第二个"两难困境"，是消费水平决策"两难"，表现为控制变量消费水平取高值或是取低值的"两难"。在给定收入水平约束的情况下，若是选择较高的消费水平，当前固然可以取得较高的效用水平，但是相对降低了为未来的资产积累水平，从而降低了将来的效用水平；若是选择较低的消费水平，选择为未来的发展多积累，固然提高了将来的效用水平，但是减少了当前的效用水平。农户决策的目标是总和效用的最大化，即当前和未来效用的总和最大化，消费水平决策上的"两难"实际上是当前多消费还是未来多消费的"两难"，农户必须在当前消费与未来积累之间进行平衡，也就是在发展速度的快慢之间进行平衡，从而取得当前与未来的总和效用最大化。

在两个困境约束下，如果 $PATH^*$ 是农户取得总和效用目标最大值 z^* 的最优发展路径，则意味着它必然是所有可选择路径中帕累托最优的，也意味着路径中的相关变量在任何一个时期都将满足边际最优化的决策要求。由此，推导出最优发展路径 $PATH^*$ 中的资本价格路径 $\{p_t\}^*$、消费水平路径 $\{c_t\}^*$ 分别需要满足以下要求。

要求一：最优价格路径 $\{p_t\}^*$ 使得每个时期净收入最大化

模型中，t 时期农户家庭的净收入 r_t 为农业生产经营收入 $f(a_t/p_t)$ 与资产 a_t 中扣除从地权市场融入土地的成本 $\delta(p_t)a_t$ 后的剩余部分的总和，即：

$$r_t = f(a_t/p_t) + [1-\delta(p_t)]a_t$$

最优发展路径 $PATH^*$ 确定了资本价格路径 $\{p_t\}^*$、资产积累路径 $\{a_t\}^*$，因此也确定了相应的最优净收入路径 $\{r_t\}^*$，从帕累托最优的角度解读，则意味着 $\{r_t\}^*$ 之外的任何其他可选择的净收入路径，都不能在改变任何一个或多个时期的净收入水平的情况下，较路

径 $\{r_t\}^*$ 取得更高的总和效用水平。

观察农户在 t 时期的决策发现，t 时期农户具有一个初始资产水平 a_t，初始资产水平 a_t 是上一期决策的结果，是本期决策的外生条件。在给定初始资产水平 a_t 的情况下，农户决定以何种方式从地权市场融入土地——决定资本价格 p_t——从而开展农业生产经营取得当期净收入 r_t，并从当期净收入 r_t 中决定当期消费 c_t 和下一期的资产积累 a_{t+1}。由 t 时期农户的这一决策过程可见，就 t 时期当期而言，当期资本价格 p_t 是影响当期净收入 r_t 的唯一控制变量，改变 p_t 将可以直接改变期净收入 r_t。

如上所述，资本价格路径 $\{p_t\}^*$ 和资产路径 $\{a_t\}^*$ 所共同确定的净收入路径 $\{r_t\}^*$ 是帕累托最优的净收入路径，而 r_t 由同期 p_t 直接控制影响，因此最优发展路径中每一个时期的资本价格 p_t 就必将使得同期净收入 r_t 最大化；设若某个时期可以采取另外一个资本价格，取得更高的净收入水平，则净收入中增加的部分无论是在消费和积蓄中如何分配安排，都必将增加总和效用水平，从而与 $\{r_t\}^*$ 是帕累托最优的净收入路径相矛盾。

由此，推导出最优发展路径 $PATH^*$ 需满足的第一个要求，即最优资本价格路径 $\{p_t\}^*$ 最大化每个时期的净收入[①]。

要求二：最优消费路径 $\{c_t\}^*$ 实现任何时期收入的当前和未来边际效用相同

经济人在"两难困境"中求取最优平衡时遵循边际最优化原则，即在进行"两难"平衡时，在平衡选择的"权重"上向任何一方多倾斜"一点"，由此从多倾斜一方中获得的收益须等于因不得不放弃另一方而承受的损失。换言之，只要调整的净收益为正，经济人就将"两难"平衡的方案进行调整，直到调整的净收益归零为止。

将农户在 a_0 初始资产水平下寻找最优发展路径取得最大效用水平的问题，简写为 $z(a_0)$ 问题。如果将农户寻找最优发展路径，并按照路径行动最终取得最优结果的过程视为一个暂时无需考虑的"黑

[①] 事实上，这一要求也正是前述偏微分方程组 I 式 2.12 所对应的经济学含义。

箱",则每规定农户一个初始资产水平,农户将获得一个最优效用结果;并且,若提高农户初始资产水平,则初始资产中增加的部分无论是否投入生产经营,都将有助于提高净收入水平,从而提高效用水平——因此,最优效用结果 z 是关于初始资产水平 a_0 的函数,并且是关于 a_0 的递增函数[1]。

从而,时期 t 农户面临的消费水平 c_t 决策"两难"可以重新表述为,农户面临 $u(c_t)$ 和 $z(a_{t+1})$ 的决策"两难"[2]——在当期净收入 i_t 既定的情况下,提高当期消费 c_t 有助于提高当前效用 $u(c_t)$,但此时降低了资产积累水平 z,从而降低了未来效用 z;反之降低 c_t,则降低当前效用 $u(c_t)$,提高未来效用 $z(a_{t+1})$。

由此,推导出最优发展路径 $PATH^*$ 需满足的第二个要求,即要实现当前和未来的总和效用最大化,按照边际最优化原则,则最优消费路径 $\{c_t\}^*$ 之下任何时期,消费与积累的安排必须满足当期消费的边际效用等于未来储蓄的边际效用,即:

$$u'_{c_t} = z'_{a_{t+1}}$$

换言之,最优消费路径 $\{c_t\}^*$ 实现任何时期收入当前和未来的边际效用相同。

三 最优发展路径中的地权配置策略

前小节讨论了最优发展路径 $PATH^*$ 之下,资本价格路径 $\{p_t\}^*$、消费水平路径 $\{c_t\}^*$ 在每个时期需满足的限制要求,本小节从这两个要求出发,讨论最优发展路径 $PATH^*$ 在时间 t 维度上的整体"走势"或者说"形态",明晰最优发展路径中农户将采取何种形式的地权配

---

[1] 总和效用 z 是若干时期的效用 u 的贴现加总,前述关于模型的相关规定中已说明,效用 u 关于消费 c 的一阶导数为正、二阶导数为负,即消费"多多益善",但效用有餍足趋势,随着消费的不断提高,增加的消费所带来的效用的增加表现出逐渐下降的趋势,因此总和效用 z 关于资产 a 具有同样的性质。

[2] 从动态优化的另外一种方法动态规划角度而言,全局最优化问题包含局部最优化,$z(a_t)$ 问题等价于先决定当期消费 c_t 然后求解 $z(a_{t+1})$ 问题,即:$z(a_t) = u(c_t) + Exp(-\rho) z(a_{t+1})$。这一考察分析方法,在本节的后一小节中还将使用,不再重复说明。

置策略。

最优发展的资本价格路径 $\{p_t\}^*$ 使得每个时期的净收入最大化，也就是说任意时期 t，农户在资产 a_t 既定的情况下，将按照边际最优化原则选择适宜的资本价格 p_t，使净收入 r_t 最大化；使用净收入函数的一阶条件表述，即 p_t 由下式决定：

$$f'_{pt}(a_t/p_t) - \delta_{pt}(pt) a_t = 0$$

上式表明，最优发展路径中每个时期的资本价格 p_t 是关于资产水平 a_t 的函数，换言之 p_t 在时间 t 维度上如何变化，或者说最优价格路径 $\{p_t\}^*$ 在时间 t 维度上的"形态"，依赖于最优资产路径 $\{a_t\}^*$ 在时间 t 维度上的"形态"。

第四节　以"阶梯价格"策略实现最优发展

为了观察资本价格路径 $\{p_t\}^*$ 的"形态"如何依赖于资产水平路径 $\{a_t\}^*$，数学上可以利用隐函数存在定理，对上式进行处理从而考察 dp_t/da_t，这一数学方法快速、直接、高效，却不能很好地复现农户如何践行有关经济原则、做出最优决策的过程。

为此，结合模型中生产函数、资本折旧函数的相关性质和设定，使用图示法，首先确定最优发展路径 $PATH^*$ 中资本价格 p_t 与资产水平 a_t 的依赖关系，然后结合最优资产路径 $\{a_t\}^*$ 的"形态"，最后确定最优价格路径 $\{p_t\}^*$ 的"形态"，即最优发展路径 $PATH$ 中农户将采取何种地权配置策略。

一　不同价格水平下的生产函数

下图的左上部分，展示了模型预设的生产函数 $f(k)$，其中 $k_t = a_t/p_t$；生产函数 f 的图示形状表示 f 关于资本（土地）k_t 具有"多多益善"和餍足两个性质。左下部分，展示了资产 a_t 关于资本 k_t 的曲线，为 p_t 分别取值 p_t^1、p_t^2 且令 $p_t^1 < p_t^2$，得到两个价格水平下对应的两

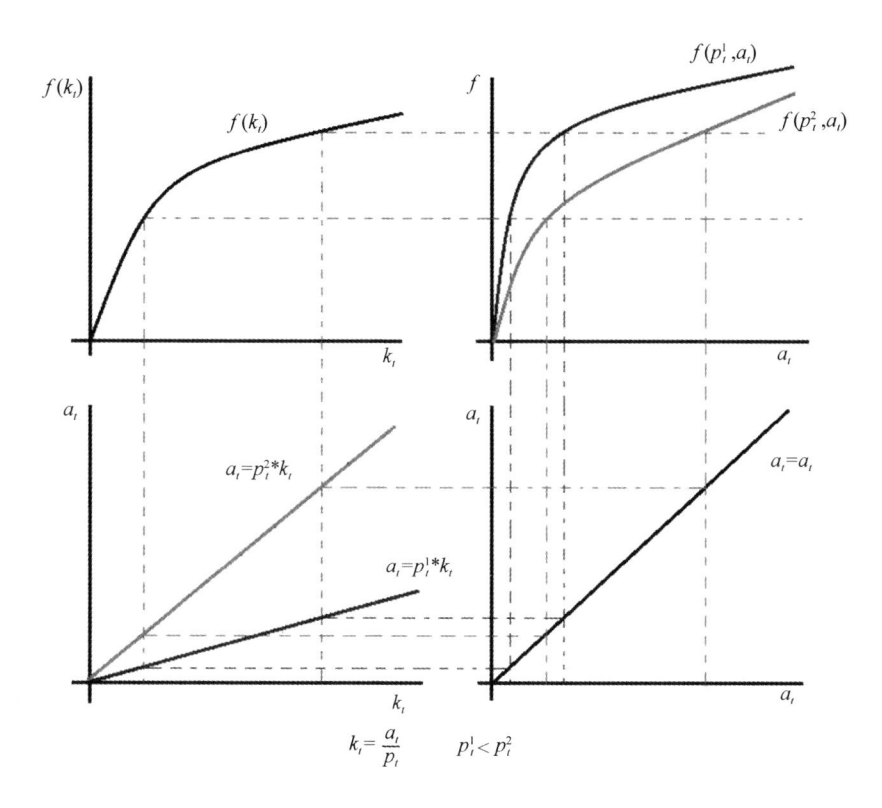

◈◈ 第二章 "非自耕农化"现象及其内在选择机理 ◈◈

图 2-4 不同价格水平下的生产函数 z 示意图

条曲线。右下部分，绘制了 a_t 关于其自身的曲线，即图示的对角线。右上部分，则是利用左上、左下、右下的曲线、通过适当方法①绘制

---

① 图左上预设生产函数曲线的任意点 A，对应相应的资本（位于横轴）、产出（位于竖轴）两个值，为定位点 A 在图右上坐标系中对应的位置点 B，采取如下绘制方法：首先，从点 A 位置向右绘制水平曲线，则取得点 A 在图右上坐标系中对应点 B 的产出值（位于竖轴）；其次，从点 A 位置向下绘制垂直曲线，经由图左下的资产关于资本曲线"映射"，点 A 的资本值"转换"为对应的资产值（左下坐标系竖轴），接着继续向右绘制水平曲线，经由图右下的对角线"映射"后，再向上绘制垂直曲线，则取得点 A 在图右上坐标系中对应点 B 的资产值（位于横轴）；最后，结合对应点 B 的产出值、资产值，取得图右上坐标系中点 B 的位置。资本价格在点 A 的资本值"转换"为点 B 的资产值过程中发挥作用，采取这一绘制方法，则在图右上以资产为横轴、产出为竖轴的坐标系中，绘制出指定资本价格水平下的生产函数曲线图。本卷后续还将采取这一绘制方法，不再重复说明。

而出的不同价格水平之下的生产函数曲线。

如图 2-4 右上部分所示，不同价格水平之下的生产函数曲线表现对应表现出两个性质。一是，在配置地权时如果选取较低的价格 p_t^1，则取得的资本 k_t^1 将大于选取较高的价格 p_t^2 时可取得的资本 k_t^2，生产函数 f 关于资本 k_t "多多益善"，因此产出收入 $f(p_t^1, a_t)$ 将始终高于 $f(p_t^2, a_t)$。二是，由于生产函数 f 关于资本 k_t 又具有餍足的性质，即资本 k_t 对产出的边际贡献将随着 k_t 的增大而降低，因此收入 $f(p_t^1, a_t)$ 与 $f(p_t^2, a_t)$ 之间的差距将随着 a_t 的增大而减小。

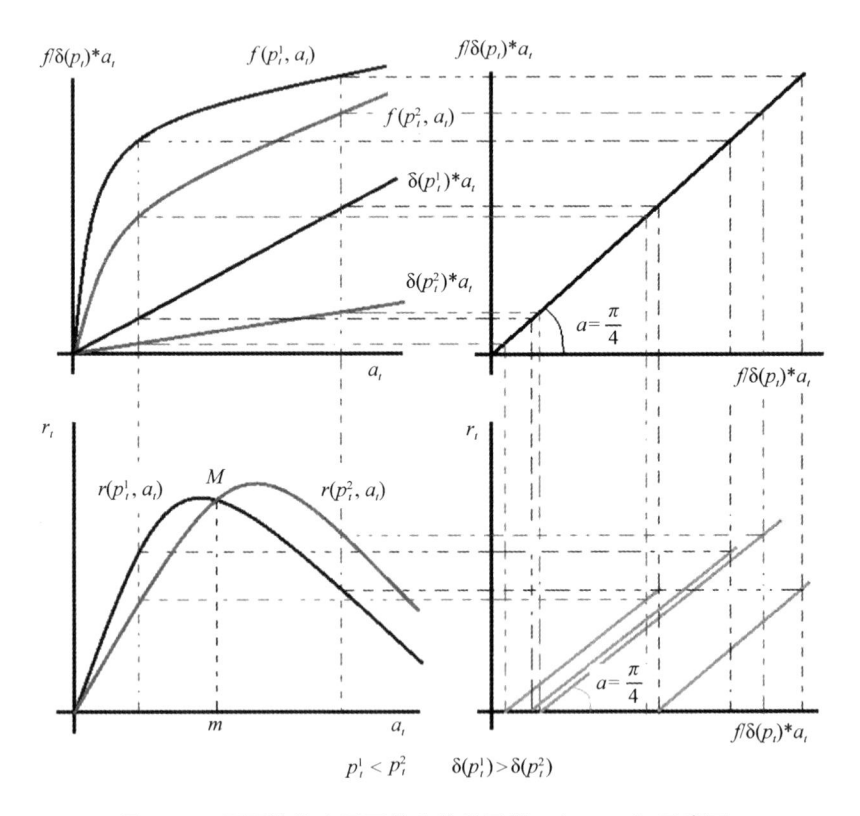

图 2-5　不同价格水平下的净收益函数 $r(p_t, a_t)$ 示意图

二 不同价格水平下的净收益函数

在不同价格水平下的生产函数曲线 $f(p_t^1, a_t)$、$f(p_t^2, a_t)$ 基础上,利用相同的方法绘制出不同价格水平下的净收益曲线 $r(p_t^1, a_t)$、$r(p_t^2, a_t)$(图 2-5 左下)。

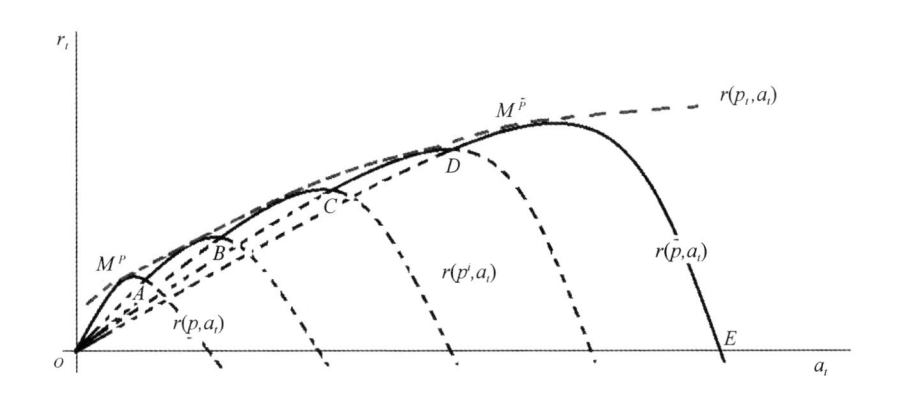

图 2-6 系列的净收益函数曲线 $r(p_t, a_t)$ 示意图

如图 2-6 所示,价格 p_t 分别取 p_t^1 和 p_t^2 时的净收益曲线在 M 点处相交,此时无论采取哪个价格净收益无差别;若 $a_t < m$ 则采取价格 p_t^1 所得净收益更高,若 $a_t > m$ 则采取价格 p_t^2 所得净收益更高[①]。因此,若价格 p_t 仅有 p_t^1 和 p_t^2 两个选择,则净收益最大化要求,在资产

---

① 净收益曲线在示意图中所表现出来的性状,可以通过数学方法予以证明,但本卷旨在探究经济学问题而非求解一个数学问题,因此不展示复杂的数学证明过程。事实上,无需繁复的数学证明,从经济学角度分析模型中的净收入函数,即可迅速得出这一结论。净收益由两部分组成,一是生产收入、一是资产剩余;要使得净收益最大化,一方面要取得尽量多的资本(土地),一方面要取得尽量多的土地权益(尽量多的资产剩余),但是可用资产限制了"鱼和熊掌不可兼得"。这是一个经济学中典型的有限定约束条件下的"两难困境"问题,最优化原则要求在"两难"之中取得平衡。一方面,根据前述不同价格水平下生产函数的性质,高、低价格水平下的生产收入差距随着资产水平增加而不断缩小;另一方面,根据模型折旧设定,高、低价格水平下的资产折旧差距(资产剩余差距)随着资产水平增加而不断增加。因此,当资产规模较低时,生产函数对资本"敏感",生产收入的差距占"主要地位",选择低价格获取更多资本从生产中获取的收益增加,大于因此从资产折旧中遭受的收益损失;当资产规模较高时,生产函数对资本的"敏感"程度大大降低,资产剩余的差距占"主要地位",选择高价格从资产剩余中获得的收益增加,大于因资本减少从生产中遭受的收入损失。

水平较低的时候（$a_t < m$）选择较低的价格 p_t^1，在资产水平较高的时候（$a_t > m$）选择较高的价格 p_t^2。

至此，确定了最优发展路径中资本价格 p_t 关于资产水平 a_t 的依赖关系，即配置地权产品时，为使净收入最大化，资本价格 p_t 的选择必须根据资产水平 a_t 的高低，在土地规模和权益规模之间取得平衡，资本价格 p_t 与资产水平 a_t 呈正相关关系。

将价格 p_t 规定为可从如下范围中选择离散有限个：

$$p_t \in [\underline{p}, \cdots, p^i, \cdots \overline{p}]; \underline{p} < \cdots < p^i < \cdots < \overline{p}$$

图 2-6 展示了 p_t 在离散有限个取值情况下最大化的净收益曲线，即图中的黑色实曲线 $OABCDE$。若 p_t 可以在 $(0, \infty)$ 连续取值，则最大化的净收益曲线是一条包络曲线，即图中的红色曲线，它与 $r(p^2, a_t)$ 相切于点 M^{pi}，在点 M^{pi} 处 (p^2, a_t) 满足式 2.12。

三 最优资产路径 $\{a_t\}^*$ 趋向一个稳态

前一小节中，最优发展路径的要求二规定，在最优发展路径 $PATH^*$ 之下，任何时期收入在当前和未来的边际效用是相等的。结合效用 u 关于消费 c 以及总和效用 z 关于初始资产 a 的单调性性质①，则意味着最优发展路径之下，在任何时期，若下一期消费 c_{t+1} 较当期消费 c_t 将有一个增加量 Δc，则意味着下一期的资产储蓄 a_{t+1} 也必须较当期储蓄 a_t 安排一个对应增加量 Δa，使以下等式仍然成立：

$$u'_{c_t + \Delta c} = z'_{a_t + \Delta a}$$

换言之，比较农户家庭在时期 t 与时期 $t+1$ 的两个发展状态，为保证上述等式成立，若 a_{t+1} 较 a_t 具有一个增量 Δa，那么 c_{t+1} 较 c_t 也应当具有一个适宜的增量 Δc，也就意味着农户在时期 $t+1$ 的净收入水平较时期 t 具有一个增量，且这个增量不得小于要为消费和积累所分配的增量之和：

$$r_{t+1} = r_t + \Delta r \text{ 且 } \Delta r \geq \Delta c + \Delta a$$

上式规定了最优发展路径之下，资产水平 a_t 若要不断增长则必须

---

① 参见本节的上一小节中讨论"要求二"部分。

第二章 "非自耕农化"现象及其内在选择机理

满足的一个约束条件，该约束条件由收入在当前与未来分配的边际最优化原则所规定。除此约束条件之外，资产水平 a_t 若要不断增长还面临两个不利设定的约束，一是小于1的效用的跨期贴现率 $Exp(-\rho)$，另一是模型中生产函数关于资本的餍足设定。

小于1的效用跨期贴现率要求为未来的资产储蓄必须取得更多的未来收入，从而弥补收入由当前转移到未来消费相较于当前立即消费，在效用上的贴现"损失"，贴现率越低则对未来收入的增幅要求越高。"雪上加霜"的是，在劳动规模固定的情况下（模型中是固定为单位劳动），资本（土地）的边际报酬是不断递减的，由此也引致资产对净收入的边际贡献是不断递减的，[①] 即随着资产增加，净收入对应资产增加的增速逐渐降低，净收入水平趋向于一个极限值。

由此，得出最优资产路径 $\{a_t\}^*$ 在时间 t 维度上的"形态"的结论，由于受到效用贴现率和生产函数餍足性质的约束，最优发展路径中的资产 a_t 不会"永续"增长，当资产 a_t 的增长带来的净收入增长不能满足最优发展路径的"要求二"对收入分配的规定时，资产 a_t 将停止增长——此时，作为"联系"农户不同时期发展状态的运动变量 a_t 停止变化，也意味着农户的发展状态停止变化——最优资产路径 $\{a_t\}^*$ 趋向一个稳态，或者说最优发展路径 $PATH^*$ 趋向一个稳态。

四 "阶梯价格"策略

至此，就在给定一个初始资产水平 a_t 的情况下，农户如何安排一个贯穿当前和未来的统一行动计划，以取得最大总和效用 z 的问题——$z(a_0)$ 问题，通过分析农户在决策过程中如何践行有关最优行动的经济原则，最终明确了农户取得最大化总和效用 z^* 的最优发

[①] 前述关于资本价格与资产水平的相关关系讨论部分已说明，最优发展路径中，当资产水平提高时，资本价格水平同步提高，亦即当资产水平提高时，农户配置地权时的"自由度"增加，可以同时从增加资本投资和增加土地权益投资两个方面，提高净收入。结合模型关于地权产品的价格与其中包含的土地权益的设定，可以预计当资产增加到一定水平后，资本价格水平已经达到其上限，即土地完整买卖的价格，此时增加资产将只能从增加资本这一个方面提高净收入，而生产函数关于资本具有餍足性质，因此净收入函数关于资产也具有餍足性质。

展路径 $PATH^*$ 的有关经济性质，包括控制变量价格 a_t、消费 a_t 在各个时期需满足的相关约束以及路径在时间 t 维度的"形态"，揭示了"非自耕农化"现象背后的经济原因：采取"阶梯价格"策略，在不同时期、不同资产状况下，相应动态地配置地权，是谋求最优发展的农户"自生自发"地理性选择。

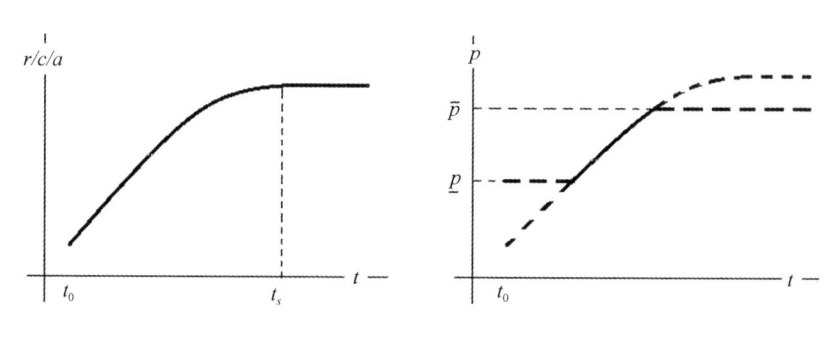

图2-7 最优发展路径趋于"稳态"示意图

图2-7展示了最优发展路径 $PATH^*$ 在时间 t 维度趋向于"稳态"的"走势"或者说"形态"。①

其中，左侧曲线图示意了最优发展路径之下，农户的家庭福利状态在时间 t 维度上的变化情况。农户由 t_0 时期给定的初始资产水平 a_0 出发，通过农业生产经营积累发展壮大实力，资产水平不断提高，与此同时农户家庭的收入水平、消费水平从而福利状态同步提高，这一积累发展的过程持续顺利进行，则通过若干时期的努力经营，农户家庭的发展将达到一个"稳态"。②

图2-7右侧曲线图示意了最优资本价格路径 $\{p_t\}^*$ 在时间 t 维

---

① Cass 在他的新古典增长模型求解中已经明确，此类动态最优化将形成控制变量的鞍点稳态路径，即当控制变量初始状态低于稳态水平时，它将随时间逐步增加；当控制变量初始状态高于稳态水平时，它将随时间逐步降低；控制变量终将趋于稳态水平。因此，严格地说，本模型的数学解还应当包括各变量从高于稳态的水平、逐步下降收敛至稳态，但就本卷讨论问题的经济意义而言，这种"衰退式"发展的特别情况暂不纳入考虑。然而，值得说明的是，这种"衰退式"发展实际上正是稳态的重大经济含义的一个表现，即最优发展要求农户一个合理的积累水平，过度积累或者积累不足均不符合最优发展的要求。

② 作为控制变量的资产积累将首先趋于稳态，随后是控制变量价格、消费。

度上的变化情况。总体而言，随着农户的资产积累逐步提高并趋向稳态，农户配置地权产品的综合价格水平也将逐步提高并趋向稳态。具体而言，考虑经济问题的实际意义，资本价格 p_t 的实际取值范围具有上下限约束：

$$p_t \in [\underline{p}, \overline{p}]$$

因此，实际上最优资本价格路径 $\{p_t\}^*$ 在时间 t 维度上的变化情况，将是右侧图中虚线和实线两部分曲线的某种组合——在发展的初期，农户家庭状况比较"窘迫"，资产的稀缺使得农户亟须以低价格融入土地，只求保证尽量大的生产规模而相对不必考虑土地权益问题；随着农户家庭状况逐步发展改善，资产水平的提高使得农业生产规模得到有效保障，农户将更多地考虑地权配置时的土地权益投资问题，农户配置地权的综合价格水平逐步提高。

曲线的"发端"，可能是水平虚线，也可能是向右上倾斜的虚线，这取决于发展初期农户对地权产品价格的需求与地权市场供给的产品价格范围之间的相关关系。若农户对地权产品的价格需求低于地权市场所能提供的最低价格，则在相当长一段时间内农户配置地权将"被迫"只能采取市场所能提供的最低价格，直到农户的家庭状况发展改善到对土地价格的需求进入到市场的供给能力范围内。

曲线的"终端"，是两条虚线中的哪一条，实际上是农户最优发展所需要的稳态价格水平与地权市场可供给产品的价格上限之间的关系问题。如果将后者限定为完整土地产权交易的价格，那么前者高于后者，表明农户有更强烈的土地权益投资需求。这在实际经济意义上解释为农户由配置地权自主经营转向雇工经营、出佃土地等经营形式，农户在农业企业家的身份之外开始加入（不实际经营土地的）地主身份。但是本篇为了分析的简洁，始终将农户的地权配置目的限制在自主经营阶段，即模型中将地权市场可供给产品的价格上限规定为完整土地产权交易的价格。由此，也就引出一个问题，最优发展之下农户地权配置价格是不是最终趋于完整土地产权交易的价格，也就是说农户的最终发展状态（稳态）是不是趋于"自耕农"。这个问题，将在下一章"自耕农最优"观点的再讨论中进一步详细探讨。

作为农业企业家的农户努力开展农业生产经营，每多增一点收入，在平衡考虑家庭的支出需求后，尽力多积蓄一分家庭的生产资产，如此日积月累、年复一年，家庭状况不断发展改善——近世的传统经济中，这种通过一代人甚至几代人的不断的勤劳经营和储蓄积累实现家庭状况的改善发展，形象而言就如同登山，初始在"山脚"、稳态如"山峰"，沿着阶梯"逐级而上"。在这一勇攀顶峰的"登山"过程中，每上一级"台阶"，农户就随之提高地权配置的综合价格水平，农户的家庭状况逐步提高改善，与之伴随的是地权配置综合价格水平的逐步提高——将农户充分利用地权市场的地权产品多样性以实现家庭最优发展的这一地权配置策略，形象地称为"阶梯价格"策略。

综合本章所述，在农户家庭的动态发展中，通过采取"阶梯价格"策略，农户在每个时期实现了"又好又快"的发展，"阶梯价格"策略最大化了家庭的经营收入，更有力地支撑家庭消费支出从而更"好"地改善家庭福利状况，同时增强积累能力不断加"快"家庭的发展速度——"阶梯价格"策略是农户充分利用近世多层次地权市场中地权产品和交易手段多样性便利，最优化家庭发展的、自生自发的、必然的理性选择。

第三章 "自耕农是否最优"的再讨论

前文已经通过许多相关研究指出,在近世农村"地权多层次分化"和"交易形式多样化"的背景下,大量涌现的"非自耕农化"现象,对以往认为具有最大的边际产出激励效应的"自耕农最优论"提出了一个事实挑战。前文还通过分析无限期下农户家庭经营发展的动态模型,探讨了农户最优发展路径之下地权配置价格策略的经济性质,发现最优发展要求农户"因时制宜"地动态配置地权,而非始终"一成不变"地配置完整产权的土地。因此,充分利用多元化地权交易手段,执行"阶梯价格"策略是农户总和效用最大化的理性选择,自耕农经营模式在理论上也并不是最优。

本章将在前述讨论的基础上,结合第二章的模型,进一步就自耕农是否最优提出三点再讨论。第一,农户家庭最优发展的"稳态"是不是自耕农形态,即自耕农形态是不是农户家庭发展的"终极目标";第二,始终保持土地经营者和所有者"合一",即所谓"耕者有其田"的自耕农经营模式,对农户家庭的发展、对社会土地资源的配置结果会产生何种影响。第三,催生"非自耕农化"现象的多层次地权交易市场并非在所有区域盛行,在其他地区地权分化交易并不发达,市场交易的主要对象仍主要是完整地权,农户开展家庭农业经营仍主要是自耕农形态,那么这两种不同的地权市场,为何会"并行共存",对于农户家庭发展而言又有何差异?

上篇 土地经营权市场配置下的"非自耕农化"

第一节 自耕农经营模式不是农户最优发展的必然形态

第二章指出农户为实现最优发展，在地权配置时将采取"阶梯价格"策略，"因时制宜"地、动态变化地从地权市场配置地权产品。对此，"自耕农最优"论者或许仍可辩称，即使承认"非自耕农化"在那些特别阶段更有助于农户家庭发展，但是自耕农形态是农户发展的终极的、必然的形态——"非自耕农化"只是"权宜之计"，或者说只是为了发展到最终目标自耕农形态的发展过程。

由此，引发这样一个问题，即农户沿着最优发展路径到达"稳态"后，是不是就成为自耕农。如果"稳态"时农户是自耕农，那么"自耕农最优"论者的上述说法某种意义上不无道理——既然路径的终点就是自耕农形态，那么换个角度整个路径也可以视作为农户不断谋求"自耕农化"的过程。"稳态"是不是必然意味着农户的自耕农形态，对"稳态"的性质进一步讨论发现，这一问题得出否定的结论：稳态并不等价于自耕农形态。

首先，最优发展路径是一个如何行动的计划、方案或者说策略，而不是农户家庭实际发展历程的描述或者必然实现的"预言"。在实际中，农户是否能按照最优发展路径顺利"前进"直到进入"稳态"，即"稳态"是否实现，依赖于许多条件。生活中随时可能发生的各种冲击农户家庭的财务风险事件，就是典型的不可预料、但将对农户家庭的积累发展产生关键影响的外部条件。事实上，农户家庭的发展并非"一帆风顺"的，在时间的维度上如生老病死、天灾人祸等多种多样的风险事件随机发生。农户沿着最优发展路径历经若干年勤劳经营，家庭状况已经得到一定程度改善，然而或许一个重大的财务支出事件不期而至，农户家庭状况受重创而恶化，甚至有可能"一夜回到解放前"。现实中农户面临各种风险事件，意味着农户家庭的发展要达到或者说实现最优发展路径中的"稳态"，受到风险挑战，"顺风顺水"地一路发展到"稳态"可能是"幸运的少数"，而"发展—受创—东山再起—再受创"这样"起伏波折"的积累发展历程可能才是"常态"。

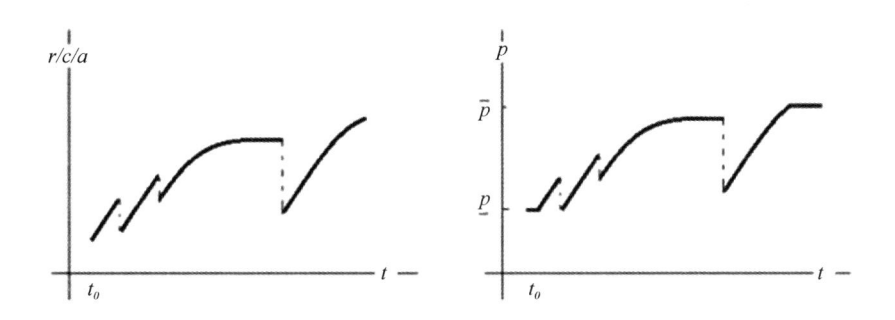

图 3-1 受到风险事件冲击的最优发展路径示意图

将财务支出的风险事件纳入模型，改写约束函数式 2.2 为如下形式：

$$a'_t = f(a_t/p_t) - \delta(p_t) a_t - c_t - D_t, \quad a'_t = da_t/dt$$

D_t 是时期 t 的一个刚性支出，它反映了农户家庭可能面临的风险事件之下可能遭受的财务损失，它是模型的外生变量。如果没有发生风险事件，那么 D_t 为 0；如果发生了某个或多个风险事件，那么 D_t 将取某个正值。图 3-1 展示了受到 3 次风险事件冲击影响的情况下，农户家庭实际的发展路径；值得注意的是，示意图展示第 3 次遭受冲击时，农户家庭的发展状态已达到"稳态"。

通过在资产运动路径中引入风险支出变量 D_t，更明确了最优发展路径实际上是最优行动的一个计划、方案或者策略的含义，所谓"计划总是赶不上变化"，"稳态"并不是稳定存在的状态——一方面，实际的发展过程是"起伏波折"的，"一路向上"直达"稳态"更像是一个美好的愿景；另一方面，即使已经达到"稳态"，农户仍然受到各种不确定事件的影响，随时将被迫"离开稳态"。

其次，"稳态"并非一个固定状态，即"稳态"时农户家庭的收入、消费、资产以及地权配置的综合价格水平并不是一组固定不变的值,它实际上受到农户的生产力水平[1]、跨期偏好等因素的影响。就同一个农户而言,即使家庭发展达到一个"稳态",如果其生产能力或者跨期偏好发生变化,那么农户也将从旧的"稳态"向新的"稳态"运动迁移;就不同农户而言,生产技术水平、跨期偏好等各不相同,从而不同农户最优发展路径下的"稳态"也各不相同。

"稳态"时农户必然为自耕农形态,即"稳态"时资本价格水平恒为市场中完整地权交易价格,运用动态规划的知识进行分析,即可发现"稳态"时农户必然为自耕农形态对相关变量之间的关系提出了十分"苛刻"的要求,这些关系并不必然满足,从而反证"稳态"时农户并不必然是自耕农形态。

根据美国数学家理查德·贝尔曼在动态最优化的另外一种方法动态规划中揭示的最优性原理[2],局部优化问题的解是全局优化问题的解的一部分。假定,农户沿着最优发展路径 $PATH^*$ 在 s 时期开始进入"稳态",即对于 $z(a_0)$ 这个全局动态最优化问题而言,在 $t=s$ 时期及之后,其最优解要求所有变量保持不变;并且,假定"稳态"时农户为自耕农形态,即资本价格 p 取地权市场中完整产权交易价格 p,同时分别以 c、a 标记此时的消费、资产水平:

$$p_t = p,\ c_t = c,\ a_t = a,\ t \in [s, \infty) \qquad (3.1)$$

现在,考虑 $z(a)$ 这个动态最优化问题,$z(a)$ 问题实际上是 $z(a_0)$ 问题的一个局部($t \in [s, \infty)$ 区间),全局最优化问题的关于局部部分的解也是局部最优化问题的解。因此,式 3.1 也就是当初始资产为 a 时,农户的最优发展路径解。

对于 $z(a)$ 问题,根据 2.2 节中的偏微分方程组 I,则式 3.1 使得以下等式成立:

$$-(u''_{c_t c_t}/u'_{c_t})\ c'_t = f'_{a_t} - \delta(p_t),\ u''_{c_t c_t} = d^2 u(c_t)/dc_t^2,\ c'_t = dc_t/dt$$

$$(3.2)$$

---

[1] 模型生产函数中的技术水平参数,经济学中将生产函数中的"技术",定义为同样的生产要素投入下,影响产出水平的其他因素集合。
[2] 参考蒋中一《动态最优化基础》,中国人民大学出版社 2015 年版,第 27 页,"动态规划"小节。

第三章 "自耕农是否最优"的再讨论

利用式 3.1 将式 3.2 化简得到：

$$f'_a\left(\frac{a}{p}\right) = p \tag{3.3}$$

式 3.3 表明了，如果农户沿着最优发展路径 *PATH* 进入"稳态"后是自耕农形态的情况下，此时"稳态"下的资产水平 a、地权配置综合价格水平 p 之间必须保持的关系。显然地，地权市场完整产权交易价格 p 对于农户而言是外生给定的、不由农户决定的，式 3.3 若要保持恒成立，则生产函数 f、跨期效用贴现偏好 p、资产水平 a、地权配置综合价格水平 p 之间需始终保持"十分精妙"的关系。

也正如第二章对最优发展路径中资产路径为何具有趋于"稳态"性质的分析，之所以将收入分配于未来的积累而非当前的消费，在于可以通过积累扩大未来的收入能力，从而当前的效用损失可以在未来得到更好的"补偿"。两个因素影响着当前和未来的效用"补偿"关系，一是农户对效用跨期贴现的偏好，决定着相对于当前效用损失、未来必须得到多少的效用"补偿"；二是生产函数，决定了增加的积累在未来能够多大程度上提高收入能力、从而能够取得多少的效用"补偿"。当更多的积累带来的收入增加、从而带来的未来效用的增加，不足以达到当前损失效用所需要未来提供的效用"补偿"标准之时，农户的资产积累达到了"餍足点"，即农户的发展进入"稳态"。因此，"稳态"时可能是、却并不必然是自耕农形态，"稳态"时农户地权配置的综合价格水平实际上有赖于农户的生产能力和跨期效用贴现偏好。

至此，通过对"稳态"性质的进一步讨论，关于自耕农形态是不是农户最优发展的必然或者终极形态，从以下两个方面得出了否定结论：一是，事实上由于各种不确定性事件的影响，农户家庭的实际发展状态是"起伏波折"的，"稳态"并不是农户家庭必能达成的状态，也并不是达成后即可恒久维持存在的稳定状态，农户的发展状态实际上不会固定维持在某个状态，而将随各种不确定性事件动态变化；二是，即使农户"顺利"发展达到"稳态"，其实际状态也受到农户的生产能力、效用跨期偏好等因素影响，"稳态"的实际状态于不同的农户、同一农户的不同时期，可能表现出多种多样的不同形态，因此"稳态"并不必然意味着自耕农形态，农户的发展并不必然稳定在自耕农形态。

第二节 自耕农经营模式对农户和社会资源配置的扭曲

"自耕农最优"论反对土地的实际经营者和实际所有者分离，认为非自耕农形态下农户的福利因"地主"剥削受到损害、土地的生产效率不能得到最大发挥，要求保持土地实际经营者和所有者"合一"——"耕者有其田"，是个体和社会"双赢"的理想状态。本节利用第二章提出的农户经营发展模型，进一步讨论自耕农经营模式对农户家庭发展和福利、对全社会土地资源优化配置的影响，检验自耕农经营模式是否实现个体和社会"双赢"。

一 自耕农经营模式是农户的帕累托次优选择

自耕农经营模式要求，农户既是土地的实际经营者，也同时是土地的实际所有者，不允许两个角色"分离"。为满足这一要求，则社会的土地交易制度以两种形态存在，要么禁止土地交易，要么只允许土地的完整买卖。

如果禁止土地交易，则全社会土地资源的配置情况将长期保持固定不变；从个体农户角度，则农户可以利用以投入农业生产的土地规模将长期固定保持为初始土地资源分配状态——禁止土地交易制度开始施行，即意味着农户无法融入土地、也无法转出土地[①]——从而生产经营规模即农户的家庭收入长期保持固定不变。此时，第二章模型中的运动变量资产水平 p 将不再"运动"——更准确地说将不再"向上运动"，它将永远以初始水平为上限——这意味着为未来更好的发展而储

---

① 在不允许土地交易的情况下，农户实际掌握的土地规模无法变动，但农户可以根据实际生产最优化需要减少实际投入农业生产的土地规模；农户不可以"增持"或者"减持"土地规模，但是可以"减投"，如土地撂荒。

第三章 "自耕农是否最优"的再讨论

蓄积累的作用和意义不复存在,"今朝有酒今朝醉",今天不再影响未来、未来也不再影响今天,在时间维度上的动态最优化问题本身不再存在。因此,如果采取禁止土地交易制度来维持自耕农经营模式,不言自明地,在时间维度上农户家庭的发展将保持水平曲线,更准确地说农户家庭将没有"发展"可言,未来不过是今天的反复重复。

又如果有一个土地交易市场,但市场只允许土地的完整买卖,此时农户家庭的发展和福利如何?为此,为第二章模型增加一个限定条件,即在所有时期农户只允许采取一个固定资本价格水平配置土地,讨论此时最优发展路径之下农户的地权配置策略。

将模型中的控制变量 p_t 取消下标 t,即控制变量资本价格水平不再随时间变化,此时模型的目标函数和约束函数对应改写为:

$$MAX : z(c_t, a_t, p) = \lim_{T \to \infty} \int^T Exp[-pt]u(c_t)dt$$
$$a'_t = f(a_t/p) - \delta(p)a_t - c_t, \ a' = da_t/dt$$
$$p \in [\underline{p}, \bar{p}]$$

这一 $z(a_0) \mid p_t = p$[①] 问题可以按照以下思路求解:首先,将资本价格 p 视作一个常数,同样利用哈密尔顿函数方法可取得一个最优发展路径 $PATH^* \mid p'_t \equiv p$,并对应取得一个最大化总和效用水平 $z^* \mid p_t \equiv p$;由此,最优发展路径 $PATH^* \mid p_t \equiv p$ 和最优结果 $z^* \mid p_t \equiv p$ 可以视为关于 p 的函数,从而利用比较静态分析方法,在 p 的取值范围内取得使总和效用水平 $z^* \mid p_t \equiv p$ 最大的价格水平 p^m。

图3-2展示了允许农户各时期动态选择价格水平的动态优化问题 $z(a_0)$ 和约束农户在所有时期只可选择某个特定价格水平的动态优化问题 $z(a_0) \mid p_t \equiv p$ 各自的最优发展路径(资本价格部分)的对比。由第2章讨论,路径 $PATH^*$ 之下 p_t 使得各个时期的净收入最大化,因此若沿着 $PATH^* \mid p_t \equiv p$ 路径行动,则只有恰在 t_m 时期净收入才实现最大化,其他时期净收入因 $p_t \equiv p$ 不能动态变化而遭受"损

[①] 表示在价格恒为 p 的情况下,农户初始状态为 a_0 的动态最优化问题,后文最优发展路径、最大化总和效用水平等也将使用这一表示方法。

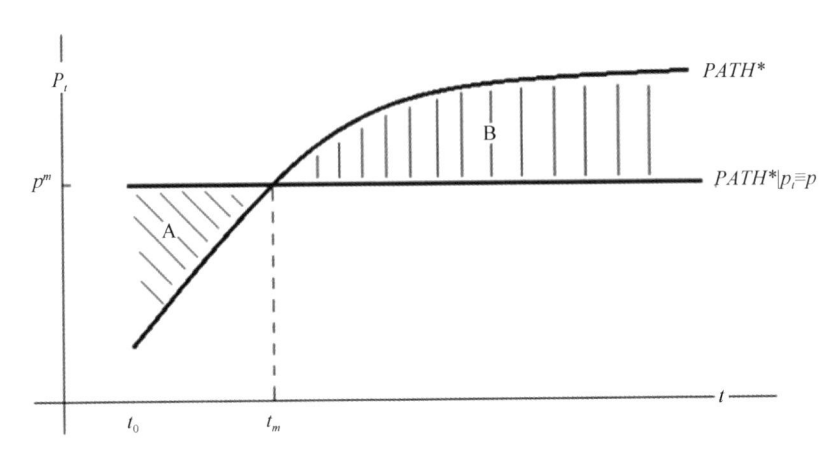

图 3-2 $z(a_0)$ 和 $z(a_0)\mid p_t\equiv p$ 问题最优发展路径
（资本价格部分）对比示意图

失"。净收入的下降，将同时削减当前的消费和未来的积蓄安排，当前和未来的效用水平从而总和效用水平 z 遭受"损失"；图 3-2 的阴影部分 A 和 B 分别表示了采取 $p_t\equiv p$ 策略使得总和效用 z 受到"损失"两种不同情况。

在 t_0 至 t_m 时期，价格 p 高于使净收入最大化的路径 $PATH^*$ 下的价格 p_t，"过多地"投资于土地权益而相对减少了可用于农业生产的土地规模，因此 A 区域表示了采取 $p_t\equiv p$ 策略因土地权益投资"过度"而遭受的总和效用"损失"；在 t_m 时期之后，价格 p 低于使净收入最大化的路径 $PATH^*$ 下的价格 p_t，土地权益投资"不足"而相对"过多"地配置了用于农业生产的土地规模，因此 B 区域表示了采取 $p_t\equiv p$ 策略因土地权益投资"不足"而遭受的总和效用"损失"。

区域 A 和区域 B 代表着农户选择使一个恰当的价格 p^m，使得总的"损失"最小化从而取得最大化的 $z^*\mid p_t\equiv p$ 所面临的"两难困境"，它们受到价格水平和农户初始资产水平的共同影响。在给定农户初始资产水平的情况下，较高的价格有助于减少远期因土地权益投资"不足"而遭受的效用损失、但增加了近期因土地权益投资"过度"而遭受的效用损失，即减少了 B 但增加了 A；反之，较低的价格减少了 A 但增加了 B。在给定价格水平的情况下，A 受到农户的初始资产水平 a_0 影响，a_0 越低则意味着同样的价格水平下，发展过程中处于土地权益投资"过度"的 t_0 至 t_m 时期越长，则 A 区域代表的"损失"越大；反之，则 A 越小。

由此，如果限定农户在所有时期选择一个固定的价格水平，可以得出以下结论：一是，农户将根据初始资产水平 a_0 选择一个适宜的价格 p^m，平衡近期和远期效用损失，取得最大总和效用 $z^* \mid p_t \equiv p$，即最优价格策略为 $p_t \equiv p^m$；二是，最优价格策略 $p_t \equiv p^m$ 中 p^m 的具体取值水平，与初始资产水平 a_0 正向相关，即初始资产水平越高的农户需要一个更高的固定价格水平。

现实中，农户们的资产水平有高有低，农户受到不确定性事件影响不同时期的资产水平也不断变化，这就意味着即使限定农户只能以一种价格水平融入土地，最优的价格水平对于不同农户而言也并不相同。因此，为保持自耕农经营模式，限定土地交易方式仅为完整买卖，是一个"歧视性"的土地交易制度，采取完整购入土地产权的方式配置地权仅对资产积累达到特定水平的农户有利，总是获取完整土地产权不是其他农户的最优选择，使他们家庭的福利状态进一步受到"损害"。

综上所述，无论是采取禁止土地交易的方式，还是只允许土地完整买卖，力图维持土地实际经营者与所有者身份"合一"的自耕农经营模式，相较于允许农户采用"非自耕农化"策略配置土地，对于农户家庭发展和福利状况而言，是一个帕累托次优的选择。

二 自耕农经营模式阻碍土地资源的最优化配置

假定社会有一定量的土地资源将用于农业生产经营，同时还有若干生产者（农户）待配置土地资源后实际开展农业生产经营。从社会的角度考虑，农业土地作为一种生产要素资源，什么样的分配状态对社会而言是最优化的呢？

（一）社会计划者的"方案Ⅰ"

从社会计划者（social planner）的角度出发，最优的土地配置就是要将每一份土地分配到使其能实现最大产出的生产者手中，或者说对每一个分配到土地的生产者而言其土地的边际产出都一致。式3.4—式3.6描述了社会计划者分配土地的这一最优化方案，完全分配总量为K_t的土地，使每个获得土地的生产者其边际产出均为m_t，从而实现总产出水平Y_t的最大化。为便于稍后讨论，将土地资源通过社会计划者的安排实现最优化的分配结果记为"方案Ⅰ"：

$$df_t^i/dk_t^i = m_t, \text{对于所有} k_t^i > 0 \quad (3.4)$$

$$K_t = \sum k_t^i, i \in [1, n] \quad (3.5)$$

$$MAX: Y_t = \sum f_t^i(k_t^i), i \in [1, n] \quad (3.6)$$

社会计划者要实现方案"方案Ⅰ"相对较为"容易"，首先社会计划者要么掌握了所有土地、要么具有可以分配土地的权力，其次只要社会计划者"全知"，即清楚知道所有生产者的生产能力，那么他可以按照上述原则计算出总产出最大化的分配方案并将之付诸实践。

（二）市场的"方案Ⅱ"

如果将土地分配的权力由一个全知全能的理性社会计划者交予一个自由的土地交易市场，按照经典经济学解释，通过土地价格这一信号工具，土地也可通过市场自由交易实现最优化配置。

生产者为使自身利润最大化，将从要素市场（土地市场）[①]配置适量土地k_t^i以开展生产，使得土地的边际产出df_t^i等于土地的价格；市场整体出清，则意味着所有配置有土地的生产者其边际产出均等于土地价格。每个生产者配置适量土地实现利润最大化，社会整体实现总产出最大化——将土地市场的分配方案记为"方案Ⅱ"。

需要特别注意的是，此处的土地交易市场交易的是土地的使用权还是土地的所有权？交易的是使用权。首先，对于农业生产而言，土地不是一次性消耗的生产要素，是可以重复使用的、具有耐久性的生产要素，生产者开展一次生产实际直接需要的，不是要素的完整所有权，只是要素参加此次生产过程的使用权。其次，土地价格本身全部

[①] 在要素得到充分竞争的市场中，供求双方均为价格的被动接受者。

形成了购买土地的成本支出，利用土地开展生产后不会有价值的"存留"，土地价格是使用土地的租金或者费用，亦可见交易的对象不是土地的所有权而是使用权。因此，更准确地说，"方案 II"是土地使用权交易市场下的分配结果。①

如果没有生产者的实际资产水平这一因素的约束，市场的"方案 II"与社会计划者的"方案 I"，实际上是同一个分配方案，市场出清的均衡价格也就是式 3.4 中的 m_t，市场也可以像社会计划者那样安排土地配置，实现土地资源分配的最优化。

然而，市场中生产者购入土地的交易实际可能受到生产者资产状况 a_t^i 的约束。私有产权制度下，土地由不同所有者控制，土地的配置过程通常不是土地的所有者以土地为"股份"与生产者共同参与生产，而是一笔买卖交易。生产者要实际获得土地从而开展生产，通常需要"预先"准备一笔资金从土地的所有者手中"购入"土地。具备相应规模的资金，先完成土地的购入，其后才能开展生产。此外，资产有限（稀缺性）则意味着资产具有机会成本，代表为用于配置土地所放弃的可能从其他用途获取的收益。

因此，在生产者的资产 t 有限的约束条件下，市场的"方案 II"实际上是式 3.7—式 3.10 的解：

$$df_t^i/dk_t^i = v_t + w(v_t)，对于所有 k_t^i > 0 \tag{3.7}$$

$$k_t^i \leqslant a_t^i/v_t，对于所有 k_t^i > 0 \tag{3.8}$$

$$K_t = \sum k_t^i, i \in [1, n] \tag{3.9}$$

$$MAX: Y_t = \sum f_t^i(k_t^i), i \in [1, n] \tag{3.10}$$

式 3.7 中 v_t 为土地市场价格、$w(v_t)$ 代表资产的机会成本，表明在生产者的资产 a_t^i 有限的约束条件下，利润最大化要求最优的土地数量满足最后一单位土地的边际产出 df_t^i/dk_t^i 等于土地价格与对应机会成本之和；式 3.8 则是在生产者资产水平规模的约束下，实际可

---

① "方案 I"中，社会计划者分配给生产者的也只是使用权，因为社会计划者始终控制所有土地，并随着时间动态地改变土地使用权分配方案。

购入的土地数量；式3.9表明均衡土地价格v_t使得市场出清。

对于所有要按照式3.7配置土地的生产者，如果其资产水平均满足式3.8要求，则市场的"方案Ⅱ"仍与社会计划者的"方案Ⅰ"相同，式3.7中的$v_t+w(v_t)$即等于式3.4中的m_t；如果有部分生产者，其资产水平较低，不能满足式3.8要求，这些生产者将不能按照式3.7、而将按照式3.8缩小土地配置规模，也就意味着市场出清的均衡价格v_t下降，$v_t+w(v_t)$将小于m_t——要素利用效率水平较高的生产者由于资产限制无法从市场融入的部分土地，市场不得不将之分配给要素利用效率水平相对更低的生产者——此时，市场的"方案Ⅱ"与社会计划者的"方案Ⅰ"不再相同，前者相对于后者是帕累托次优的。

生产者的资产水平受到多种因素的影响，不能必然保证生产者可以按照式3.7配置土地。对于那些受到资产水平限制的生产者，现代社会相对发达的金融制度为他们提供了便利的融资渠道，透过许多创新的合伙投资制度也可以寻找那些愿意以要素出资共同经营的要素所有者。在传统经济社会中，农户为生产融资既不便利、成本也相对高昂，自有资产仍然是农户赖以开展生产的最主要手段，如第二章所分析的，农户配置土地不仅受到其要素利用效率水平的制约，还受到其实际资产水平的约束。在多层次地权交易市场下，农户按照"阶梯价格"策略配置土地，整个市场出清后的土地配置状态，正是"方案Ⅱ"的分配结果[①]。

（三）只允许完整产权交易的土地市场的"方案Ⅲ"

对于只允许土地完整产权买卖交易的市场，土地分配的结果"方案Ⅲ"是式3.11—式3.14的解：

---

① 如第二章所述，"阶梯价格"策略要求农户在既定的资产水平之下，在土地规模（使用权规模）和土地权益之间平衡投资，土地权益投资的收益形成配置土地规模的机会成本。对于资产水平较低、不足以支持按照式3.7配置土地规模的农户，则其价格策略为始终采取使用权交易价格，农户的资产将全部用于配置土地规模，因为此时扩大土地规模的边际收益高于投资土地权益；对于资产水平较高、足以支持按照式3.7配置土地规模的农户，他将始终按照式3.7配置土地规模，其余的资产将用于投资土地权益。多层次地权交易市场实际上可以看作是土地使用权交易市场和土地所有权交易市场的复合体。

第三章 "自耕农是否最优"的再讨论

$$df_t^i/dk_t^i = w(V_t), 对于所有 k_t^i > 0 \quad (3.11)$$

$$k_t^i \leq a_t^i/V_t, 对于所有 k_t^i > 0 \quad (3.12)$$

$$K_t = \sum k_t^i, i \in [1, n] \quad (3.13)$$

$$MAX : Y_t = \sum f_t^i(k_t^i), i \in [1, n] \quad (3.14)$$

V_t 表示土地完整产权的交易价格。式3.11中，$w(V_t)$代表资产的机会成本，表明在生产者的资产a_t^i有限的约束条件下，利润最大化要求最优的土地数量满足最后一单位土地的边际产出df_t^i/dk_t^i等于土地价格对应的机会成本；式3.8则是在生产者资产水平规模的约束下，实际可购入的土地数量；式3.9表明均衡土地价格V_t使得市场出清。

同样地，对于所有要按照式3.11配置土地的生产者，如果其资产水平均满足式3.12要求，则市场的"方案III"仍与社会计划者的"方案I"相同，式3.11中的$w(V_t)$即等于式3.4中的m_t；如果有部分生产者，其资产水平较低，不能满足式3.12要求，这些生产者将不能按照式3.11、而将按照式3.12缩小土地配置规模，也意味着市场出清的均衡价格V_t下降，$w(V_t)$将小于m_t——要素利用效率水平较高的生产者由于资产限制无法从市场融入的部分土地，市场不得不将之分配给要素利用效率水平相对更低的生产者——此时，"方案III"与社会计划者的"方案I"不再相同，前者相对于后者是帕累托次优的。

由"方案II"和"方案III"是否满足最优化的分析可知，无论是使用权交易市场还是完整产权交易市场，土地的配置结果是否最优化（是否等同于"方案I"），取决于是否所有的生产者都具备相应足够的资产。生产者因资产不足而无法购入的土地越多，则意味着市场为了出清而"错误"配置的土地越多，即最终的配置结果较最优化（"方案I"）的偏离就越大。

比较使用权交易市场的价格V_t和完整产权交易市场的价格V_t可知，后者大大高于前者，意味着式3.12相较于式3.8是一个更强的约束，达成最优化配置结果（"方案I"）对生产者的资产水平提出了更严苛的要求——在使用权交易市中,一个生产者仅需要较低的资产$v_t k_t^i$就可以完成土地k_t^i的购入,而在完整产权交易市场中他需要具有高得多资产水平$V_t k_t^i$。

由此可知,为维持自耕农经营模式而将土地市场限制为只允许完整产权交易,相较于包含使用权交易的多层次地权市场,可能使得更多的"经营小能手"农户因资产水平限制而无法获取更多的土地,造成更多的土地资源"错配",更加偏离最优化的分配结果。

综上所述,无论是采取禁止土地交易的方式,还是只允许土地完整买卖,力图维持土地实际经营者与所有者身份"合一"的自耕农经营模式,就农户个体的发展和福利而言,相较于允许农户采用"非自耕农化"策略配置土地是帕累托次优的,就全社会土地资源的最优化配置而言,相较于多层次土地交易市场的配置结果也是帕累托次优的。固守自耕农经营模式的实际结果将是,个体因资源配置选择上的自由度被约束,发展和福利受到损害;社会因资源错配风险增加,土地资源的最优化配置受到阻碍。这与最初的目的南辕北辙,个体取得最优化发展、社会实现资源最优化配置的"双赢"结果恐难以达成。[①]

第三节 自耕农经济是低水平均衡

通过经济史学者的相关研究,我们也看到近世在中国的不同地区,地权市场的形态不尽相同。在东南的福建、台湾等地区,发展出了较为发达的多层次地权交易市场,农户的"非自耕农化"现象较为普遍;在北方地区,地权分化和交易形式多样性不突出,完整的土地买卖仍然是人们偏爱的主要交易,农户无论贫富都更多地维持着自耕农的形态。

[①] 为维持自耕农经营模式而禁止土地交易的情况下,全社会土地配置的最优化受到阻碍是"不言自明"的,无需赘述。社会计划者最优化土地分配问题中,相关函数和变量下标时间因素t即表明,分配最优化是一个动态变化的结果,静态的、固化的土地分配结果不符合动态最优的要求。

如前所述，既然通过利用地权多层分化和交易形式多样化的地权交易制度便利，农户可以"阶梯价格"策略取得家庭最优的发展和最佳的福利水平，力图维持自耕农经营模式对个体而言是帕累托次优的选择，对社会整体而言也阻碍了土地资源的最优化配置，那么为何多层次地权交易市场制度没有得以在全国建立？为何北方地区的农户更"愿意"保持自耕农的状态？为何多层次地权交易市场和以土地完整买卖为主的交易市场会"并行共存"？

一　对地权的非生产性偏好扭曲农户的地权配置策略

在第二章建立的模型中，实际假定农户对于不同的地权交易方式的选择，仅需考虑其对生产经营净收益的影响。实际上，采用何种形式配置家庭的土地资本，农户往往还有生产收益之外的考量，通常而言农户更倾向于掌握更多的土地权益，甚至农户常常有很强的保持自耕农形态的偏好。

用 $w(p_t)$ 表示农户对价格为 p_t 的土地的偏好，通常农户偏爱获取更深层次的土地权益、更大程度地掌控土地，因此：

$$w'_{p_t} > 0$$

对第二章第三节中的动态最优化模型进行修改，考察当农户对价格 p_t 具有正的偏好时，农户的价格策略将发生什么样的改变。农户的约束函数不变，仅目标函数修改为：

$$Max: z(p_t, c_t, a_t) = \lim_{T \to \infty} \int_0^T Exp[-\rho t]$$
$$[u(c_t) + w(p_t)]dt \qquad (3.15)$$

对比前后两个目标函数的变化，可见第二章第三节中关于控制变量 p_t 的"两难困境"以及最优价格路径 $\{p_t\}^*$ 的要求相应发生了变化。

价格 p_t 的变动对总和效用水平将产生两部分影响，一是通过影响净收入、从而影响消费与储蓄安排，进而间接影响总和效用[1]，二是

---

[1] 价格变动影响净收入，从而影响消费和储蓄安排，因此价格变动通过净收入对总和效用产生的间接影响包含两个部分：对 $u(c_t)$ 的影响、对 $z(a_{t+1})$ 的影响。

通过农户对地权还具有的生产经营以外的效用偏好 $w(p_t)$，直接影响当期效用。控制变量 p_t 面临的"两难困境"，除在土地规模与土地权益之间的"两难"之外，新增加了生产经营收益的最大化与地权偏好的最大满足之间的"两难"。

最优的 p_t 必须满足两个目标，一是尽量取得合适的价格使得净收益更高，一是尽量取得更高的价格从而迎合农户对地权的正的偏好。最大化原理要求，任意 t 时期 p_t 的选择必须满足总和效用水平关于价格的边际收益为零，即 p_t 变动，导致净收入变动从而导致的总和效用的变动，与当期地权偏好的满足变动之间，要相互"抵消"。因此，最优价格路径 $\{p_t\}^*$ 需要满足的要求，将不再是使得每个时期净收入最大化，而是对总和效用水平的总的贡献（包含通过影响当期净收入、从而影响消费和储蓄安排、从而对总和效用的间接影响，以及通过影响当期地权偏好的满足、从而对总和效用的直接影响）最大化。

p_t 对总和效用的间接影响包含了对当期消费效用的影响和对未来时期的总和效用的影响两个部分，前者涉及了当期控制变量 c_t，后者同样涉及了一个动态最优化问题，从而难以简单衡量 p_t 对总和效用的间接影响。因此，在加入农户对地权的正偏好的情况下，最优发展路径中路径 $\{p_t\}^*$ 需要满足的要求难以得出一个明确的数学解析表达。虽然无法明确求解最优路径 $\{p_t\}^*$ 的明确形式，但是仍不难得出如下结论，即在加入农户对地权的正偏好后，最优路径 $\{p_t\}^*$ 中的 p_t 一定是偏离使净收入最大化解的——在使净收入最大化的 p_t 点，继续提高价格虽然会导致净收入下降、从而间接使得总和效用水平下降，却可以通过提高地权偏好满足、从而直接提高总和效用水平，可知使净收入最大化的 p_t 点不是满足最大化原理的稳定解点。①

因此，就加入正的地权偏好后，农户最优发展路径中的地权策略，可以得出两个结论。

一是，对于农户而言只要不是对完整地权具有"极端的偏爱"，

---

① 价格 p_t 定义范围中的上边界点除外，此时 p_t 无法继续提高。

导致在任何时候（任何资产水平下）都无须在价格与净收益之间"折中平衡"①，那么农户仍然可以通过利用多层次地权交易市场中地权产品和交易形式多样性便利，仍然采用"阶梯价格策略"，取得地权偏好的满足和净收益更大化之间的最佳"折中平衡"。

二是，"鱼和熊掌，不可兼得"，必须在净收入与地权两个目标之间进行适当平衡，因此最优路径 $\{p_t\}^*$ 偏离了使得净收益最大化的价格路径，即农户愿意为满足自身对地权的偏爱而"适当地"承受了一定的收入损失。对地权偏好强度决定了农户愿意为此承受的净收入损失以及福利损失的多少。对地权的偏好越强，农户将承受更多的净收入损失以及福利损失——对地权的非生产性偏好，使得农户偏离了最优生产规模，农户的生产力没有得到最有效发挥，它扭曲了农户的地权配置策略。

三　自耕农经济是演化形成的低水平均衡

在上一小节讨论地权的非生产性偏好对农户地权配置策略的影响的基础上，本小节通过博弈论中演化博弈的理论方法，尝试探讨两个市场"并行共存"的原因。

（一）交易成本影响农户的地权偏好

在科斯（Coase R. H.）②明确提出"交易费用"这一观点以前，经济学通常是默认交易"零成本"的，然而科斯通过对"企业"这一组织的探讨指出现实的交易是有费用发生的，人们采用"企业"的组织形式，正是为了优化交易的成本。随后，交易费用理论成为新制度经济学的重要理论之一，从交易契约的角度而言，交易费用包括了搜寻和传递信息的成本、讨价还价的谈判成本、拟定契约的成本以

---

① 如果农户对完整地权的偏好"强烈"到一定程度，即配置完整地权的效用收益如此之高，超过由此导致的净收入损失、从而导致当前和未来的消费效用损失，那么农户将采取始终配置完整地权的策略。
② Coase R. H., "The Nature of the Firm", *Economica*, *New Series*, Nov. 1937, 4 (16): 386-405. Coase R. H., "The Problem of Social Cost", *Journal of Law and Economics*, 1960, III: 1-44.

及监督和执行的成本等。

农户从市场上购进任意价格的土地，实际上都与特定的权利出让人达成特定的权利交易契约，这一"购进"的交易本身都会产生交易费用，这正是土地交易制度对农户的影响之一。不同的土地交易制度之下，农户选择一项特定的土地交易的交易费用是明显不同的。

多层次地权交易市场越是发达的区域，农户选择押租、典或者田面佃买等"非自耕农化"的交易方式的信息搜寻和传递成本就越低，这是因为市场上会有相对大量的此类"契约产品"的供给；同时这些类型的交易在市场中大量、反复的发生，为特定交易中双方的讨价还价提供了"可借鉴""可参考"的"范本"和"标准"，降低了讨价还价的成本。正如杨国桢对明清土地契约的研究所发现的，各种类型交易相对应的文契的更加规范化、格式化以及交易要落实在"白纸黑字"上的交易文契化，本身就是多层次地权市场蓬勃发展的重要内容之一。[①] 契约的格式化和交易的文契化，交易得到成例、习俗和官府的确认和保障，降低了双方的犹豫成本、风险成本以及监督和执行的成本，尤其是对于知识水平较低的农户而言，越是成熟和规范的交易方式，越能降低他参与其中的"门槛"。

与此相反的是，在地权分层次交易不太流行、可选择交易方式不多的土地交易市场中，农户选择押租、典和田面佃买等"非自耕农化"的交易方式的交易成本就大大提升。这些类型的交易方式"不太流行"，也就意味着这些类型的"契约产品"的供给较少，要寻找到愿意提供进行这些类型的地权交易的田主的搜寻成本就变得更高；同时也意味着，市场中往往没有良好的成例或者普遍通行的规则可供参考，交易需要农户和田主双方进行更"个性化"的讨价还价。此外，拟定合适的契约文本的成本、监督和执行契约的成本都同样大大提高。

简而言之，对农户而言成本最低的土地交易方式，就是当前土地交易市场中大家所普遍最希望采用的交易方式，就像通过规模效益大

[①] 杨国桢：《明清土地契约文书研究（修订版）》，中国人民大学出版社2009年版。

批量生产降低了单件产品的成本一样,相似的交易方式在市场中被大量、广泛地采用,就有利于降低该类型交易的门槛和成本。因此,在多层次地权交易市场中,农户按照"非自耕农化"的地权配置策略行动,地权交易更安全、更可靠,交易成本更低,从而它弱化了农户对完整地权的偏好强度;而在以完整土地交易为主的市场中,农户配置非完整产权的土地,在市场中寻找这些"非主流的、小众的"产品并达成交易的成本更高,从而它强化了农户对完整地权的偏好强度。

(二)演化博弈:个体与集体相互影响之下的博弈均衡

土地交易市场影响农户的地权配置策略,农户的地权配置行动也是土地交易市场得以形成的原因。个体的农户在大的市场环境面前,是被动的"接受者",他只能按照市场环境制定最优的行动策略;作为整体的市场,本身又是个体农户行动的集合,是集体行动的结果。

约翰·梅纳德·史密斯[1]阐发的演化博弈的视角,能够帮助我们理解总体环境与个体选择之间的这种相互依赖、相互决定的均衡关系。试看以下博弈。[2]

	总体	
个体	行动A	行动B
行动A	1	-1
行动B	-1	1

图3-3 个体与总体的博弈

在这一博弈中,个体取得最优报酬的行动方案,要取决于总体对他施加了何种的约束。假定总体中有比例为 ε ($\varepsilon \in [0, 1]$)的个体采取行动A,比例为 $1-\varepsilon$ 的个体采取行动B,那么个体采取行动A

---

[1] Smith J. M., *Evolution and the Theory of Games*, Cambridge University Press, 1982, pp. 202–215.
[2] 博弈中仅列出了个体的报酬,其中的报酬数字为示意数字。

和行动 B 的预期报酬就分别为 $2\varepsilon-1$ 和 $1-2\varepsilon$。若总体中行动 A 更为"流行"（$\varepsilon>1/2$），则个体采取行动 A 的预期报酬就更高，相反地若总体中行动 B 更为"流行"（$\varepsilon<1/2$），则个体 X 采取行动 B 的预期报酬就更高。从而个体和总体形成一种相互依赖、相互决定的博弈均衡关系，在这一案例中可能形成两个演化博弈均衡。其一，是行动 A 盛行的均衡，在此均衡之下，"总体中更多的个体采取行动 A"成为"制度环境"对个体产生宏观约束，促使其中的个体采取行动 A，而个体的这种行动策略又反过来成为这一"制度环境"得以"存在"的微观基础；其二，是行动 B 盛行的均衡，不再赘述。

在个体农户与土地交易市场制度之间的相互关系问题上，应用演化博弈这一分析工具。市场中，农户可以融入具有完整产权的产品（行动 A），也可以选择仅具有部分权益的产品（行动 B），同样使用 ε（$\varepsilon\in[0,1]$）表示市场中采取行动 A 的个体比例。ε 越趋向于 1，则意味着市场中的交易主要以完整土地买卖为主，此时行动 A 的交易成本是相对较低的，农户的地权偏好较强，地权配置策略中将更加重视土地权益的投资；ε 越趋向于 0，则意味着市场中各类非完整地权交易"盛行"，此时行动 B 的交易成本是相对较低的，农户的地权偏好较弱，地权配置策略中将更加重视土地规模配置以获取更大的生产经营收入。

个体农户和市场交易制度之间存在着两个可能的演化博弈均衡，在每一个均衡之下个体农户的策略和市场总体的交易制度之间相互影响、相互依赖，互为彼此成立的条件。

在地权分层次交易不太流行、可选择交易方式不多的宏观市场环境之下，配置非完整产权的地权产品的交易成本较高，农户对获取完整土地控制权的偏好更强，地权配置策略中更重视掌握土地权益，促使更多的农户采取维持自耕农形态的策略，非完整产权的产品及其交易形式逐渐"式微"，完整土地买卖逐渐占据市场主导地位，个体的这种选择偏好反过来构成了这一市场制度环境的微观基础。

在地权多层次分化和交易形式多样化发展到一定程度的宏观市场环境下，市场中有大量的各类非完整产权的地权产品，并有多样化的

第三章 "自耕农是否最优"的再讨论

手段支持和保障交易,执行"非自耕农化"地权配置策略,选择非完整产权的地权产品的交易成本降低,成为人们乐于接受的交易,农户获取完整产权维持自耕农形态的偏好弱化,地权配置策略中更重视保证可用于经营的土地规模,激励更多的农户参与到这些使得农户"非自耕农化"的交易当中,这些交易形式在市场中就更加盛行,个体的选择又进一步促进了土地交易市场的地权多层次分化和交易形式多样化的发展。

可见,地权交易市场是在无数个体行动的基础上,长期演化形成的均衡结果,一方面它作为外部环境影响了个体农户的地权配置策略,另一方面个体农户的地权配置策略进一步巩固了它的存在。因此,两种地权市场"并行共存",乃是不同地区长期演化形成的均衡结果。

同时,不可忽视的是,在地权分层次交易不太流行、可选择交易方式不多的市场区域,农户力图维持自耕农形态的这一选择,实际是在宏观的市场环境无法为农户个体提供低成本的"非自耕农化"交易形式这一"不利的"约束之下的"最优选择",这样的"最优选择"实际上是在牺牲经营生产上的经济效益和取得土地控制权偏好之间的"无奈的"平衡。它虽然也是一个演化博弈均衡、却是一个帕累托次优的均衡,是因集体行动协调困难而产生的农户与农户之间的"囚徒困境"。它促使农户维持自耕农经济,对个体农户而言是发展和福利的帕累托次优选择,对社会整体而言阻碍了土地的最优化配置。在这一市场制度下,个体和社会均处于"囚徒困境"中的低水平均衡。

中 篇

押租制与农地经营权交易体系

第四章　传统农地制度演化视角下的押租制

在现代经济生活中，不动产如房屋、铺位，动产大如汽车、小到录影带，都可作为租赁契约中债权义务的抵押保证。在传统农业经济中最重要的生产资料和金融资产就是土地，在其租佃合约中引入押租金，同样是自然的趋势。但随着整个土地租佃和地权交易制度的发展，押租制经历了漫长的互动演化过程，以致近代所见的农地押租制的最终形态，较之民法实践中所运用的押租制，[①] 具备了更丰富的实践内涵，具体就表现为本篇将要论述的押租制的三重经济功能。[②] 本篇将传统农地押租制放在整个中国传统土地制度系统的大背景下考察，试图在深入剖析押租制的多重经济功能及其经济学逻辑的基础上，认识押租制在中国传统土地制度中的枢纽作用，进而试图解释整个传统土地制度系统的合约和产权关系的演化过程。

第一节　押租制的基本含义

在中国许多地区，尤其是长江以南省份的传统土地租佃关系中，

[①] 参见茆荣华、王佳《论押租》，《法学》2003年第6期。法律中所关注的押租制主要只是债权担保的制度安排，这对应于本篇所研究的"作为地租保证金的基础押租"。

[②] 这三种经济功能是：（1）作为合约治理手段的地租保证金，这也是现代租赁合约中押租的经济功能；（2）通过交纳押租获得一定时期内土地的经营性物权的稳佃押租，以合理分配长期土地改良收益、稳定租佃关系，或为已有的土地投资收益提供一种退出机制；（3）在未来地租收益和现期现金收入之间相互替代的土地融资。

佃农往往不仅要每年向地主缴纳地租，还要在开始租佃合约之初，一次性（也有分期支付的）向地主缴纳一笔数额不等的货币或实物押租，待退佃时扣除欠租和其他债务（如土地、房屋毁损等）之后就将余额退还佃农（也有不再退还的），这就是中国传统土地制度中的押租制的基本含义。与"押租"（四川也称"随租"）相对，地租也被称为"正租"。全国通称其为"押租"，但因押租制的起源不同、在实践中理解的角度的不同，各地在习惯上都有许多种不同的叫法（详见后文）。

押租数额的多少，依时间、地点、条件的不同，而有很大的差别，但大体上是人口密度越大、土地自然肥力和人工改良水平越高、经济作物种植越发达的时代和地区，押租越重。人多地少的时代和地区，押租比例较高；地广人稀缺乏劳动力的时代和地区，押租比例相对较低。肥腴的土地，押租较高；贫瘠的土地，押租较低。种植价高的经济作物如烟草、茶叶等的土地，押租较高；种植一般的粮食作物的土地，押租较低。[①] 此外，在一般情况下，正租越少，押租越高；反之，押租就低。[②]

第二节　押租制与传统农地制度

一　传统农地制度的演化多样性

从制度经济学的角度来看，中国传统土地制度是一个由多种产权形态和合约关系构成的、不断演化发展的历史存在物。其中，土地产权制度是传统土地制度的存在基础和演化起点，租佃合约制度是传统土地制度的作用形式和发展动力，二者相互交织，相互影响，是传统土地制度系统的一体两面。

在产权制度方面，中国传统土地制度在国有和私有、国家干预和自由买卖之间几经消长。历朝历代所立田制主要有先秦井田制、战国

[①] 江太新：《清代前期押租制的发展》，《历史研究》1980年第3期。
[②] 最后这一点与押租制的第三种经济功能有关，是本篇将要论述的要点之一。

第四章　传统农地制度演化视角下的押租制

授田制、秦代实田制、西汉名田制①、曹魏屯田制、西晋占田制②、北魏及隋唐均田制等③，到宋代以后遂"不立田制""不抑兼并"④；到了明清时期，虽仍然存在大量官田，但私人土地产权的份额和地位已经大大上升，政府对于民田流转的干预则大为减少，发展到"任依私契，官不为理"的民间契约自由的高峰阶段。⑤

在合约制度方面，中国传统土地制度在秦汉和宋代两次发生产权制度的重大变革之后，都出现了制度系统多样性的突然"涌现"⑥。传统土地租佃制度最早见于汉代，⑦而高度发达于明清，与国家对产权制度的干预松动是分不开的。在明清时期，在租佃制度发展的基础上出现了以下一些趋势：在地租形态方面，出现了分成租向定额租普遍过渡、实物租向货币租初步发展的趋势⑧；在契约形式方面，胎借、

---

① 李恒全认为西汉名田制是一种私有制基础上的限田制，于振波也提出过这种观点。朱绍侯认为名田制是授田给军功地主后的长期土地占有制，大概是在国有制和私有制的两可之间。

② 赵冈、陈钟毅说明西晋占田制也和西汉名田制类似，是一种私有制基础上的限田制。

③ 西汉的限田制（包括王莽更为激进的"王田制"），西晋的占田制，北魏至隋唐时断时续的均田制，以及宋代以后零星出现的限田、均田措施，在多数时候都很快流于一纸空文，并未成功实施或长期保持。另外，北魏隋唐的均田制对平民实行占田呈报，品官贵族则按等级限田，与前注所述的西汉名田制、西晋占田制如出一辙，同样是以土地私有制为基础，自不待言。

④ 尽管也有学者指出宋代以后的"不立田制""不抑兼并"之说并不一定说明国家对土地流转完全放弃了管制，但基本的结论仍然可以归结为宋代没有像唐代那样设立限田额度，也就是减少了对土地流转的限制和干预。

⑤ "任依私契"原为唐《杂令》"公私心以财物出举"（《宋刑统》卷二）所载的唐代处理民间借贷契约纠纷的民商法精神。到明清时代，可以说这种法律精神终于已经扩展到土地市场领域。政府不再利用主动设置田制的措施来实现租金的最大化，而是任凭民间社会自生自发的自然演进秩序由习俗、惯例上升为成熟的社会经济制度和国家法律。为此，明清两代都规定官员异地为官，且在任所不得购买土地，以防止权力寻租行为对平等交易秩序的干扰和破坏。这是自北魏均田制以来强制性制度变迁逐渐让位于诱致性制度变迁的最终结果。

⑥ "涌现"是一个系统科学的术语，指的是"构成系统整体的各个部分之间在一定的系统环境条件下通过相互作用所形成的系统的稳态结构"。进一步的，"制度涌现"是指"制度主体之间在一定的制度环境条件下，在相互作用的过程中所形成的新的制度结构安排"。"涌现"是复杂系统适应性的表现，其中产生的大量新兴结构为进一步的演化提供了自然选择的素材，并且这些新结构之间也会发生复杂的相互作用，产生相互依存的自发秩序。

⑦ 《汉书·食货志》记载董仲舒的话说："或耕豪民之田，见税什五。"

⑧ 参见李文治《明清时代封建土地关系的松解》第二篇中的有关章节。

◈◈ 中篇　押租制与农地经营权交易体系 ◈◈

一般租佃、大押佃、典、抵当、活卖、找价、绝卖等多种连续变化的、现期收入和未来收入相互替代的交易形式逐步发展起来，并形成了不少民间地权交易惯例和土地契约文书的标准形式；在业佃关系方面，押租制的发展以及其他因素共同促进了佃权独立的过程，而土地的经营性物权（典型体现为田面权）和资产性物权（田底权）的两权分离则促进了人格化交易向非人格化交易的初步转变，主佃之间旧有的人身依附关系逐渐松解；在土地经营模式方面，长期租约得到押租制和永佃制惯例的保证，独立的田面权在一些农业较为发达的地区成为普遍现象，相当一部分佃农由此获得了土地自主经营权，成为中农化了的拥有土地和资本的有产者，大大提高了佃农的生产经营能力。①

合约制度的发展以产权制度的变革为前提，产权制度的发展也受到了合约制度发展的巨大影响，如地权的底面分离就是脱胎于租佃制度的发展。由于押租制这一保障长期租佃合约的措施得到广泛实施，②永佃权以致田面权逐渐成为乡规民约所公认的土地产权制度中新的惯例，并渐次得到晚清、民国和土地改革时期政府的承认，③尽管由于对民间习俗的偏见和理解偏差，这一民间自生自发的新产权制度屡屡遭到政府的抑制和干涉。④正如杨国桢、黄宗智、

---

① 龙登高：《地权市场与资源配置》，福建人民出版社2012年版；龙登高：《清代地权交易的多样化发展》，《清史研究》2008年第3期；龙登高：《从人格化交易到非人格化交易的历史转变：中国经济史视角的理解》，"中央"研究院中山人文社会科学研究所专题演讲，2007年；李文治：《明清时代封建土地关系的松解》，中国社会科学出版社2007年版；方行：《清代佃农的中农化》，《中国学术》第2辑，商务印书馆2000年版。

② 赵冈：《永佃制研究》，中国农业出版社2005年版。

③ 张少筠、慈鸿飞：《清至新中国建立初期政府永佃权政策的演变——以国家和福建地方互动为中心的考察》，《中国农史》2011年第1期。

④ "永佃权"这一称谓就不是民间固有的叫法，而是经日本引介传入的，源于西方大陆法系和罗马法。明清和民国政府曾多次禁止田面权的转卖转顶，而只承认永佃权的法律地位。政府对民间地权惯例的顺应是极其有限的，尚未达到民间自发制度创新所达到的高度，故削足适履之事，所在多有。参见张少筠、慈鸿飞《清至新中国建立初期政府永佃权政策的演变——以国家和福建地方互动为中心的考察》，《中国农史》2011年第1期。

曹树基、赵冈指出的[①]，田面权由永佃权演化而来，已经完全确立为一种具有用益物权、担保物权的产权形态，并且可以转租和转卖。而根据赵冈、杨国桢等学者的分析，永佃制最初有三种起源：由押租制演变而成；由开荒及农田加工而获得；向前一任永佃农购买得到永佃权。押租制就是这三种起源中最主要的一种，而且另外两种起源也往往有押租制作为先存前提或权利保障。

赵冈认为："永佃制之出现也可以说是中国'物权'观念的一次革命。"龙登高也指出，以田底权、田面权等形式出现的资产性地权和经营性地权的分离，是明清时期地权制度和地权市场的一次革命。[②] 押租制无疑就是这次土地物权革命的主要枢纽。本章将从押租制在稳定土地长期租佃关系的经济功能出发，论证押租制在保障永佃权、并最终使佃农获得经营性物权——田面权的演化过程中起到的作用（这对应于下文所述的押租制的第二种经济功能）；除此之外，本章还将从押租制在未来地租收入与现期资金融通之间相互替代的土地融资杠杆功能出发，论证押租制在提高佃农主导力、使佃农获得更多的资产性物权——田底权的过程中起到的作用（这对应于下文所述的押租制的第三种经济功能）。

二 押租制与其他传统土地制度形式的联系与区别

押租制与其他传统土地制度形式有着广泛的联系，扮演着传统土地制度的枢纽的角色。它不仅与频频出现在胎借、典卖契约中，更与永佃制、一田二主制等错综复杂地交织在一起。以下首先以清代台湾平埔部落地区"番业汉佃"的两个契约来例证押租制在多样化的地权交易中灵活运用的方式，然后简要说明押租与预租、押租与典、押

---

① 杨国桢：《明清土地契约文书研究（修订版）》，中国人民大学出版社2009年版，第79页；[美] 黄宗智：《法典、习俗与司法实践：清代与民国的比较》第六章，上海书店出版社2003年版；曹树基：《两种"田面田"与浙江的"二五减租"》，《历史研究》2007年第2期；赵冈：《永佃制研究》，中国农业出版社2005年版，第2页。

② 龙登高：《地权市场与资源配置：基于清代地权交易案例的解释》，《基调与变奏：七至二十世纪的中国》，台北政治大学与"中央"研究院2008年版；龙登高：《清代地权交易的多样化发展》，《清史研究》2008年第3期。

中篇 押租制与农地经营权交易体系

租与永佃权及田面权之间的联系与区别。

清代台湾土著平埔部落地区的土地租佃制度是闽广汉人移民直接从大陆沿海地区移植过来的，又因有大规模的开发拓垦，有保障大量工本投入的收益的需要，所以台湾的土地租佃制度从一开始就呈现出完备的皮骨分离、押重租轻等制度形态。许多租契同时又可以看成借贷契、胎借契或典契，押租制的佃权保障功能和融资贴现功能同时发挥作用，大大加速了经营性地权和资产性地权的流转。例如《岸里文书》借银契字[①]：

> 立永耕备出碛地银字王四合　今因岸里社番后踏打歪承顶马下六四老妈六干祖遗水田一处，坐土西势庄西畔，东至许家竹园，西至张家田，南至路，北至许家田为界，四至界址明白。递年应纳租额粟十五石，分作早晚两季，用岸社斗量纳。今因后踏乏银别创，经通事土甲三面言议，前来向到王四合官手内备出佛面银一百五十大员，将此田付交王四合为管耕收租抵利，另又备出无利碛地银六十大员，交番主收用。即日经通土甲三面共为亲收明讫，田即踏明界址，付交王四合前去永为管耕收租，不敢阻挡、异言滋端。保此田明系后踏承管祖遗物业，与房亲人等毫无干涉，亦无重张字据典挂他人财物，以及来历交加不明情事，如有等情，后踏自一力抵挡，不干银主之事。此系二比甘愿，两无抑勒。今欲有凭，合立永耕备出碛地银字一纸，付为执照。
>
> 再批明，即日经通土甲三面寔出字内永耕佛面银一百五十大员足讫批照。
>
> 再批明，即日经通土甲三面寔备出永耕字内无利碛地佛面银六十大员足讫批照。
>
> 在场土目　岸里社总土目　潘庆松
甲首　潘文元

[①]《岸里文书》No.323，转引自陈秋坤《十九世纪初期土著地权外流问题——以岸里社的土地经营为例》，陈秋坤、许雪姬：《台湾历史上的土地问题》，《"中央"研究院台湾史田野研究室论文集》，1992年，第36页．

第四章 传统农地制度演化视角下的押租制

> 在场中见　刘步宗
> 代书　潘庆松

道光八年拾月

这个契字是永佃权契约和借银契约的合一。无利碛地银60圆为王四合取得永佃权的代价，而借款150圆则以番主田面权①（年租15石）为典押物，等于是在一纸契约中同时典卖了田底和田面，而不只是出佃了田底。大概是因为番主亟求银两，以至在契字中忽略了日后回赎的条件，或者说已无日后回赎的打算。表面看来这是一份典契，究其用意，似乎接近于卖契，但避开了当时对买卖番产的禁令。

另有一借银契字，含义也非常复杂。契云②：

> 立备碛底并现租银字人许聘　今有葫芦墩社番妇马六干道八士乏银应用，前来向聘手内生过现租银九十员正，即日到社，经通土甲三面言定，马六干即将承管西势庄水田一分，四至原有界址分明，递年额租谷三十五石，内除一九孔五租谷五石二斗五升外，仍有寔租谷二十九石七斗五升正，交聘耕管十年。自乙丑年起至甲戌年冬止，此十年内之租，以为抵销字内银母利，一足清楚。即日聘又备出无利碛底银二百大员正交收足讫。至限满之日，将碛底交还聘收回，其田亦还田主管耕。此系二比甘愿，两无反悔，口恐无凭，立备碛底并现租银字一纸，付执为照。
>
> 批明，即日聘寔备出字内现租银九十大元正，又备出字内碛底银二百大元正，系无利行，立批是寔。

---

① 在台湾地区，佃农永远承佃一块土地、并可以将其转租、转顶的权利称为"田底权"，地主向佃农按约定数额收租的权利（常以一纸规定土地界址、租额、交租人的"收租单"的方式立为执照）称为"田面权"，其称谓与大陆多数地区（除福建省外）的习惯叫法正好相反，即大陆所称的"田面权"是台湾所称的"田底权"，大陆所称的"田底权"是台湾所称的"田面权"。

② 《岸里文书》No.365。

中篇　押租制与农地经营权交易体系

再批,即日马六干又向聘手内生过银四十三元正,言定递年每员长行贴利谷一斗。

在场见　甲头马下六敦

潘捷元

嘉庆九年八月

番妇借银共290圆,10年出让管耕收租权只是偿还了其中的90圆借款的本息,另外200圆无利碛地银仍须原额归还(约定无利,实是利从租出)。这个契约应理解为一份押租银200圆的租契(租谷29.75石/年)和一份借银90圆的十年期胎借契(每年摊还本息29.75石)。此外又再批43圆胎借银,每年摊还4.3石。结果番妇每年只剩0.95石租谷(还没有刨除社内一九孔五公租[①]5.25石),10年后须还碛地银200圆,而胎借银共133圆即预租银("生过现租银"),应是无须偿还的[②]。

总之,押租制发展的最后形态是与传统农地制度多重权能的充分展开密不可分的。押租制被主佃双方按照各种目的和意图灵活运用,发挥了巨大的资源配置功能,是传统农地制度的枢纽。

传统土地制度中的各种合约与产权安排惯例之间多少都有些共通之处,也常常为了某种需要被灵活地用于达成一些名实不符的交易,因此各种制度形式之间的转化和变通并没有清晰的界限,而是呈现连续变化、平滑过渡的特征。以下将从理论上简要辨析押租与预租、押租与典、押租与永佃权及田面权之间的联系和区别。

(一)押租与预租

一般在租佃关系中,地租都是在秋收季节缴纳,但是在一些地方,地主为了防止佃户欠租,或者为了减省收租的麻烦,又或者是为了筹措钱款,预先(有在上年年末时,有在春耕或清明节前,也有在

[①] 台湾番社要负担政府征收的番税和社内的其他公共开支,因此按惯例收取"一九孔五"(或"一九五抽")的公租,也就是全部租额的15%。

[②] 陈秋坤在这里的解读出现了差错,误将133圆胎借银与200圆碛地银相混,以为它在10年之后也需要偿还。

第四章 传统农地制度演化视角下的押租制

夏收时）向佃户征收一年或多年地租，并视情况有所减让，这被通称为"预租"。文献中记载的佃农"先期纳租""先交租银，后种田亩""头年交租，次年种地""耕者纳租，或在当年，或在上年"等等约定或惯例，都属于预租制。民国时有"照旧习缴纳预租""预租陋习，相沿已久""预租风亦盛"等记载。只是"预租"一类的不同叫法是到清末民初才有：河南叫支租，河北霸县叫现租，辽宁绥中县叫上期租，广东东江叫上期制，湖南汉寿县叫倒租，江浙沿海一带通称预租（江苏高淳县叫超租①）。

方行②指出，预租的一种即预先缴纳地租，如上海县，"田主大都预征田租"。另一种是交不起押租的佃农，每年先交押租的利息，如崇明县，"佃户承种业地，应出顶首钱文。倘佃户无力出此顶首，而业户情愿交彼承种，则佃户须将顶首钱上应有之息金，历年于开种大熟前，预先付还业户，谓之预租"③。这第二种预租，名为预租，实际上相当于前文论及的湖南押租惯例中的"加租"。看来时人在记载这则预租惯例时的理解也是颇为通达的。

江太新指出，在预租制中，地主向佃户预收一年租额的占大多数，但也有预收多年的。不过，预收多年地租在某种程度上也就接近于胎借了，因预收而做出的地租减让也就是借款的利息。例如马甲丰额勒在宛平县有旗地二项六十五亩，向来佃与赵起凤耕种，每年议租价钱八十吊，"言明三年地二年租"④。又如民国初年直隶故城、枣强、景州，山东武城一带租栈，如果在收获以前"现期"交租，每亩4—5元；如果在收获季节的8至10月"分期"交租，每亩需6元左右。上文中的许聘借给番妇的133圆"现租银"，在名义上就是这

---

① "凡祠地均系超租，即先交租，后种田。"转引自方行《清代前期的预租》，《清史研究》1992年第2期。

② 方行：《清代前期的预租》，《清史研究》1992年第2期。

③ 以上引用的记载见李文治、章有义等编《中国近代农业史资料》第一辑第108—110页，第二辑第266—268页。转引自方行《清代前期的预租》。

④ 中国人民大学清史研究所、档案系中国政治制度史教研室编：《清代的旗地》，中华书局1989年版，第1291页。

里所讲的预租。①

同是作为保障地主地租收入的手段，基本的预租制与押租制的区别只是名义上的，实质上是一样的：押租制下每年缴当年地租，欠租之数以押租扣除，为了这个目的而收取的押租额一般为一年租额之数，与一般的预租相同；预租制下每年交的地租都看成预交的下一年地租，如果少交，地主便可换佃，并归还余钱。樊树志②就认为预租制只是押租制的一种变相形式。但是预租制只发展出了土地收入跨期替代的功能，并不像押租制后来发展出来的那样具有保障佃农经营权的功能，因此才会有预租与押租在同一契约中并存的现象，尽管实际上二者都归为押租亦无不可。

（二）押租与胎借及典

押租与胎借及典的关系在上文中已有例证，这里仅进一步从胎借和典与押租制的关系的角度说明土地收入通过押租制进行跨期替代的原理。

如果说资本主义社会经济体系所赖以运转的轴心是资本与劳动的关系，那么中国传统经济体系赖以运转的轴心就是地权与劳动的关系。在具有现代信用票据特征的金融工具相对缺失的中国传统社会，市场主体的资产组合与时间配置的融通需求是由地权市场以土地收入的跨期替代为杠杆来满足的，使不同农户通过地权市场的交易实现了生产要素的组合与配置。③押租制是一种运用方式灵活的制度惯例，由于金额可多可少，经过主佃双方协商，就能通过收取数额不等的押租及调整地租额的数量达成在现期土地收入和未来土地收入之间跨期替代的合约安排。押重租轻和押轻租重惯例就是这一经济功能的具体表现形式。当未来有限期或无限期的土地收入下调为 0，土地所有者就可以相应从租户那里获得现期收入形式的补偿，这就是"胎借"或"典"。而土地现期收入就以押租金的形式来支付。所以，胎借和典可以看成是押租制发展到极端时的合约形式。

---

① 江太新：《论预租制的发生和发展》，《中国经济史研究》1988 年第 2 期。
② 樊树志：《农佃押租惯例的历史考察》，《学术月刊》1984 年第 4 期。
③ 龙登高：《地权交易与生产要素组合：1650—1950》，《经济研究》2009 年第 2 期。

（三）押租与永佃权及田面权

押租制被认为是永佃权和田面权的来源之一，① 但最初并没有永佃制的性质。其发展为永佃权及田面权的过程如赵冈所说，一是由于押租制在资金融通功能方面的发展使地主索取的押租金数量越来越大，以至于后来难以备银放还，无力撤佃；二是佃户因缴纳了高额押租，议价能力增强，对佃权保障的要求越来越高，要求规定"只许客辞主，勿许主辞客"的条款，也就是只要佃农不欠租，便可永远耕种下去，地主不得撤佃。于是押租契约便演化为永佃契约。在缴纳高额押租的情况下，佃农要想退银还田往往便只能找到其他佃农代替地主退回押租银，开始时还需经地主同意才能"另种另典"（即转租转顶），可是随着这种事例越来越多，地主的"同意权"遂变得有名无实，只得听任佃农私相授受。另一方面，由于付有高额押租金，地主在出售田业时，原佃户常常保持不变，新业主只具有收租权，这就是"卖田不卖佃"的惯例，即田主出卖田地时，新业主必须承诺不另招新佃，并载于买田契约上，方能成交。至此，在确立了"许退不许辞"的永佃原则、实现了田面权的自由转顶和田底权的独立买卖之后，佃权便与业权完全分离，形成了经营性物权和资产性物权相分离的抽象产权概念。因此，由押租制转型而成的永佃权便成了一种独立的产权，佃户可以自由转让、遗赠、买卖，形成了田皮市场。

由押租制转型而成的永佃权，与由开垦加工或出卖田底而成的田面权有重要的区别②：押租田如果累计欠租已将押租总额扣除净尽，则地主有权撤佃，佃农没有正当的理由可以抗拒（史料上常见佃农

---

① 李文治：《明清时代封建土地关系的松解》，中国社会科学出版社2007年版；赵冈：《永佃制研究》，中国农业出版社2005年版。

② 曹树基发现，在1927年国民政府主持的浙江土地"二五减租"改革中，有两类不同的永佃田的业主对改革表现出了截然相反的态度，由此得出结论：民国《民法》所规定的"永佃田"其实包含两种不同的类型："相对的田面田"和"公认的田面田"。"相对的田面田"指的是"不退押则不撤佃"以至于"许辞不许退"的押租田，但如果欠租持续了一定的年数，或者押租金被扣完，则地主有权撤佃；"公认的田面田"指的是欠租只能追讨、无法扣押及撤佃的田面田，这才是一般习惯上所说的"田面田"。这与慈鸿飞的研究结论不谋而合，尽管在具体术语上有所争议。

中篇 押租制与农地经营权交易体系

"欠租霸种"的理由是在土地上费有工本,必要地主偿还工本银后才甘愿退佃,① 但很多时候永佃权还是会随着押租的扣尽而勾销);田面田则不然,欠租归欠租,田面权归田面权,后者并不是前者的债务抵押品,田底主不能因欠租达到一定数额而轻易撤佃。

永佃权和田面权之间的区别是与它们的形成途径有关的,但是这并不是具有实质性意义的区别。因为押租田与押租的债务担保功能相连,而押租数额载于契据,双方对于佃权的价值评估一般没有争议,所以从押租中扣除欠租、执行债权相对容易。相反,由于不存在契约载明的押租金额,或者因年深日久契据散失、物价水平发生较大变动、佃农又另外付出工本等原因,押租原额已失去意义,故而田面田的佃权价值并未经过合约交易的定价和公认。除非经过新的谈判债务双方达成对经营性物权的一致估价,否则其经营性物权已不能被债权所直接抵消。② 缺乏与债务金额可比较的数字基准,使欠租纠纷中以田面权价值抵扣债务的谈判成本较高。③ 然而佃权的价值无论是形成于契据载明的押租支付还是难以衡量的工本投入,其物权的独立性则都是一致的。

换言之,作为长期土地改良收益的保障的那一部分押租——既表现为佃农支付给地主的有永佃条款的稳佃押租,又表现为地主回赎田

---

① 例如《刑科题本》No. 250 记载,唐孟香有田二亩,从前是谢进仲的父亲谢祐耕种。谢进仲借着久佃,私立田根(永佃权)名目,混称这田的田根是他的,屡年欠租。乾隆四年十二月内,唐孟香无奈,给他十六两银子,买回田根,他才立退约,听唐召佃耕种。

② 曹树基实际上就指出了这一点。

③ 但主佃双方或上下手佃户之间还是很有可能在谈判中对佃权的价格达成一致的。如乾隆三十六年,福建平和县赖殿买得黄仲梁田 8 斗种,年租谷 15 石 3 斗,分两次完纳。但佃农黄溪说有粪土佃银,不肯退佃给希望起佃自种的赖殿。后赖殿出番银 50 元,黄溪才同意写立退佃(《刑科题本》No. 288)。又如光绪十五年台湾"甘愿退耕收回工本银"契字载(《台湾私法物权编》,第 697 页):黄乌九承担登瀛书院水田一段,由于此田易遭水患,每逢水涨,十无三四可收,因此积欠租谷。黄乌九"备资工挑土填高,并再筑新田,所费资本甚多"。因此,新佃农张水文必须备出佛面银 190 大元正,支付给原佃黄乌九,并完缴原佃所欠租谷 50 石,偿付其资本投入及相应利息与收入。工本的价格也可以是招垦者规定、而佃农认可的,如彭文和《湖南田地问题》载,湖南善后局招佃开垦湖田,规定由民间自出工力筑堤者,承佃人不纳进庄钱,修成后估定工价,作为佃户进庄,约计每亩需修费二串数百文。

第四章 传统农地制度演化视角下的押租制

面权或其他佃农买进田面权的顶价——是土地经营性物权的价格，而以工本投入获得的田面权则是尚未定价交易的土地经营性物权。二者之间唯一的区别只在于押租田的佃权已经定价，是主佃双方都承认的当然的债务担保品；而田面权则尚未达成一致的定价，因而不是债务的当然担保品。

值得顺带指出的是，在地权底面分离较为普遍的东南地区，田面价上涨快于田底价上涨、因而在地价中所占比例上升、接近甚至超过田底价的趋势是普遍发生的。正德《江阴县志》卷七"风俗"篇说佃权"老则以分之，贫则以卖之，而谓之权。权得之财谓之上岸钱，然反多于本业初价。如一亩银二两，上岸钱或三四两"。福建汀州一带，"田主收租而纳粮者，谓之田骨；田主之外又有收租而无纳粮者，谓之田皮。是以民、官田亩，类皆一田两主。如系近水腴田，则皮田值价反贵于田骨，争相佃种，可享无赋之租"①。据徽州黟县江崇义堂置产簿，26号田的老上首文契（年月不详）记载，大买价格相当于小买价格②的13.8倍；而其后的上首文契（年月亦不详）记载则为2.9倍。据该置产簿中道光年间的一些杜卖契和杜吐字③记载，大买价对小买价的比率最高不及5倍，最低几乎低至1比1，平均为2.5倍。在一些"一田两卖"④的例子中，田面价与田底价相当的情况表现得最明显。如徽州休宁朱姓置产簿记载⑤：嘉庆十一年十二月，卖主吴惟大同时交给买主朱敦素两纸卖契，其一以20两银杜卖田底，其一以19两银杜卖田面。另举一则"一日并立三契"（田面卖契、田面找价契、田底卖契）的记载，尽管此记载中的地权买卖契约有明显的避税意图：陈盛昭《问俗录》卷三记载福建仙游县的俗例："田分根、面。根系耕佃纳租，极贵；面系取租完粮，极贱。买卖田房，一日并立三契，将契价分碎。先写根契，价为上等；次写找契，价为

---

① 《福建省例》卷十五。
② 大买指买田底，小买指买田面。
③ 卖出田面权称"退田"或"吐田"，"杜吐"即绝卖田面权。
④ 或曰"卖租佃"，即同时出卖田底和田面。
⑤ 章有义：《明清徽州土地关系研究》，中国社会科学出版社1984年版。

中等；终写面契，价斯下矣。契成匿不投税，被官逼迫不得已，以面契税，故粘尾多而税价少。"①

田面权的确立，使土地的经营性物权脱离了押租制的最初形态，演变成一种新的租佃关系和产权制度。严格说来，田面权和永佃权并不属于本篇的研究范围，但究其本质，永佃权可以看成是以一定量押租交换得到的合同期为无限长的租佃合约中所蕴含的佃农的经营性物权。

三　押租制经济功能的三种表现形式

押租制是中国传统农业土地制度的重要组成部分。1933年国民政府主计处发表的全国押租通行区域的调查结果表明②，押租已通行于东北、华北、华东、华中、西南、华南二十个省份，其中报告有押租的县份比例较高的地区为西南（84.6%）、华东（64.8%）、华中（62.5%）、华南（50.0%），只有华北（28.7%）与东北（4.5%）比例较低。押租的额度在其通行区域差异很大，同据上述调查，押租较高的地区如江苏10.5元/亩、贵州10.0元/亩、云南7.5元/亩、四川7.1元/亩、广东6.0元/亩，较低的地区如黑龙江1.0元/亩、山西1.0元/亩、河南1.0元/亩等。值得指出的是，在这些地区的范围之内，押租数额也是差异极大的，例如江苏最低的押租数额只有1.0元/亩，与押租额度较低的省份一样，但是其最高的数额却高达40.0元/亩；浙江的最低和最高押租额分别为1.0元/亩和30.0元/亩，同样上下相差几十倍，这种差异是难以仅用人地关系、土地肥瘠等外生因素来解释的。

押租数额的高低不等，反映了押租制交易内涵的多义性和功能的多重性：从纯粹的田租保证金，到主佃双方的土地融资；从为换取地主给予佃户"稳佃"若干年承诺的保证金，到标志着佃权独立的田

---

① 杨国桢：《明清土地契约文书研究（修订版）》，中国人民大学出版社2009年版，第84页。

② 瞿明宙：《中国农田押租底进展》，薛暮桥、冯和法：《中国农村论文选》，人民出版社1983年版，第354—355页，原载《中国农村》第1935年第1期。

第四章 传统农地制度演化视角下的押租制

面权交易，只要是佃户在承佃之初交给地主或"二地主"一笔有息或无息的实物或货币款项，在历史上都统统被划归为押租制的范畴。这种纷繁复杂情况的一个佐证是，相比起其他地权交易流转制度来说，押租拥有最多的"外号"或别称，大略可以分为以下八类[①]：

1. 包含地主与佃户之间缔结人身依附或保护关系时根据习俗所支付的礼金：佃礼[②]、批礼、佃规、佃课、借贷课、课子、赁规、寄庄、寄在、进庄、上庄、系庄、耕赆；

2. 泛指佃户与地主之间签订租佃契约时支付的首期款项：起埂、写田、讨田银、按田租、过钱、承佃、坠耕、揽种、揽佃、佃头、佃手、佃批、批田、批头、批租、批关、批现、借头、帮借钱、定头、除头、赎银、碛地银、基脚费、座底、根租；

3. 表示田租保证金：押（压）租、押头、押庄、押佃、压佃、小押、押契、随租、保租、护租、信钱、押信、押脚、挂脚钱、随脚银、抵挡、垫底、垫金；

4. 包含地主保证"稳佃"之意的佃户保证金：保佃、稳租、稳首、安租、稳银、稳钱、稳谷、稳储、稳顶、扎耕；

5. 表示原佃户和新佃户之间佃权顶退性质的交易款项：顶手、顶首、顶耕、顶租、顶种、顶批、顶佃、顶价、大顶、脱肩、扯手；

6. 表示原佃户典卖自己田面权的价格：水面（指水田）、田根、佃价、典佃、典首；

7. 表示地主、新佃户等对原佃户专用性资产投资的补偿：价银、赔价银、粪质银、粪尾银、粪底银、工本、水口、力垦、镐头费、犁头钱、锄头银、肥土钱、黑钱、乌田钱；

8. 针对增加押租、减少押租和分期付款的押租又有特殊的术语：

[①] 这一分类不是绝对的，有很多叫法模棱两可于不同分类之间。参阅冯尔康《清代押租制与租佃关系的局部变化》，《南开学报》1980年第1期；卞利《清代前期江西赣南地区的押租制研究》；郑天挺等，《中国历史大辞典》，第3124页。

[②] 俗名"佃礼银"或"佃礼钱"，视所交货币种类不同而称呼不同。此外还有以米、谷等实物形式交纳的押租，在名称上则加一"米"或"谷"字。为简明起见，除少数几个外，下面都省去"银""钱""米""谷"等字。

中篇 押租制与农地经营权交易体系

大写、小写、加租①；常稳、加稳、押扣②；烂利不烂本、连本烂③。

这8类称谓中的第1类属于押租制的前身、雏形或其孑遗，魏金玉对此有很详尽的论述。第2类与租佃契约相连，是押租的泛称。第3类对应于本篇所要研究的押租制的第一种经济功能——作为合约治理手段的地租保证金；第4类对应于第二种经济功能——合理分配长期土地改良收益、稳定租佃关系、获得一定时期内土地的经营性物权的稳佃押租，第5、6、7两类对应于第二种经济功能的另一种形式——土地经营性物权的独立流转；第8类对应于第三种经济功能——在未来地租收益和现期现金收入之间相互替代的土地融资。

以下列举几个实际案例以说明押租制在不同情况下的经济功能。通过支付押租保证地租收入的情况，例如④：

> 同立招扑耕约字人银主李三合记、佃人吴振坤等，缘合有起耕水田一所，址在……今因乏力耕作，有佃人坤自备牛工、种子、农具，托认耕人前来承贌，当日三面议定，佃人备出无利碛地银六十大元正，交合亲收足讫。明约今纳小租谷一百三十石正，分作早七晚三两季完纳清楚，务必在埕经风扇净，不得湿有抵塞，亦不得少欠升合；如有少欠者，就碛地银扣抵；纵有不

---

① 湖南惯例：佃田称"写田"，即书写佃田契之意。"大写"每亩二三两，在退佃时退还；"小写"每亩二三钱，退佃时则不退还；"加租"指佃户不纳进庄钱时则增加地租，相当于押租的分期付款。详见本卷第五章第三节，以下两注同见此节。

② 四川成都平原惯例：地主在佃农已交的原定押租基础上增加押租（稳银）时要减轻正租，押租增加的部分称"加稳"，相对的，原定押租称"常稳"。"押扣"是四川较为独特的一项押租制度。佃农交给地主一定金额的押租，地主折算其利息，以"扣田"（扣除应交地租的田亩数）或"扣谷"（扣除应交的租谷数）的方式返还佃农。押扣一般只针对"加稳"部分，但也有对"常稳"计息扣租的。

③ 湖北惯例：由于押租制的通行形态是"其租照常，其银无利"，退佃时只能退回押租本金，不能得到利息，这在湖北俗称"烂利不烂本"；与之相对，如果本金不退，则称"连本烂"。这种惯例相当于湖南的"大写"和"小写"惯例。

④ 《台湾私法物权编》中册，"第二 招扑耕约字"，第656页。1898年台湾已被日本占领，但民间契约仍使用光绪年号，未书明治三十一年，此后越来越多地使用日本天皇纪年。

第四章 传统农地制度演化视角下的押租制

足,就认耕人讨赔足数。该课租系业主自完,至于庄中科派诸费及风水不顺,照上下田邻比例。其田限瞨三年,自戊戌年冬至起,至辛丑年冬至止。限满之日,务于八月半前先送定银为凭,余俟冬至日两相交清。此系二比喜悦,口恐无凭,合立招扑耕约字二纸一样,各执一纸为照。

即日同认耕人交合亲收过约字内无利碛地银六十大元正足讫,再炤。

批明:此田年扑小租谷一百三十石,内除早季应纳利息谷七十八石,余概归于业主收回,以为完纳课租及庄中科派甲数抽捐诸费,又炤。

光绪戊戌年十一月
代笔人 李成昌
认耕人 林德梓
同立招扑耕约字人 银主 李三合记
佃人 吴振坤

在此,押租是未来地租的保证金,"如有少欠,就碛地银扣抵"。这里的中人还有担保的职责——"纵有不足,就认耕人讨赔足数",形成地租的双重保险。

通过支付押租获得一定时期内土地经营性物权的情况,例如明晚期福建的《莆阳谳牍》载[①]:

> 审得:载三佃种陈生员鼎田一十八亩,向议十年一更佃,原约犁然在也。至五年时,方及六载,而陈生辄利更佃有夫价杂费,迫令换约,不直在陈生矣!然为三者,据约拒之可也。……田仍着三照旧布种,至满十年,交换如约。

[①] (明)祁彪佳:《莆阳谳牍》第十四册。转引自江太新《论福建押租制的发生和发展》,《中国经济史研究》1989年第1期。

中篇　押租制与农地经营权交易体系

这则地方官员的判决记录说明批佃之初"有夫价杂费"即押租。根据佃田文约,交了押租的佃户,在佃约期限范围内,享有土地的耕作权,地主不能随便辞佃,并且契约载明的租约期限是得到政府法律上的保障的。

如果约定年限未满因故中止租约,则习惯上需将与未耕满的年数相应的押租银退还佃户。例如①:乾隆十一年黄冈县戚信远将五斗种田卖给贺启华,但田仍留下自己耕种。贺启华得批礼银二两五钱,约定八年为期。佃种六年以后,戚信远将田找价绝卖,租约中止,贺启华应退还戚信远批礼银七钱一分。

以上是规定年限的例子,至于通过支付押租获得永佃权,如广东宝安的一则契约②:

> 万石堂廖宅有祖遗下税山,土名大庵山,立承批于雍正拾壹年。今有佃人钟毓兴前来,问到廖昆能,兄弟商议,允肯佃人承批开垦城(成)田耕种,经中言定实价窄批头银壹两肆钱四分正,当中交与廖昆能亲手接回,即日与廖宅地主看明山所,以定山界为冯(凭),上至南边零饭凸,下至北边桃租菌凹连蔗峰,东边圹凹,西边至七头凸所止,任钟毓兴子孙永远开垦耕种管业,日后廖宅人等不得异〔言〕生端,永无返悔。两家佃人中面言定实纳廖宅山租钱伍百文,限至九月一足收完。此山任由钟毓兴永远开垦耕种,不得申(升)租。乃系两家情愿,照数清交可也。日后或有村乡人,不得争占;倘若争占,交与廖宅一力担当。乃系钟毓兴承批佃人在山耕种,不□(得)住远人私顶。今欲有冯(凭),付此批永远存炤。
>
> 廖斯源笔　元押
> 族长廖斯一　押
> 房长廖昆能

---

① 《清代地租剥削形态》,第386页。
② 杨国桢:《论中国永佃权的基本特征》,《中国社会经济史研究》1988年第2期。

第四章 传统农地制度演化视角下的押租制

廖应番 同批
廖宅万石堂 押
雍正拾壹年贰月初拾日

关于重押轻租、轻押重租，以下实例显示得十分清晰①：

巴县任潮选收押佃银九百两，将田租给胡从茂耕种，每年租额六石。胡从茂又转佃给陈全康，收押佃银三百五十两，年纳租谷四十六石。道光二十一年任潮选将田直接租给陈全康，收押佃银七百两，年租二十六石。二十二年任潮选退还陈全康押佃银一百两，增租六石，即押金六百两，年租三十二石。

至于押扣惯例，则有以下案例②：

> 立写承佃水田房屋文约人陈伟卿 今佃到王静娴名下水田壹股官丈计叁拾肆亩正，座宅壹院，正瓦房叁间，左横瓦房叁间，右横麦草房连仓磨桶肆间，瓦楼门壹座，左边草房肆间，窗格门扇俱全，粪池贰口水井壹眼。其田每亩纳租谷壹石九斗伍升正，比日凭证言明，实取压租银贰百两正，每年扣租银利谷伍石正，每年除扣利谷外，实与主家纳租谷陆拾壹石叁斗正，其谷俟秋收后晒干风净，租斗交[携]不得短少升合，如有短少，在压租银内扣除，恐口无凭，立佃约为据。 凭证人 钟泽周 王善孚 王述尧 陈少泉 邓玉炜字 民国三十年八月初八日 立字前名 押

佃户陈伟卿1941年八月佃入地主王静娴水田34亩，附设有瓦房、草房、磨房等共14间，粪池、水井一应俱全。押租银200两，年纳租谷1.95石/亩，年扣利谷5石，扣息率为二扣五，应交地租66.3石，扣除利谷后实际年纳61.3石。通过押扣，该佃户每年少交

---

① 《清代乾嘉道巴县档案选编》第172页。
② 新都区档案馆，全宗号28，案卷号8，新繁县繁江镇公所《民国卅八年农地租约》，1949年10月。

7.5%的地租。

四 押租制的产生和发展历程

尽管中国传统租佃制度在秦汉时代就与土地私有制一起产生了①，到明代中晚期时已历经了近两千年的沧桑，但押租制却较晚才在明清时期的南方地区兴起。

明代以前的租佃契约不见押租制的痕迹。唐代的高昌租佃契约，往往都在契约中规定"契有两本，各捉一本，两共对面平章"。一经签约，主佃双方均"不得休悔"，如有"休悔"或违约，要"一罚二"。一份天授三年一月张文信向康海多租田契，张文信向康海多承租五亩田地，其中已有三亩的租价在签约时付讫，余下部分到六月支付。如到期欠租不完，或"到种田之日不得田"，违约一方都要"一罚二"。预付的三亩田租，只是预支，属于与押租比较相近的预租范畴（详见下一节的辨析），但毕竟还不具有押租的性质。宋元时代租佃关系蓬勃发展，当时典型的租佃契约是借地人给田主的单方契约。约内除载明佃人凭中人担保佃种田地的面积、四至外，必写明"候到冬收成毕，备一色干净圆米若干石，送到某处仓交纳"。若"以熟作荒，故行坐缺"，则"保人自用知当，甘伏代还不辞"云云。地主对付佃户欠租的手段，是要保人代偿，而不是从佃人预付的押租中扣除②。但另据《乐善录言》所载：宋仁宗嘉祐三年（1058）县令侯叔献劝李庄众佃集资助李氏收买官田，以期获得永远耕种权，其中有："万一为他人所得，势必撤廪撤屋，离业而去，岂复容汝辈享其厚利？"等语③。可见佃农因担心地主撤佃，故愿以现金换取稳定的佃权，这种趋向早在北宋时期就有了，但这并不能成为押租制已经产生的证据。

押租制的前身，被认为是带有封建贡献性质的进庄礼，但并未发

---

① 赵冈、陈钟毅：《中国土地制度史》，联经出版事业有限公司1982年版，第325页。
② 樊树志：《农佃押租惯例的历史考察》，《学术月刊》1984年第4期。
③ 李德英：《民国时期成都平原的押租与押扣——兼与刘克祥先生商榷》，《近代史研究》2007年第1期。

第四章　传统农地制度演化视角下的押租制

现在明弘治年间押租制最早于福建萌芽以前，农民向庄园坞堡主交纳进庄礼的证据。① 尽管作为民间的"执贽受田之俗例"②，"进庄礼"之类的称谓由来已久，并一直保留到押租制出现以后，但究竟起于何时则无从考证。在明后期以前，家族宗法制对农民的约束力仍然很强，同时由于农业和商品经济发展水平所限，定额地租和货币地租尚未成为普遍的地租形式，因此也就缺乏押租制出现的前提条件。在土地租佃制度尚未如明清时代那样成熟的情况下，既未与赁田期限挂钩、也无需退还的进庄礼可能具有社会依附关系的色彩，但也可能具有补偿地主水土改良投资的性质。

押租制最晚于明弘治年间在福建萌芽。江太新提到，杨国桢曾见到弘治年间福建茶山租佃中已有押租记载，惜未注明文献出处。据嘉靖《龙岩县志》③记载："受田之家，其名有三。一曰官人田（官人即主人也，谓主是田而输赋于官者，其租曰大租）。二曰粪土田（粪土即其田之人也，佃丁出银币于田主，质其田以耕。田有上下，则质有厚簿（薄），负租则没其质。沿习既久，私相授受。有代耕其田者，输租之外，又出税于质田者，谓之小租。甚至主人但知其租，而不知其田之所止）。三曰授产田。……"这三种田中，粪土田就是佃农缴纳押租获得耕作权之后，经长期土地改良得到乡规民约承认的、可以私相授受、以押租金相顶退的田面田。从上述资料看，嘉靖年间福建的押租制不但早已成型，而且已经相当成熟，引发了上文中已论及的永佃权物权化的产权制度演化过程。

明万历、天启年间，福建兴化府，漳州府出现了许多关于押租的记载。例如兴化府的案件审理档案《莆阳谳牍》中有关业佃关系案件有 50 件，其中有关押租的已有 11 件之多，占租佃案件总数的 22%。④ 除此之外，当时的日用大全一类的著作已经载录了不少包含

---

① 江太新：《对清代土地关系变化的新认识》，《中国经济史研究》2010 年第 4 期；江太新：《论福建押租制的发生和发展》，《中国经济史研究》1989 年第 1 期。
② 魏金玉：《清代押租制度新探》，《中国经济史研究》1993 年第 3 期。
③ 嘉靖《龙岩县志》卷上，土田。
④ 江太新：《论福建押租制的发展》，《中国经济史研究》1989 年第 1 期。

中篇　押租制与农地经营权交易体系

押租制内容的佃田批式,即标准合约文书,这说明押租制已经在社会上得到了公认,成为民间通行的租佃制度惯例。

　　清康熙以后,押租制的记载重新开始出现。此后押租制迅速发展,乾隆年间福建省有押租记载的州县扩大到20多个,嘉庆年间全国26个省份中的18个都出现了押租制的记载①。押租制在一些地方正式成为民间和官方共同承认的租佃惯例,虽然官府仍然因遇到大量与押租制有关的法律纠纷而对其屡申禁革。例如,雍正年间,浏阳县对押租已作出规定,要求佃户在租种地主土地之初"书券纳镪为质"②,也就是说佃户必须订立租佃契约,并交纳一笔押金作为地租的保证。乾隆三十四年(1769)福建道监察御史刘天成为《请除佃耕押租之积习以便无业贫民事》奏折中写道:"臣闻川省近年以来,凡以田出佃,必先取银两,名曰押租。"又说:"今川省固已如此,又闻他省似此者亦复不少。"③乾隆皇帝对这份奏折很重视,要"九卿议奏"。乾隆三十五年,江西省宁都县的地方官员在仁义乡横塘塍茶亭内立了一碑,碑文曰:"田山批赁,田主按赁收租,佃户照批掌耕,彼此借以为凭,原不可废。但批赁时,田主必索佃户批礼银,并创十年一批之说,殊属额外多取。嗣后凡遇易主换佃,方许立批赁。如主佃仍旧,则将初立批赁,永远为照,不许十年一换,其批礼银,无论初批、换批及苛索入学贺礼,帮纳差槽,一概禁革。"但是该碑文申禁的只是地主单方面的十年换批及额外苛索等做法,而"佃户之出银买耕,犹夫田主之出银买田,上流下接,非自今始,不便禁革"④。从这一碑文我们可以看出押租制由地租保证金向佃权保障金过渡的真实历史过程中的一个环节。

　　1924年法政学社编《中国民事习惯大全》,1930年司法行政部编

---

　　① 根据乾隆六十年《刑科题本》统计得到15个省区的包含押租的案件数字。则统计了乾隆元年至六十年《刑科题本》,得出了一个更全面的统计,然而同样是宋秀元所列举的那15个省区,案件地区分布也大体类似,见前引江太新1989年文。
　　② 《浏阳县志》卷一,风俗。
　　③ 故宫博物院明清档案馆《军机处录副》。
　　④ 《民商事习惯调查报告录》,第424页。

第四章 传统农地制度演化视角下的押租制

《民商事习惯调查报告录》，对全国各地盛行的押租惯例，有系统的调查资料，表明押租惯例的盛行较之清代中叶无论广度与深度都有过之而无不及。1933年的调查表明[1]，押租制已扩及于东北、华北、华东、华中、西南、华南，最为通行的地区为西南（84.6%）、华东（64.8%）、华中（62.5%）、华南（50.0%）。押租制发展到清末民初，已扩及全国二十个省区，在先前没有押租惯例的西北与东北各省也相继出现了内地的押租惯例。例如陕西洋县、洵阳、宁陕等县，"地主为预防佃户抗租起见，于缔结租佃契约时……先令佃户缴纳顶手钱若干，凭中书立字据，并注明日后若或欠租，准地主于顶手钱内照价扣除"[2]。甘肃、奉天、黑龙江等地亦有类似作为地租保证金的押租惯例。

在东南地区，农业生产和商品经济较为发达，农业经营的集约化程度较高，土地产权普遍分化为田底权与田面权，因而押租制与田面权、永佃权联系密切，押租成了佃农谋求田面权、永佃权的手段，也就是形成了前文所述的押租制的第二种功能。例如江苏松江地区，"凡无田面所有权之佃户，向业户认种田亩时，预纳顶首若干，由佃户出立认顶据，交付业主收执，佃户退种时，由业主将原顶首返还，如佃户欠租时，业主得将原顶首抵扣"[3]。支付顶首后，佃户即获得了田面权或永佃权，即"此种顶首作为该佃永远承种之价值"。这种起到物权交易功能的"顶首"，比佃种田底、田面全归业主（"根面全""皮骨全"）的清业田所支付的招价（也就是仅仅起到地租保证金功能的押租），要高二至四倍：顶首"每亩或十千或二十千钱，甚有出至三四十千者"；招价"每亩五千至十千不等"[4]。又如赣南各县，佃户支付押租后，"即永佃权之设定"，"有自己永佃之权利"，故称为"出银买耕"，"犹夫地主之出银买田"。由于"转辗相承，将

---

[1] 瞿明宙：《中国农田押租底进展》，薛暮桥、冯和法：《中国农村论文选》，人民出版社1983年版。原载《中国农村》1935年第1期。
[2] 《中国民事习惯大全》，第一编，第三类，第19页。
[3] 《民商事习惯调查报告录》，第341页。
[4] 《民商事习惯调查报告录》，第386—387页。

中篇　押租制与农地经营权交易体系

退脚银渐次加增，以使退脚贵于田价"①。

除了地租保证金功能和佃权交易功能之外，押租制的第三种功能，即土地融资功能，也在南方广大地区发展起来。这种发展的表现之一是"押重租轻，押轻租重"惯例的形成。如果将押租理解为当前的现金流，将正租理解为未来的收入流，那么押租的轻重其实就是土地目前和未来收益之间的权衡取舍。② 增加当前的收益（押租），就意味着未来收益（地租）的减少，或者可以说是未来收益的套现；相反，减少当前现金所得（押租），就意味着未来收益的增加，或者说，地主注重资产投资预期。

从湖南省的押租惯例中我们能找到由基础押租分别向稳佃押租和贴现押租转化的迹象。湖南租佃惯例中的"大写""小写"和"加租"中的"大写"和"小写"属于佃权交易功能的范畴，而"加租"则是押轻租重的一种形式。当地称租佃田地为"写田"（书写租田契据之意），所谓"大写"，即"每田十亩，有纳进庄银至二三十两者"，"退庄之日田东仍还原银，亦或议有年分扣除银两者"；所谓"小写"，即每田十亩，只纳进庄银二三两，"退庄之日原银不复取"③。

这里的"大写"可以理解为佃农为有限、无限或不定的合同期内的土地改良收益权所支付的价格，"其中有议定年分者，亦有约载永远耕种者"④。

"议定年分"或"议有年分扣除银两者"指的是议定合同年限、而支付有限的合同期内土地改良收益权的价格。由于时期是有限的，所以银两按实际耕种年数逐次扣除（如租约因故中止，则按照实际耕种年数与约定年数之比例扣除⑤），合同期结束时将完全扣除净尽，并不退还。十余年或二三十年以后合同期满，如欲续约，根据惯例需

---

① 《民商事习惯调查报告录》，第 441—442、423—425 页。
② 龙登高首先以现代经济学的语言对此问题的本质进行了分析。
③ 乾隆《湖南通志》卷五九，风俗。乾隆《湘潭县志》卷一四，风俗。
④ 乾隆《湖南通志》卷五九，风俗。
⑤ 魏金玉给出了几个中止租约、退还押租的例子，《清代押租制度新探》，《中国经济史研究》1993 年第 10 期。

第四章 传统农地制度演化视角下的押租制

要"转耕",重新支付押租。①

至于"约载永远耕种者",则佃农是以高额的押租金取得田地的永佃权(属于合同期无限的情况),地主在押租金尚未全部扣抵欠租前无权撤佃,而"退庄之日原银复还"。由于时期是无限的,合约不会自然中止,在佃农没有主动中止合约的情况下原银实际上也无从退还。因此"退庄之日原银退还"与表面上不同的"议有年份扣除银两"其实都是以押租金支付合同期内的土地改良收益权,无所谓退还与否,"退庄之日原银退还"的含义应逆向地理解为:未退庄时(合约仍然有效)地主收存,实际上等于已经全部扣除;退庄时地主以原银赎回永佃权,或允许下手佃农承顶。事实上,在现期支付一笔无利息的押租金给地主,就取得了在未来有限或无限的合同期内每期得到土地改良收益的权利,贴现到现期则等于购进一笔生息资产,这样的押租当然应该是没有利息的。② 所以说押租无利、扣除原银、到期转批等,其实都只是主佃双方自愿接受的结果,并不是地主单方面加给佃农的无谓损失和额外负担,而这是到目前为止几乎所有学者在论及押租"其银无利"特点时必犯的错误。

小写所支付进庄银平均每亩仅二三钱,相当于大写的十分之一,退佃时又不退还佃户,实质上等价于归地主所有的"大写"利息在合同期内若干年的贴现值,属于有限租期的佃权交易价格。③ 由于押租银少,小写的有保障租期一般要短于大写。

所谓加租,即佃户佃田时不纳进庄银,而"多纳租谷",即所缴

---

① 乾隆《湖南通志》卷五九,风俗。
② 为了便于理解,还可以举这样一个例子:在 t = 0 期佃农交给地主一笔 100 元的无利押租,而信贷市场上每期的利率是 10%,因此佃农便放弃了用这 100 元放贷、每期收入 10 元的权利。看起来好像佃农吃亏了,实际上佃农可通过土地改良每期增收 20 元,因有永佃权,地主无权增租。这 20 元就是佃农每期的投资收益,扣除利息损失,净得益 10 元。地主则以每期 10 元利息的形式分享了土地改良的收益,无论利率如何变化,这每期 10 元的利息收益的贴现值恰好恒等于原来的 100 元:100 元 = 10 元/10%。重押轻租和押扣制度属于资产性地权交易,与这里的土地改良收益权、即经营性地权的交易是不同的,收取利息是源于其融资借贷的实质。
③ 樊树志说小写在退佃时不退还佃户,"意味着逐年在正租中扣除",似乎把小写理解为是额外收取的正租或预租,似有不妥。

中篇　押租制与农地经营权交易体系

地租比有押租的田地要增加相当大一部分。[①] 大写所支付的进庄银平均每亩二三两,佃户如欠租,地主即可从中扣除。缴纳加租的佃户,地租往往比缴纳了进庄银的佃户所承担的地租高一倍,故又称"双租":"佃有进庄者,每亩纳单租一石","无进庄者,每亩纳双租二石"[②]。这相当于押租银的分期付款方式,是"轻押重租"的一种表现形式——当然对于地主而言,佃农欠租的风险更高,对于佃农而言,佃权也更没有保障。由于大写所需进庄银数量可观,一般农民无力负担,故"贫民佃种大写者少","其小写及加租者,往往拖欠租谷,积岁未清又穷无所之,因而霸耕不退"[③]。小写和加租的情况下尚且"霸耕不退",可见大写的情况下佃权肯定是非常有保障的。

在西南地区的成都平原,押租制在物权交易和土地融资功能方面发展到了较高的水平,呈现出丰富而完备的制度形态。李德英在郭汉鸣、孟光宇的基础上将押租制的事例进行了归类,[④] 指出成都平原的押租制有以下几种形式:

常押——佃农所缴押租额与其年纳租额相酌,或其高低未超出一倍以上的,在习惯上称为"常押"。这是押租的一般情况,最为普遍。

重押轻租——佃农所纳押租额超过年纳租额一倍以上或至数倍、数十倍,并使租额相应减轻,叫作"重押轻租"。

轻押重租——佃农所纳押租不及应纳年租的数额,因而使其租额相应加重,叫作"轻押重租"。

大押与小押——重押轻租的佃户,因资金不足或人力有限,而另招小佃,收其押租,谓之"小押",相对的收取小押的佃户交给地主的押租就称为"大押"。小押是佃农佃权物权化的结果。

嵌押或客押——地主缺款,需重押轻租;佃农缺款,需轻押重租。

[①] 乾隆《湖南通志》卷五九,风俗。
[②] 乾隆《湘潭县志》卷一四,风俗。
[③] 乾隆《湖南通志》卷五九,风俗。乾隆《湘潭县志》卷一四,风俗。
[④] 李德英:《民国时期成都平原的押租与押扣——兼与刘克祥先生商榷》,《近代史研究》2007年第1期。郭汉鸣、孟光宇:《四川租佃问题》,李文海编《民国时期社会调查丛编》二编·《乡村经济卷》,下册,福建教育出版社2009年版。

在这种情况下，有第三者纳此押租额数而收此项押租利，让主佃双方都达到目的，就叫作"嵌押"。因为是第三者出款，所以又叫"客押"。实际上就是地主向人借贷，由佃户担保，扣租谷作息。一些中小地主境况不一定比佃农好，因而出现借款需由佃农担保的情形。

大押佃或干押——佃户一次缴若干银（或实物）与地主，地主以此生息作地租，不再另外取地租，到佃户退田时将押金退还佃户。干押往往不拘年限，形同典当，"押租愈加，租课愈少……故俗有'明佃暗当'之语"①。

第三节 研究综述和本篇概要

目前学术界对传统农地押租制的研究大多停留在描述和评价的层面，理论上的探讨还比较零散，不甚系统。下文将首先从三个方面概述对押租制的现有研究，包括押租制产生和发展的条件和原因，押租制的功能和意义，以及各地押租制的经验材料；然后归纳现有研究对押租制经济功能所持有的四种主要的理论观点：传统剥削理论，制度学派的合约理论，佃权的物权化理论，以及土地融资理论。

一 押租制的相关研究

押租制产生和发展的条件和原因与押租制所承载的经济功能不宜混为一谈。学界一般认为，押租制的产生与明后期以来商品经济的发展和宗法关系的松弛有着密切的因果关系。一方面，定额租制和货币租制有了较大的发展；另一方面，佃农的欠租、抗租斗争使地主只能采取预收押金的方法来约束农民的机会主义行为②。总的来说，在各

---

① 光绪《定远通志》卷五《地理志·风俗》。另民国《南川县志》卷五《食货志》载："至有与买价相埒，概不取租者，曰加大押佃，实与典无异。"

② 方行：《清代租佃制度述略》，《中国经济史研究》2006 年第 4 期；[日]滨岛敦俊：《试论明末东南诸省的抗、欠租与铺仓》，《中国社会经济史研究》1982 年第 3 期；高王凌：《地租征收率的再探讨》，《清史研究》2002 年第 2 期；李文治：《明清时代封建土地关系的松解》，中国社会科学出版社 2007 年版；刘永成：《中国租佃制度史》，文津出版社 1997 年版。

中篇　押租制与农地经营权交易体系

家学者的论述中，押租制产生和发展的历史条件和原因可以归结为以下几个方面：（1）由于明清时期战乱、移民等导致人口大范围流动，宗法关系松弛，因而使地主超经济强制力量减弱，业佃关系趋于紧张，需要以押租金防止佃户欠租逋租；（2）人口快速增长，导致人多地少矛盾突出，农民为了谋生而争佃，地主因而可通过提高押租从中渔利；（3）分成租向定额租的过渡、实物租向货币租过渡，导致主佃关系更为疏远，更需要以押租作为收租的保障；（4）永佃制的发展和佃权的物权化促进了押租制功能的转化，并促使押租制在租佃关系中变得更加普遍。

江太新[①]认为，押租制是在明末清初佃农抗租斗争频繁的形势下，地主为了保护自己的地租利益而运用的一种剥削手段。其次，清初战乱之后，各地移民"客佃"增多，他们与地主之间没有传统宗法的牵缚，更容易发生抗租不还的行为，因此押租制在各地得到了广泛的采用。此外，定额租制的发展也使主佃关系进一步变得松弛，地主不再以"临田监分"的方式保证地租的收取，而需要以经济手段来保证，于是更多地采用了押租制。[②] 刘永成认为："明清时期，伴随着生产力的提高而来的是地主的高额地租剥削，跟着高额地租而来的便是庞大佃农的日益贫困化。因此，广大佃农不得不走上欠租、抗租的道路。在主佃之间的矛盾、斗争极其尖锐的形势下，为了保证高额地租的榨取，为了制止佃农的欠租、抗租，地主普遍采行押租制度。"李文治则认为"分成租向定额租过渡，永佃制发展，主佃间封建依附关系及超经济强制削弱，封建租佃关系松解等等"，是押租制出现和扩大的历史条件。

龙岱、林顿将清初四川地区押租制的迅速发展主要归因于当地移

[①] 江太新：《清代前期押租制的发展》，《历史研究》1980年第3期。
[②] 当然，这并不意味着分成租约与押租和押扣不能共存。例如，道光十二年王国万收押租银七十两，将田佃给卢子栋耕种，租谷平分。由于押租较多，在分租不变的基础上，王国万每年须退还卢子栋利谷四石五斗（《清代乾嘉道巴县档案选编》，第162页）。又如，道光二十三年李长泰租种罗义盛土地，交押租银三百六十两。在租谷平分的基础上，罗义盛要另交利谷八石四斗给李姓佃户（《清代乾嘉道巴县档案选编》，第81页）。

第四章 传统农地制度演化视角下的押租制

民社会的人口流动性,正因为如此,这与明清时期江南地区与永佃权相联系的押租制有很大的差异,四川押租制在实行之初并不具有保证佃农长期耕作权利的功能,而仅仅是地租的保证金,由押租制的演化产生永佃权是清中期以后的事。① 但是,松田吉郎在他对台湾水利设施投资与一田两主制的研究中,却认为台湾租佃制度中是先有佃农投入工本建设水利设施,形成有权要求偿还工本的永佃田之后,才产生了以押租金顶退工本的"押租田"。②

樊树志除提到田底权和田面权分割是押租制作为永佃权交易的手段出现的原因外,还指出,清中后期押租制的发展与人均耕地减少、土地所有权与使用权分配不均、农家土地经营的狭小分散等所表现出来的农业危机有密切关系。③ 王建革④从多个方面论述了人口、生态与租佃制度的关系,认为流民的出现导致了押租制的产生,人口的增长导致了押租制的发展。此外将人口增长因素作为押租制发展的重要原因的研究尚多,就不一一列举了。

据魏金玉分析,虽然押租制确乎在一些人多地少的地区如福建省、徽州地区发展起来了,但人地关系因素并不能解释一些人少地多的地区如江西、四川、湖南等省的情况(是"客佃"较多的地区)。而且,像山东、直隶、河南、贵州这几省,人口密度不低,人均税亩很少,但押租制并不发达。因此,"押租制度的发生于发展,同人口密度,人均耕地之间,并无必然的、本质的因果联系"。"佃权与地权的分离并进入流通领域,佃权商品化,是押租制发展的前提条件。"⑤ 实际上,这两种论述虽各有侧重,但都既包括了人口流动的因素,也包括了人口增长的因素,但魏金玉更强调佃权独立的因素。从更宽泛的角度来理解,佃权独立是商品经济和土地市场发展的结

---

① 龙岱、林顿:《清代四川押租制的起源及其背景》,《社会科学研究》1988年第2期。
② [日]松田吉郎:《台湾の水利事业と一田两主制——埔价银・碛地银の意义》,陈秋坤、许雪姬:《台湾历史上的土地问题》,《"中央"研究院台湾史田野研究室论文集》,第105—138页。
③ 樊树志:《农佃押租惯例的历史考察》,《学术月刊》1984年第4期。
④ 王建革:《人口、生态与地租制度》,《中国农史》1998年第3期。
⑤ 魏金玉:《清代押租制度新探》,《中国经济史研究》1993年第3期。

中篇　押租制与农地经营权交易体系

果，赵冈就认为租佃制度"是市场经济的范畴之一，是市场发展后的产物，没有市场，就不可能出现土地的租佃制度"，当然佃权的物权化也必然是市场经济的产物了。[①]

关于押租制的功能和意义，学界一般有以下几种认识：（1）押租金是地租的保证金，或者是地主保证剥削收入的经济手段；（2）押租金是佃权交易的"价格"，保证了佃农一定时期内的耕作权；（3）押租金可以是土地所有者以部分或全部土地收租权为代价，向富有的佃农筹措的借款，或更一般地说，是主佃双方都可以利用的、以土地收益为杠杆的土地融资方式。本篇将分别对这几种功能进行理论上的论证，在此先对有关的研究做一概述。

几乎所有研究都提及押租制在保证地主地租收入方面的功能。但按照传统的观点，许多学者还进一步认为，押租是地主剥削掠夺农民的手段，是在地租之上增加的额外负担，有损佃农的生产经营能力。例如江太新[②]虽然承认在许多案例中，交过押租的佃农正租较低，但他断定如果按照民间高利贷利率计算押租利息的话，则佃农所受的剥削，不但没有减轻，反而加重了——他并没有考虑到因为有无法收回贷款的高风险，高利贷的真实利得并不能按照其市场利率来计算。至于文献中大量关于重押轻租对地主不利的劝谕之词，江太新只是简单地斥之为为地主增租、加押制造舆论。刘克祥甚至认为押租的性质"由起初的地租保证蜕变为极其残酷和无孔不入的高利贷剥削，并成为地主任意役使和勒索佃农的把柄。地主通过增押增租、高租高押、明佃暗当、转押租为高利贷，以及贪婪需索、吞霸押租本金等手段，使地租剥削总量和地租率加倍升高"[③]。这就完全抛开了押租制正常的经济功能（包括地租保证的功能），而完全变成对"剥削"的声讨了。

对于押租制在稳定租佃关系、保证佃农在一定时期内的耕作经营权方面的功能，学者也大多有所涉及。樊树志[④]提到早在明嘉靖、万

[①] 赵冈：《从制度学派的角度看租佃制》，《中国农史》1997年第2期。
[②] 江太新：《清代前期押租制的发展》，《历史研究》1980年第3期。
[③] 刘克祥：《近代四川的押租制与地租剥削》，《中国经济史研究》2005年第1期。
[④] 樊树志：《农佃押租惯例的历史考察》，《学术月刊》1984年第4期。

◇◇ 第四章　传统农地制度演化视角下的押租制 ◇◇

历年间的《民间日用万宝全书》中的租佃契式就载有"今凭某作保引进某人，出讨田银若干整"，佃人如约交租，"不得少欠分合"，便可"永远耕佃，不限年月"的内容。这说明以称为"讨田银"的押租金取得永佃权在那时就已形成民间惯例。江太新在研究福建押租制的发生和发展时，注意到交了押租的佃户，地主是不能随便辞佃的，佃农以押租为代价获得了永佃权，而且得到了官府的承认和保护。他认为土地使用年限的相对稳定有利于佃农生产积极性的提高，而独立经营管理权的获得也有利于佃农收入的增加和商品经济的发展。但是他仍然认为高额的押租加重了农民负担，使农民陷入高利贷的泥潭，减少了投资土地的资金，使农业生产萎缩。[①] 魏金玉[②]尽管也提到"押租金额随着抵欠扣除以后，数量下降，以至到无，租佃关系也就随之而不得不终止了"，但似乎并不以此为押租制的基本功能，而是将"典型押租制度"的基本特征归结为"以货币抵押佃权"，认为押租制度是佃权商品化的反映。他指出，在具有保障佃农独立经营权的高额押租下，"一方面经过押租制度的筛选，充当押租佃户的是一批经济实力比较充实的农民；另一方面，佃户又可以凭借其经济实力在主佃关系中争取更多的自由。押租佃户的经营积极性就远非一般佃户所比，其经营效果也非比一般"。方行[③]同意魏金玉的观点，并从佃农的角度进一步分析了押租的作用，认为押租制度是清代佃农走向独立和中农化的重要条件。李德英也主张从佃农的角度、而不是仅仅从地主的角度看待押租制对于保障佃农耕作权的意义，认为一方面押租是佃农取得耕作权的代价，无疑增加了佃农的负担；但另一方面，押租又保障了土地经营权，是佃农维护自己耕作权利、摆脱超经济强制、走向独立经营的基础。[④] 但其实反过来从地主或出顶的上手佃农的角度来看，佃权的物权化是耕作权保障的另一个方面，因为佃农有

[①] 江太新：《论福建押租制的发生和发展》，《中国经济史研究》1989 年第 1 期。
[②] 魏金玉：《清代押租制度新探》，《中国经济史研究》1993 年第 3 期。
[③] 方行：《清代佃农的中农化》，《中国学术》第 2 辑，商务部印书馆 2000 年版。
[④] 李德英：《从成都平原租佃纠纷个案论押租制的双重意义》，《历史档案》2005 年第 1 期。

中篇　押租制与农地经营权交易体系

偿取得耕作权的同时，地主或上手佃农就获得了此前土地投资和土地经营权的补偿。从双向交易的角度来理解，押租制既是经营权的保障机制，又是经营权的退出机制；后者也可以看成是在地主或佃农不再打算继续经营时，为他的权益提供的保障。

关于押租制作为一种以土地收益为杠杆的融资方式的功能，魏金玉通过整理《刑科题本》中土地面积、押租金额与地租数量俱全的案例，认为在乾隆末年以前，押租金额的多少与地租数量关系不大，而与土地的面积大致成正比；只有在这以后，上述押租制第三种经济功能才显示出来。当重押轻租的惯例越来越普遍之时，也是佃农佃权越来越接近地权、越来越独立之时。[1] 因此，他是从佃权独立化的角度来理解重押轻租的，虽然较为清晰地分析了有关事例，但并未将土地融资作为押租制的一种经济功能加以明确。冯尔康虽然认为押租是不用于改良土地的非生产性的投资，但也承认由于押租往往减少了正租额，使农民有可能增大其扩大再生产的财力。[2] 刘克祥也注意到清末民初时四川很多地方都有"重押轻租"即押租越高、地租扣减越多的惯例，但他一概将其斥之为地主剥削农民的"欺骗手段"，认为押租不计利息，成为地主和高利贷者盘剥农民的又一"花招"。[3] 李德英则对此提出辩驳，认为民国时期押租计息在成都平原已然成风，并以扣谷、扣田、年扣、对年扣、共扣等形式以一定利率从地租中扣除。这种做法是清代"押重租轻"惯例的发展，看似效果相似，其实性质不同。押租制产生之时一般是不计息的，而只是地主羁縻佃户的手段或地租的保证。清代开始有了加押计息的做法，但只是针对新增押租的部分，而且押租还要超过一定的数额才能实行重押轻租。但在新繁以及新中国成立初的土地改革资料中，作者发现，到民国时期，不管押租是银租、钱租还是谷租，也不管押租数额多少，均要计息。缴纳押租，不仅使佃农获得了土地的耕作权，而且使其获得了利

---

[1] 魏金玉：《清代押租制度新探》，《中国经济史研究》1993 年第 3 期。
[2] 冯尔康：《清代押租制与租佃关系的局部变化》，《顾真斋文丛》，中华书局 2003 年版。原载《南开学报》1980 年第 1 期。
[3] 刘克祥：《近代四川的押租制与地租剥削》，《中国经济史研究》2005 年第 1 期。

第四章 传统农地制度演化视角下的押租制

息,可见由于押租制的土地融资功能的发展,民国时期四川业佃双方的经济地位比清代更趋平等。①

有关地域性押租制状况研究的文献和档案资料为本篇提供了丰富的原始素材。福建是押租制最早产生的地区,也是实行押租制较为普遍的地区。江太新通过对方志、时人笔记、地方官府档案、刑科题本、土地文契、民事习惯调查等的研究,认为明清时期福建人均耕地较少、土地兼并激烈,因此佃农欠租、抗租之风甚炽。同时福建地区商品经济较为发达,定额租也较为普遍,这些都是押租制在福建最早产生出来的原因。②当时台湾包括在福建省的管辖范围内,所以也有较多台湾的史料被论及。总的来说,福建省的情况包括了押租制产生和发展过程中形成的各种主要的经济功能,即地租保证功能、佃权保障功能和土地融资功能。

江西,尤其是与福建接壤的赣南地区,也是押租制较早盛行的地区。因清政府实行迁海政策,闽广移民多流寓其间,押租制即随着客佃日益增多而发展起来。卞利③研究了清前期江西赣南地区押租制的产生和发展情况,其具体的历史细节透露出押租制从基本的地租保证功能发展到佃权保障功能的过程。清康熙五十二年(1713)九月,兴国县衣锦乡佃农李鼎三"煽惑闽广流寓,创田骨田皮许退不许批之说",并"统众数千,赴县门挟长官,要求勒石著为例"④。瑞金佃农也"揭竿聚众,创立退脚之说"⑤。必须指出的是,作者误以为这是佃农在反对押租制,其实这是佃农在凭借自己缴纳的押租,争取对土地的永佃权。例如乾隆三十五年所立的《宁都仁义乡横塘塍茶亭内碑记》⑥就是这种"勒石著为例"的斗争成果,碑文曰:"田山批赁,田主按赁收租,佃户照批掌耕,彼此借以为凭,原不可废。但批赁时,田主必索

---

① 李德英:《民国时期成都平原的押租与押扣——兼与刘克祥先生商榷》,《近代史研究》2007年第1期。
② 江太新:《论福建押租制的发生和发展》,《中国经济史研究》1989年第1期。
③ 卞利:《清代前期江西赣南地区的押租制研究》,《中国农史》1998年第3期。
④ 同治《兴国县志》卷四六《杂记》。
⑤ 同治《瑞金县志》卷一六《兵寇》。
⑥ 载《民商事习惯调查报告录》,赣南各县习惯,第423—434页。

中篇　押租制与农地经营权交易体系

佃户批礼银,并创十年一批之说,殊属额外多取。嗣后凡遇易主换佃,方许立批赁。如主佃仍旧,则将初立批赁,永远为照,不许十年一换,其批礼银,无论初批,换批及苛索入学贺礼,帮纳差槽,一概禁革。"但是该碑文申禁的只是地主单方面规定的十年换批及额外苛索等做法,同一碑文接着又说:"查佃户之出银买耕,犹夫田主之出银买田,上流下接,非自今始,不便禁革。"此外,作者没有论及重押轻租的惯例,也许是因为他见不及此——当他注意到押租额往往比正租额高出几倍、甚至几十倍的现象时,他并没有将正租额与通常情况下的租额进行比较,就一下子断定"清代前期赣南地区的押租制是佃农的锁链"。

四川地区是押租制发展较快、实行较普遍的地区。这与明末清初当地以移民为主体的社会结构有极大的关系。因此,四川地区的押租制形式也是发展得较完备的,尤其是押租计息和押扣惯例比其他省份运用得更多。据陈正谟的调查,押租计息主要流行于四川成都平原,在湖北和安徽等地虽然也有押租计息的地方,但主要是以减少谷租的方式来进行。吕平登[①]认为,"押扣制度或为四川特有之一种习惯,但在四川行之不甚普遍";"此种习惯在川西区域尚为通行,其他地方绝少,至山田及劣等田,更无所谓押扣习惯"。其他学者的研究证明押扣制度不只是在川西地区通行,而其他地方少见。陈太先[②]收集了成都平原押租、大押佃(及干押)、押扣的许多数据。李德英[③]在其基础上详细地研究了成都平原的押租制度,尤其是押租计息与押扣制度。此外,应廉耕和郭汉鸣、孟光宇都提供了不少四川押租制的调查数据。[④]

[①] 吕平登:《四川农村经济》,商务印书馆1936年版。

[②] 陈太先:《成都平原租佃制度之研究》,萧铮(主编),《民国二十年代中国大陆土地问题资料》,成文出版社有限公司(美国)中文资料中心,1977年。

[③] 李德英:《从成都平原租佃纠纷个案论押租制的双重意义》,《历史档案》2005年第1期;李德英:《国家法令与民间习惯:民国时期成都平原租佃制度新探》,中国社会科学出版社2006年版;李德英:《民国时期成都平原的押租与押扣——兼与刘克祥先生商榷》,《近代史研究》2007年第1期。

[④] 应廉耕:《四川省租佃制度》,李文海编《民国时期社会调查丛编》二编《乡村经济卷》下册,福建教育出版社2009年版;郭汉鸣、孟光宇:《四川租佃问题》,李文海编《民国时期社会调查丛编》二编《乡村经济卷》下册,福建教育出版社2009年版。

第四章　传统农地制度演化视角下的押租制

徐铭和秦和平研究了川西凉山彝族聚居区的押租制发展状况[①]，认为是汉人农民与彝族人民之间的经济交流是彝族地区产生押租制的原因。汉人不仅带来了先进的农业生产技术，而且也带来了与之相适应的土地租佃制度。明清时期由于玉米和土豆等新的粮食作物传入中国，无论是汉族还是彝族人口都迅速增长。清中期以后，汉民大批移居凉山，开垦新的耕地，彝族土司也急欲获得货币，故也主动招佃开垦原来弃而不用的荒坡地以种植粮食和经济作物，并收取押租金。人多地少使得汉族和彝族佃农竞相争佃，抬高了押租金。此外，随着鸦片种植的泛滥，土地收入提高，也使地租和押租大为提高。彝族地区的押租制具有与四川大部分地区极为相似的性质，有着保证地租收入、保证佃农耕作权的功能，同时也具有与四川其他地方完全一样的重押轻租、押租计息和押扣等惯例。

与凉山彝族地区的情况类似，清代台湾地区也存在着少数民族地主和汉族移民佃农共同开发拓垦土地的历史。"番产汉佃"是这种历史状况的一个典型描述。陈秋坤和松田吉郎[②]研究了台湾土著地权在汉族移民的拓殖压力下逐渐削弱、丧失的过程。郑成功时期曾积极在台实行军事屯垦政策，并对一些平埔族部落进行招抚课税的归化措施，但其影响只及于台湾岛之一隅。清朝时期，一方面放任文武官员和商贾流民开垦草埔，另一方面努力招抚平埔族部落，并对归化熟番和内山生番分而治之。清政府起初承认和保护熟番的土地权利，不许汉人移民借租佃、买卖和典押等方式侵蚀土著地权，与19世纪末沈葆桢、刘铭传等地方官员积极推行"开山抚番"政策迥然不同。然而，即使中央政府以各种训令保护土著地权，18世纪初叶平埔族土

[①] 徐铭：《凉山彝族奴隶社会的押租制》，《西南民族大学学报》1983年第1期；秦和平：《凉山彝区近代土地租佃及押租制》，《西南民族大学学报》1988年第3期。

[②] 陈秋坤：《十九世纪初期土著地权外流问题——以岸里社的土地经营为例》，陈秋坤、许雪姬：《台湾历史上的土地问题》，《"中央"研究院台湾史田野研究室论文集》，第29—56页；陈秋坤：《清代台湾土著地权——官僚、汉佃与岸里社人的土地变迁1700—1895》，"中央"研究院2008年版；[日]松田吉郎：《台湾の水利事業と一田両主制——埔価銀・磧地銀の意義》，陈秋坤、许雪姬：《台湾历史上的土地问题》，《"中央"研究院台湾史田野研究室论文集》，第105—138页。

◈◈ 中篇　押租制与农地经营权交易体系 ◈◈

地即开始大量流入汉人之手。汉佃不顾政府三令五申私赎番业，与土著签订租佃和典押契约，实质性地获取土地的永久经营使用权。土著地主在丧失土地经营权后，又逐渐因向汉人富裕佃农借银负债而丧失了仅剩的收租权。番地逐渐成为汉人的良田和市镇，土著居民日益退缩到尚未开拓的、更加偏远的地区。在"番产汉佃"逐步侵蚀土著地权的这一渐进的历史过程中，汉佃获得土地永佃权是第一步，承典番主的收租权是第二步。由投入工本或缴纳押租银（契约文书上常称为犁头银、锄头银、磺地银等）取得土地的永久经营权，到利用重押轻租惯例压缩番主的收租额，导致土著居民的收入减少，以致难以负担官府的赋税，最终将土地绝卖，在这其中押租制起到了关键性的作用。清代台湾番地的押租制的突出特点正是在于，汉佃作为银主放银，番地主以出典或胎借的方式交出一定时期内的收租权，以土地收入为抵押进行借贷的情况特别普遍。

除了这些对于地域性押租制的表现形态的综合性研究文献之外，更为重要的原始素材就是记载有押租制实行情况的调查报告、档案资料、地方志、文人笔记等第一手文献资料。就笔者有限的掌握，这主要有以下几方面的内容：

1. 清代刑科题本中有关押租制的案例，主要收录于《清代地租剥削形态》《清嘉庆朝刑科题本社会史料辑刊》（杜家骥编）等书，本篇主要运用前者。

2. 清末民初民事习惯调查，主要收录于南京国民政府司法行政部编的《民事习惯调查报告录》。

3. 民国时期农村社会调查，主要收录于《民国时期社会调查丛编（二编）·乡村经济卷》（李文海主编）、《民国二十年代中国大陆土地问题资料》（萧铮主编）等书。

4. 土地契约文书、地主租簿、置产簿等——此类文献涉及范围广泛，在地域性土地制度的专题研究中可以找到线索，也有大量契约和契式可以引用，这里就不一一列举；章有义的《明清徽州土地关系研究》中收录的地主租簿和置产簿等资料也丰富了对押租制与地租形态、租额、土地产量等的关系的理解。

5. 地方志、地方官府档案文书、时人笔记等——此类文献涉及面更加广泛，笔者无法充分掌握，只能就其他学者的论述所及涉猎一二；例如《莆阳谳牍》《清代乾嘉道巴县档案选编》（简称巴档）等。

二 对押租制的几种理论观点

（一）传统剥削理论

传统上对押租制度以致整个租佃制度的研究都是描述多而分析少、评价多而理解少，许多研究将租佃制度已经视为地主无偿占有和剥削农民的劳动产物的制度，押租作为保障地主地租收入的额外加派，当然就更是十恶不赦。论者常常对甚至可以高于田底价格的高额的押租金额惊异不置、深感困惑，有人由此谴责地主的贪得无厌、哀叹佃农的负担沉重，[①] 而另一些人则站在完全相反的立场上，谴责富农和银主借押租之名行土地兼并和二重剥削之实。[②] 二者对主佃双方所取的立场完全相反，但谴责之声却完全一样，似乎出佃田亩而收取押租是剥削无疑，承佃田亩而缴纳押租却又是兼并无疑。

如果较为客观地看待押租制在增强佃农独立生产经营能力方面的经济功能，我们就会发现，土地只是农户家庭农场经营所需的生产要素之一，作为生产要素提供者的土地所有者并非必然会剥削农民，而在明清时期佃农生产经营的独立性反而有增强之势。[③] 事实上，传统理论的迷思在于对"不劳而获"的资产所有者没有正确的认识，没有看到他们实际上承担着监督生产要素投入、优化资源配置的任务，

[①] 江太新：《清代前期押租制的发展》，《历史研究》1980年第3期；刘克祥：《近代四川的押租制与地租剥削》，《中国经济史研究》2005年第1期。

[②] 陈秋坤：《十九世纪初期土著地权外流问题——以岸里社的土地经营为例》，陈秋坤、许雪姬：《台湾历史上的土地问题》，《"中央"研究院台湾史田野研究室论文集》，第29—56页；陈秋坤：《清代台湾土著地权——官僚、汉佃与岸里社人的土地变迁1700—1895》，"中央"研究院2008年版；杨国桢：《明清土地契约文书研究（修订版）》，中国人民大学出版社2009年版。

[③] 方行：《中国封建社会农民的经营独立性》，《中国经济史研究》1995年第1期，另载于：方行：《中国封建经济史论稿》，商务印书馆2004年版；方行：《清代佃农的中农化》，《中国学术》第2辑，商务印书馆2000年版；龙登高、彭波：《近世佃农经营的性质与收益比较》，《经济研究》2010年第1期。

并非完全不劳而获；也没有看到，如果排除非法获得的财产，一切资产都是现在的所有者或其祖先和亲属过去劳动的产物，现在的"不劳而获"恰恰是在享受过去和前人的劳动果实，这种享受合法劳动果实的权利在任何时代、任何社会都天经地义、不容剥夺。

从剥削论的有色眼镜中看到的经济关系，永远是不平等的，永远是以大欺小、倚强凌弱的零和博弈，完全排除了通过自愿交易和互利合作创造更大的生产力的可能性。这种偏见也就导致了前面所说的两难：在主佃关系中，有时主强于佃，有时佃强于主，站在弱者的角度声讨强者，结果往往是首鼠两端，因为无论是佃户还是田主，都有可能是假想中或实际上受"欺凌"的弱者。实际上，在绝大多数情况下，中国传统农业社会中土地产出的分享、土地产权的易手，都是平等主体之间进行的自愿交易，促进了资源的充分流转和合理配置，非有强制性的政治和军事力量，不足以使传统农业经济关系完全失衡。[①]而千百年来随着经济的发展，一代代追求生活丰足的社会经济主体通过长期的交往创造了丰厚的制度遗产，值得我们今天以客观理性的眼光对其加以分析借鉴。因此接下来我们将简要概述本篇将要运用的几种理论观点。

(二) 合约理论

制度学派的合约理论认为，一定的合约安排能够减轻不同生产要素提供者的机会主义行为[②]，降低交易费用；在农业生产中，这就能够促进对土地的专用性资产投资。张五常[③]通过将制度学派的合约理论运用于租佃关系的选择，将交易费用、风险偏好引入到租佃合约的理性选择模型中，解释了定额租、分成租、固定工资三种合约的实际

[①] 例如，为了防止权力寻租行为对平等交易秩序的干扰和破坏，明清两代都规定官员异地为官，且在任所不得购买土地。

[②] Williamson O. E., *The Economic Institutions of Capitalism: Firms, Markets, Relational Contracting*, Free Press. 中文版：(美) 奥利弗·E. 威廉姆森：《资本主义经济制度——论企业签约与市场签约》，商务印书馆2002年版。

[③] Cheung S. N. S., *The Theory of Share Tenancy*, Chicago: University of Chicago Press. 中文版：张五常：《佃农理论——应用于亚洲的农业和台湾的土地改革》，商务印书馆2000年版。

选择。他认为,定额租和固定工资合约都存在卸责行为(Shirking)的可能:在定额租合约下,地主可能推脱自己对土地投资和维护的责任;而在固定工资合约下,雇工则可能偷懒懈怠。相对而言,劳动的监督成本是较高的,所以定额租是一种实际采用较多的合约,而固定工资在实际采用的合约构成中只占了很微小的比例。张五常论述的重点在于分成合约的合理性。由于分成合约会降低佃农的劳动边际收益,从新古典理论的角度来看,它显然是无效率的。而且,相比定额租,分成租要求地主监分总产出,监督和执行的成本也较高。那么为什么仍然有相当大比例的分成合约实际被采用呢?张五常首先建立了新古典的分租率市场决定模型,然后以风险分担来解释这一现象,最终得出结论:"合约的选择取决于分散风险所带来的收益与不同合约的交易成本之间的权衡。"

从史实来看,分成租与定额租的采用,在历史上往往有一个发展、变化的过程。例如章有义[①]就通过对徽州租簿的研究,列举了很多分成租改定额租、定额租改分成租的实例。一般来说,如果土地产出因灾害、兵燹或因尚处于开发拓垦时期而不稳定,主佃双方就倾向于选择分成合约;但当土地产出在一个时期中相对稳定下来时,主佃双方可能就会改订定额租约。因此分成合约既可以如张五常那样看成是因产量波动而制定的风险性合约,又可以看成合约双方或一方因对可能的产量缺乏知识而制定的试探性合约(也可归为一种风险性合约)。定额租制的巩固是永佃权向田面权过渡的基础,也是押租制在保障佃农耕作权利方面因田面权交易的普及而得以深化发展的基础。

不过,对于中国传统农地租佃制度来说,仅仅解释分成合约和定额合约的选择是不够的。由于在土地耕作中存在着大量的专用性资产投资,在合约期限内对专用性资产的权利保障和投入义务的规定就极为重要。张五常也认为主佃双方对土地的专用性资产投资存在很大的交易成本是选择长期租约的关键因素。对于一份租佃契约来说,有关的合约变量包括租期,合约续延与合约终止的条件,合约治理手段,

---

[①] 章有义:《明清徽州土地关系研究》,中国社会科学出版社1984年版。

生产资料和基础设施投资的分担比例，等等，以及所有这一切的价格——押租额。本篇以独立从事生产经营的佃农家庭为中心，着眼于土地要素交易的合约变量，提出了一个关于押租额和有保障的租期相互替代的合约交易模型（第五章第二节）。

除此之外，合约理论对于研究佃农家庭经营也有启示意义。张五常在《企业的契约本质》一文中认为"企业是什么或不是什么并不重要；重要的是在不同的交易成本下组织经济活动的各种不同方式"；"'企业'这个词只是简略地描述了在不同于普通产品市场所提供的合约安排下组织活动的一种方式"[1]。将企业的合约理论应用于佃农的家庭经营，我们会发现，明清时期押租制和田面权的发展导致了佃农经营独立化的趋势[2]，这种独立经营的家庭农场可以理解为一个农业企业，佃农以合约交易的方式获取包括土地在内的生产要素从事自主的集约化经营。这方面的研究还有待于以后进一步展开，本篇仅从土地要素的合约获取的角度进行了一些初步的探讨。

（三）产权理论

现代企业理论认为企业是一系列契约的中心联结节点，是不同资产所有者通过契约形式合作组成法人财产，并将其剩余索取权与控制权在所有者和经营者之间分配的组织。[3] 作为企业看待的佃农家庭经营不仅可以从合约理论的角度来理解，也可以从产权理论的角度进行分析。

---

[1] Cheung S. N. S., The Contractual Nature of the Firm. *Journal of Law and Economics*, Vol. 26, No. 1 (Apr., 1983), pp. 1–21. 中文版：张五常：《企业的契约性质》，陈郁编：《企业制度与市场组织——交易费用经济学文选》，上海人民出版社2006年版。

[2] 方行：《中国封建社会农民的经营独立性》，《中国经济史研究》1995年第1期；另载方行《中国封建经济史论稿》，商务印书馆2004年版；方行：《清代佃农的中农化》，《中国学术》第2辑；龙登高、彭波：《近世佃农经营的性质与收益比较》，《经济研究》2010年第1期。

[3] Coase R. H., "The Nature of the Firm", *Economica*, New Series, Nov. 1937, 4 (16), pp. 386–405. Alchian A., Demsets H., "Production, Information Costs and Economic Organization", *American Economic Review*, 62, 1972. Grossman S., Hart O., "The Costs and Benefits of Ownership: a theory of vertical and lateral integration", *Journal of Political Economy*, Vol. 94, pp. 691–719. Hart O., Moore J., "Property Rights and the Nature of the Firm", *Journal of Political Economy*, Vol. 98, pp. 1119–1158.

◈ 第四章 传统农地制度演化视角下的押租制 ◈

传统观点认为地主是封建农业生产关系的主导者，佃农只是被动地受其剥削。然而，已有许多学者[①]认识到，明清以降，一田两主制度的发展使得在这种制度下的地主只能获得固定不变的地租收益，而佃农却得以通过资本和劳力的投入逐渐改良土地，获得越来越大的剩余收益。换言之，佃农所拥有的田面权实际上是一种完全具备使用权、收益权和处置权的土地产权，具有剩余索取权和剩余控制权，而田底主此时只具有部分收益权或剩余索取权。这一制度变迁的意义在于使生产要素和剩余索取权集中于更具有企业家才能的土地经营者手中，极大地降低了生产要素优化组合的交易成本，使土地得到充分改良，生产力得到充分释放。同时土地产权的底面分离也使得土地的资产性物权和经营性物权各自的交易更加便利，交易门槛降低，这些都降低了交易费用，提供了退出机制，促使土地的渐进改良在上下手佃农的转换之间不断进行下去。

从与现代企业产权理论有密切联系的委托—代理理论来看[②]，与过去的短期租约、分成租约、口头租约等较为不稳定的合约形式相比，以书面契约和公认惯例为有力保障的永佃制和一田两主制使剩余控制权与剩余索取权重新统一于佃农的家庭农场，从而消除了在地主监督佃农生产行为的情况下将会存在的代理成本。这种租约长期化、定额化、书面化的转换和发展与押租制的普及是分不开的。

（四）土地融资的利息理论

因押租制的深化发展而出现的重押轻租、轻押重租和押扣惯例，本质上都是地主和佃农在土地现期收入和未来收入之间的跨期替代。

---

① 李三谋、李震：《清代永佃权性质重探》，《中国农史》1999 年第 3 期；方行：《中国封建社会农民的经营独立性》，《中国经济史研究》1995 年第 1 期，另载方行《中国封建经济史论稿》，商务印书馆 2004 年版；方行：《清代佃农的中农化》，《中国学术》2000 年第 2 期；龙登高、彭波：《近世佃农经营的性质与收益比较》，《经济研究》2010 年第 1 期。

② Jensen M., Meckling W., "Theory of the Firm: Managerial Behavior, Agency Costs and Ownership Structure", *Journal of Financial Economics*, Vol. 3, 1976. Fama E., Jensen M., "Separation of Ownership and Control", *Journal of Law and Economics*, 1983, 26 (2), 301 – 325. Fama E., Jensen M., "Agency Problems and Residual Claims", *Journal of Law and Economics*, 1983, 26 (2), pp. 327 – 349.

◈ 中篇　押租制与农地经营权交易体系 ◈

本篇运用欧文·费雪的利息理论①来说明押租额与地租变化量之间的关系。正如费雪所言，"资本，就资本价值的意义讲，只不过是将来收入的折现，或者说是将来收入的资本化。任何财产的价值，或财富权利的价值，是它作为收入源泉的价值，是由这一预期收入的折现求得的"。换言之，对应于正租额增减的押租额的变化量，实际上就是资产性地权的交易价格。只是，利息率的估计是一个较为复杂的问题。民间借贷利率往往是高风险的，因而利率也较高（也就是高利贷）。但这一高利率并不是债权人实际的平均资产回报率，因为很多贷款是收不回的。所以民间借贷利率与有着土地收入作保证的土地融资利率是没有可比性的。对于这个问题，本篇不拟深究，仅做一些理论上的探讨。

三　目前研究的不足与本篇的创新

在回顾了迄今为止关于传统农地押租制的主要经验研究和理论解释之后，我们可以发现其中存在着如下的不足之处，也是本篇试图有所创新之处：

（1）在史料的利用上，以往研究侧重于对单一类目文献资料的挖掘和整理，例如宋秀元②是在乾隆年间《刑科题本》相关记载的基础上立论，李德英③的有关论述则较依赖于四川一地的巴县衙门档案和几种民国时期四川农村调查。学者多是以自己所见的少数几种史料为依据报道有关情况，形成一定的认识和判断，尚未出现在史料占有上覆盖面较广、概括度较高的综合性研究。虽然并未出现严重的以偏概全的失误，但各种具有很强互补性的经验材料和理论观点也没有得到

---

① Fisher I: "The Theory of Interest: as determined by impatience to spend income and opportunity to invest it", New York: The Macmillan Co. 中文版：（美）菲歇尔：《利息理论》，上海人民出版社1999年版。
② 宋秀元：《从乾隆刑科题本看清代押租制》，《故宫博物院院刊》1983年第4期。
③ 李德英：《从成都平原租佃纠纷个案论押租制的双重意义》，《历史档案》2005年第1期；李德英：《国家法令与民间习惯：民国时期成都平原租佃制度新探》，中国社会科学出版社2006年版；李德英：《民国时期成都平原的押租与押扣——兼与刘克祥先生商榷》，《近代史研究》2007年第1期。

第四章 传统农地制度演化视角下的押租制

很好的对话与融合,从而失去了形成较为全面的理论认识的机会。在本篇的研究过程中,笔者站在前人的肩膀上,在力所能及的范围内努力登高博见,从各家的论述和引证中获益良多,因而希望能借助对现有研究的学习和反思,尽可能广泛地利用各地、各类的押租制史料文献,贯通对各地千差万别的押租制存在形式的理论解释,形成一种较为客观合理的认识。

(2)在方法的采用上,以往研究多为描述性研究,缺乏适当的理论基础,或者即便有,也多为评价性、规范性的论述,未能提出能充分解释押租制经济功能的实证性理论。本篇将主要在这方面做出一些初步的尝试。通过分析押租制的合约治理功能、佃权交易功能和土地融资功能,推导出这几种经济功能的数学模型,并初步检验这些模型的现实性和合理性,本篇将能够对押租制的有关制度变量——押租额、合同期和实际租率等——的相互关系做出分析和解释,从而使押租制理论研究不再局限于简单的功过善恶的评价,而是从主流经济学理论的观点加以明晰、升华。

(3)在观点的提出上,以往研究往往有意无意地受到传统意识形态的影响,将押租制简单地斥之为地主剥削农民、高利贷资本盘剥农民的残酷手段,或地主和高利贷资本逐步侵蚀农民地权、兼并土地的巧妙花招。这些研究表面上都是站在弱小的佃农或自耕农的立场上声讨地主或"银主",但若将这两类角度不同的研究放在一起,却能发现其中的逻辑矛盾:似乎出佃田亩而收取押租是剥削无疑,承佃田亩而缴纳押租却又是兼并无疑。本篇将抛开意识形态的简单评判,而从押租制在客观上发挥的经济功能入手,分析押租制对于传统农业生产力发展的进步意义和在传统农业制度演进中发挥的枢纽作用。进一步地,本篇将试图对中国传统农地制度的产权与合约演化机制提出创新性的观点,并将传统土地制度中的经营性物权与资产性物权的价值决定与押租制的三种制度变量联系起来,构建出"传统土地制度产权与合约连续谱"的理论框架,为未来的进一步研究打下一定的理论基础。

四　本篇的研究思路

从制度经济学的角度来看，中国传统土地制度是一个由多种产权形态和合约关系构成的、不断演化发展的有机系统。其中，土地产权制度是传统土地制度的存在基础和演化起点，租佃合约制度是传统土地制度的作用形式和发展动力，二者相互交织，相互影响，是传统土地制度系统的一体两面。本篇将要研究的押租制也是这一制度系统的有机组成部分，并且在其演化发展过程中扮演着举足轻重的角色。为了阐明押租制在传统土地制度中的地位和历史作用，而不是孤立地研究押租制的性质和功能，第五章将在传统土地制度的演化多样性的背景下，论述押租制经济功能的三种表现形式及押租制在传统土地制度发展过程中所起到的历史作用，然后概括押租制本身的历史发展过程，以及押租制与其他传统土地制度形式之间的联系和区别。

本篇研究的核心和重点是押租制多重经济功能的理论模型，将在第五章论述。该理论模型按照押租制的三重经济功能，分为三个方面：作为地租保证金的基础押租模型，作为长期土地改良收益分配的稳佃押租模型，以及作为地租收入跨期替代的贴现押租模型。

基础押租模型假定押租额是由预期的欠租数额决定，受到租率（分租率或额租率）和土地产出波动性（以产量或产值的标准差表示）两个因素的影响。由于基础押租是佃农潜在的违约行为所引起的债务的抵押金，它也就因此成为保证租佃合约顺利执行的一种治理手段。

稳佃押租模型认为土地的改良收益是在一个较长的时期中显现出来的，并需要进行持续不断的专用性资产投资，因此农场经营者必须与土地所有者签订具有一定的租期保证的租佃合约，以避免因产权界定不明晰而导致的机会主义行为。而在签订合约之初，主佃双方就长期土地改良收益所作出的协议分配，就是决定稳佃押租数额的根据。由于主佃双方对土地改良收益预期的信息不对称，具有较强生产经营能力的佃户将因获得土地长期改良的

第四章 传统农地制度演化视角下的押租制

经营性地权而受益更多。

贴现押租模型将运用利息理论推导土地的资产性地权的价值,描述押租制在土地现期收入和未来收入的替代中所发挥的作用。

在第五章的最后,将简要总结押租制模型的这三个组成部分,并从这一模型的自然引申中提出传统农地租佃制度的合约与产权模型。后者从佃权交易和土地融资两种功能的视角,将土地产权分解为农地经营性物权与资产性物权两个维度,并从制度演化的理论视角描述租佃合约与土地产权互动与发展的历史过程。

最后,第六章将总结前面各章的论述,并诠释传统农地制度的演化多样性对于目前的土地制度改革所具有的借鉴意义。

本篇试图在前人的研究成果的基础上论证,在中国近世以田底权、田面权等形式出现的资产性地权和经营性地权相分离的"土地物权革命"[①]中,押租制起到了重要的制度演化枢纽的作用,而且在土地资产价格构成的理论分析中也居于核心的地位。

---

① 龙登高:《地权市场与资源配置:基于清代地权交易案例的解释》,《基调与变奏:七至二十世纪的中国》,台北政治大学与"中央"研究院2008年版;龙登高:《清代地权交易的多样化发展》,《清史研究》2008年第3期。

第五章 押租制理论模型

第一节 押租制经济功能的现有理论观点

在开始构造本章的理论解释模型之前，这里先再次简述一下以往学者对押租制经济功能的理论观点。根据《中国历史大辞典》的解释："土地押租是业主为防止佃户抗租、逃租、欠租而采用的一种手段，也是对佃户之一种额外（正租外）剥削。"[1] 这个解释反映了对押租制基本功能"保租"的认识，但却忽略了押租制其他重要的功能——"稳佃"和"融资"。江太新、宋秀元[2]就仅仅从佃农抗租逋租、地主加押保租的角度来论述押租制的经济功能。但江太新后来修正了自己的看法，论述了押租制稳定租佃关系、使佃农获得土地的经营管理权的作用。[3]

瞿明宙[4]的早期研究也分析了押租制的两种功能：（1）押租是佃权的代价，亦即代表地权的一部分；（2）押租是地主预防佃农欠租、逼令预缴的一种保证金，原为应付顽佃的一种办法，所以数量极微，最高不超过一年租金。比上面的基本认识还要进了一步。尽管他也提

---

[1] 郑天挺、吴泽、杨志玖：《中国历史大辞典》，上海辞书出版社2007年版，第3124页。

[2] 江太新：《清代前期押租制的发展》，《历史研究》1980年第3期；宋秀元：《从乾隆刑科题本看清代押租制》，《故宫博物院院刊》1983年第4期。

[3] 江太新：《论福建押租制的发生和发展》，《中国经济史研究》1989年第1期。

[4] 瞿明宙：《中国农田押租底进展》，薛暮桥、冯和法：《中国农村论文选》，人民出版社1983年版。原载《中国农村》1935年第1期。

到了"重顶轻租"的"无利借款"的办法,但没有作为押租制的第三种功能明确地提出来。樊树志[1]也例述了这前两种功能,对第三种功能,他只提到了湖南在"大写""小写"之外还有一种"加租"或"双租",即"轻押重租"的一种做法,并认为这种做法是押租的分期支付形式。

魏金玉[2]的论述较为全面,既看到了押租制的前身"执贽受田之俗例",即数量不多、一般不超过一年租额的进庄礼,又涵盖了本篇所论证的押租制的三种功能,并着重分析了"买佃以耕"、"交钱耕地、退银还田"以及以"其租照常、其银无利"为特点的佃权交易功能,以"加押减租、减押加租"以及"其银有利、其租照扣"为原则的土地融资功能,还从佃权的商品化的角度说明了押租制产生的前提条件——尽管实际的演化过程和发展逻辑可能是相反的。李德英[3]沿着魏金玉的研究方向,重点论述了成都平原押租制中的"重押轻租"和押扣制度,为论证押租制的第三种功能提供了不少材料和观点。

在前人研究的基础上,本篇将着重从理论上阐述押租制的三种经济功能:1. 作为地租保证金的基础押租;2. 作为长期土地改良收益分配的稳佃押租;3. 作为土地融资杠杆的"重押轻租"和押扣惯例。本章是本篇的核心,分为三个部分:本章首先论述押租制的基本经济功能——地租保障和合约治理功能;然后从稳定土地长期租佃关系的经济功能出发,论证押租制在保障永佃权、并最终使佃农获得经营性物权——田面权的演化过程中起到的作用;此外,本章还将从押租制在未来地租收入与现期资金融通之间相互替代的土地融资杠杆功能出发,论证押租制在进一步提高佃农主导力、使佃农获得更多的资产性

---

[1] 樊树志:《农佃押租惯例的历史考察》,《学术月刊》1984年第4期。
[2] 魏金玉:《清代押租制度新探》,《中国经济史研究》1993年第3期。
[3] 李德英:《从成都平原租佃纠纷个案论押租制的双重意义》,《历史档案》2005年第1期;李德英:《国家法令与民间习惯:民国时期成都平原租佃制度新探》,中国社会科学出版社2006年版;李德英:《民国时期成都平原的押租与押扣——兼与刘克祥先生商榷》,《近代史研究》2007年第1期。

物权——田底权的过程中起到的作用。

第二节　作为地租保证金的基础押租模型

一　模型建立

下面来建立一个作为地租保证金的基础押租的简单模型。这个模型基于如下思想：押租的收取是在既缺少第三方有效执行、也缺少双边重复博弈和多边社会网络的条件下，为出租人提供债务违约补偿的一种合约安排，因此未来预期的欠租数额的净现值就是押金的合理收取数量。假设主佃双方的合约为定额租约，每年缴纳相当于正常年景产量 q_0（不包括例不交租的小春作物）的 α 倍（$0<\alpha<1$）的地租，而土地的产量 q 受自然因素影响，服从中心为 q_0、方差为 σ^2 正态分布。如果 $q<q_0$，则农民将欠租 $\alpha(q_0-q)$；如果 $q>=q_0$，农民并不多交地租，欠租为 0[①]。因此，预期欠租数量为：

$$\Delta^e = \int_{-\infty}^{q_0} \alpha(q_0-q) \cdot \frac{1}{\sqrt{2\pi}\sigma} e^{-\frac{(q-q_0)^2}{2\sigma^2}} dq = \frac{\alpha\sigma}{\sqrt{2\pi}} \quad (5.1)$$

可以看出，在这个简单的模型中，地租率越高，产量波动越大，则预期欠租数量越多。

定义欠租率为欠租数量占当年租额的比例：

$$\delta \equiv \frac{\Delta}{\alpha q_0} \quad (5.2)$$

则预期欠租率：

$$\delta^e \equiv \frac{\Delta}{\alpha q_0} = \frac{\sigma}{\sqrt{2\pi}q_0} \quad (5.3)$$

设贴现率为 r，则基础押租数量为：

[①]　定额租并不像它的俗称——所谓"丰年不加、灾年不减"的"死租""铁板租"那样牢靠，在实践中常常出现的是"丰年不加、荒年酌减"的情况。在 20 世纪前期苏南就盛行"定租活交"的惯例，主要在灾年适用。这种一般情况定额交租、灾年改为临田监分或直接减租免租的现象在租佃制度史上屡见不鲜，说明定额租并不意味着风险完全由佃农承担，这与张五常的著名观点相反。

$$F_1(a,\sigma,T) = \int_0^T \Delta^e e^{-rt}dt = \frac{a\sigma}{\sqrt{2\pi}r(1-e^{-rT})} \tag{5.4}$$

二 模型验证

由于租率 α 和产量标准差 σ 在一般条件下都是有限的，基础押租的数量必然不会很大。农业产量数据多为常年平均估计，历年统计不多，即便有，全国或某一地区的总产量的波动程度也必然小于某一块具体田地的产量波动程度，因此只能寻找一些零星的案例以资佐证。以民国十五年到二十四年湖南沅江草尾第三区的稻谷亩产量为例①：

表5－1　　湖南沅江县草尾第三区稻谷亩产量（1926—1935）

公元	1926	1927	1928	1929	1930	1931	1932	1933	1934	1935
亩产（石）	4.0	5.5	5.5	6.0	6.0	1.0	4.5	3.5	4.0	1.5

均值：4.15　　　标准差：1.76

据刘克祥计算，1926—1937年间各省稻米收成大致只相当于常年产量的7成（0.691）。②彭文和也指出，在湖南沅江，1926—1935年是灾害频仍的十年。由此可以推知，该地的常年平均产量大约为6石，这大致相当于中等田地的常年产量。③但是押租金的收取不会因为收成的暂时荒歉而调整，这些田地在这十年中的实际产量相当于下等田地常年产量，由于没有掌握正常年景的产量数字，所以姑且就把这些田地当作下田来考虑。采用同一地方的下田押租金数字4.2元/

---

①　彭文和：《湖南湖田问题》，萧铮主编，《民国二十年代中国大陆土地问题资料》，成文出版社有限公司1977年版，第39422页。

②　刘克祥：《1927—1937年农业生产与收成、产量研究》，《近代史研究》2001年第5期。

③　据彭文和，中田物租额为每亩1.2石（谷），通常占收获量的20.6%，故中等田地的常年产量应大约为5.83石；同样方法计算上等田地的常年产量约为7.04石（租谷1.5石/亩，通常占收获量的21.3%），下等田地的常年产量约为4.28石（租谷0.8石/亩，通常占收获量的18.7%）。

亩①进行折算。据田炯权②整理的数据，民国二十四年距沅江县最近的南县三仙湖的谷价最低每石2.0元，最高每石2.5元，取其中间值每石2.25元。据此折算当地下田的押租额为每亩1.87石谷。由于地租的贴现率或土地借贷利率不同于民间商业借贷利率（年利率可高达30%以上），而当地的地租贴现率不见记载，所以我们试着反推当时沅江县的地租贴现率。根据前述模型式（5.4）计算地租贴现率如下（佃农具有永佃权，$T \to \infty$）：

$$r = \frac{\alpha \sigma}{\sqrt{2\pi}f_1} = \frac{18.7\% \cdot 1.76}{\sqrt{2\pi} \cdot 1.87} = 7.02\% \qquad (5.5)$$

参考1938年成都平原的平均押租金利息率2.69%，③这个地租贴现率确实偏高，押租金年利率最高的双流县也只达到了5.68%，不过考虑到上述产量数据为连年荒歉、波动极大的非常年数据，标准差 σ 的估计可能过高，由此导致地租贴现率偏高。

另外一方面，我们还可以根据式（5.3）估计该情况下的欠租率：

$$\delta^e \equiv \frac{\Delta^e}{\alpha q_0} = \frac{\sigma}{\sqrt{2\pi}q_0} = \frac{1.76}{\sqrt{2\pi} \cdot 4.15} = 16.96\% \qquad (5.6)$$

对欠租率的这个估计，也非常符合历史事实。④

总之，湖南沅江县的例子可以说明，以上基础押租模型基本上是现实而合理的。

第三节　作为长期土地改良收益分配的稳佃押租模型

一　"底面分离"背景下的土地专用性资产投资

农业生产力的发展，不仅取决于技术的进步，更取决于制度的

---

① 彭文和《湖南湖田问题》数据：上田9.4元/亩，中田6.7元/亩。
② 田炯权：《清末民国时期湖南的米谷市场和商品流动》，《清史研究》2006年第1期。
③ 李德英：《民国时期成都平原的押租与押扣——兼与刘克祥先生商榷》，《近代史研究》2007年第1期。
④ 高王凌：《地租征收率的再探讨》，《清史研究》2002年第2期。

第五章 押租制理论模型

创新。[1] 如果没有清晰稳定的产权制度，企业家就无法调动起自身和其他生产要素所有者的积极性，就不会不遗余力地促进要素投入和资产增值。中国传统的多层次地权制度，将土地产权划分为可以各自独立、自由流转的资产性地权和经营性地权，[2] 这种独特的制度安排，就成为明清时期中国农业生产力发展的制度基础之一。

这种多层次地权制度的独特之处在于，土地要素所有者和劳动要素所有者分别拥有土地的资产性地权和经营性地权。这种制度与新开垦地区和农业发达地区的生产力水平相适应，具有独特的优越性。

其一，在这种两权分离的框架下，合约的主体双方可以说不再是自然人，而是资产性地权和经营性地权的拥有者，所以他们之间的租佃合约关系可以不因物权在自然人之间的易手而发生改变。换言之，物权的易手代替了合约的重订，租佃关系在更长的时期内得以稳定，利益关系更加可靠和确定，谈判成本和履约成本更低。

其二，劳动要素与土地的经营性物权的结合使佃农的生产不受地主的干涉，其产出增益也不受地主侵夺，从而有利于佃农的企业家才能的发挥和专用性资产的投入，消除了（在分成租约下）不必要的监督成本和度量成本。此外，土地的经营性物权可以转租转卖，提供了一种至关重要的退出机制，使佃农及其家庭不必束缚于自己经营的土地，[3] 保障了佃农从过去土地改良投入的价值获益和变现的权利，促进了土地、资本和劳动要素的动态优化组合。

其三，资本要素与土地的资产性物权的结合使地主获得地租收入的合约执行成本更低，风险更小，从而有利于吸引城市工商业资本投

---

[1] North D. C., Thomas R. P., *The Rise of the Western World: A New Economic History*, Pitt Building: Cambridge University Press. 中文版：[美]道格拉斯·诺斯、罗伯特·托马斯：《西方世界的兴起》，华夏出版社2009年版。

[2] 参见龙登高《地权市场与资源配置：基于清代地权交易案例的解释》；《清代地权交易的多样化发展》；《地权交易与生产要求组合：1650—1950》；彭慕兰也指出，拥有物权形态佃权的佃农享有"有保障的佃权"（Security Tenant）（转见龙登高《地权市场与资源配置》5—3"地权交易体系与农户独立经营"，脚注）。

[3] 例如广东永安县佃田"工本谷"的案例：李宾臣有地26亩，原佃林亚建"费过工本银9两"。因移回河源家乡，"将这地转顶与张维浩亚信接耕"，讲定每年偿还"工本谷"9石（《刑科题本》No. 317）。这每年9石的"工本谷"，实际上就是小租。

◈ 中篇　押租制与农地经营权交易体系 ◈

资于土地。一方面，土地收入的证券化[①]使土地的金融功能增强，而且城市居民无需与佃农发生人格化的交易即可获得土地收入，[②] 土地市场得以大为扩展；另一方面，佃农只需付出土地价值中的经营性物权的那一部分，就可以获得独立的耕作权，还免除了完粮纳税的麻烦，土地经营的资金门槛大大降低，有利于资本投入和规模经营。[③]

　　对耕地及其配套基础设施的投资，不可能当期获得全部回报，而要平摊到未来各年的增产收益之中。在两权分离的传统土地产权制度的保障下，只要投入工本，依习惯法就可以获得由此带来的与土地产量的增加部分相应的永佃权或田面权的增值，这些权利能够不受地主干预地继承或转让，因此佃农愿意追加工本以提高地力，或致力于水利与基础设施建设，以增加未来土地收益。如果没有永佃权或田皮权等土地物权，未来收益得不到保证，佃农就不会有动力投资于土地。所以，佃权不单是耕作的权利，它还蕴含着长期土地改良的预期增值

---

　　① 费孝通在《江村经济》（上海人民出版社2006年版，第164页）中认为田骨是一种"金融工具"，"像买卖债券和股票一样可以在市场上出售"。黄宗智也认为，田骨就像是资本主义国家中的股票和债券。赵冈则认为田骨就像是西方国家房屋土地买卖中的mortgage（按揭贷款）。事实上，在很多地区（如江南、台湾），都有一些只载明租额、而无所谓界址的"收租单"在市场上流通。江南地区还形成了专门为城居地主收租的"租栈"，土地所有者与土地经营者脱离了人格化交易，地租与契约实现票据化的条件更加充分（龙登高：《地权市场与资源配置》3—2 土地交易票据化的萌生）。

　　② 龙登高：《从人格化交易到非人格化交易的历史转变：中国经济史视角的理解》，"中央"研究院中山人文社会科学研究所专题演讲，2007年。

　　③ 资产性地权与经营性地权之间的置换，为农户最大化利用家庭资源提供了多样化选择（龙登高《地权市场与资源配置》2—2 劳动力与土地的动态结合）。为扩大土地经营规模，有的农户出卖自己小块土地的田底，以所得来支付押租，获得更大面积的土地来经营。如湖南安仁县黄鸿淑的一段庄田，原佃谭文华因儿子亡故，无力耕种。李元武得知，即卖掉自己的3亩下田，用5两5钱作进庄银（另送居间银5钱与侯荆山），打算佃种这块较大较好的田地（《刑科题本》No.179）。近代出现的四川的"田园会"、广东的集资公司等，专门负责包租业务，先押佃大量土地，再行转租（李德英：《成都平原的佃农经济》）。四川"田园会"，佃人无力预交押租金，合川县有集合十人左右组成田园会，获得资金作为押租，以此租佃大面积的土地，再转佃给农户。广东田园会的集资额每年常达数千两。在有的案例中，还出现了小地主大佃农的现象。抗战时期的四川省，甚至于有一个佃农分别从8个不同地主那里租种田地的情况。台湾的现代农业中最具生产效率和市场活力的农业企业，同样是小地主、大佃农的经营模式，见吕国桢《荒地闯出百万年薪》，《商业周刊（台湾）》第1043期，2007年11月5日。

收益。从理论上来说，经营性地权的确立和稳固，激励了佃农投资土地的行为，使得佃农经营能力增强，土地产出增加，转而又增加了该项物权的价值，形成新的恒产增量[①]。反过来说，佃权从依附走向独立的过程，同时也就是个体农户、特别是佃户独立经营能力不断增强的过程。佃权的物权化，即土地产权分解为相互独立的经营性物权和资产性物权，离不开土地产出与收益增加的前提。[②]

两权分离的传统农地产权制度充分激励了社会各阶层——地主、农民、工商业者、城市居民——将他们拥有的生产要素通过多种交易形式投入农业生产。在此，本篇所关心的是押租制在这一制度的形成和运行中所起的作用。本篇的论点是，佃农在承佃之初向地主支付押租金，是形成永佃权、田面权的重要途径和保障。主佃双方通过自由的缔约规避了围绕着长期土地改良投资而可能出现的机会主义行为（包括地主的增租夺佃和农民的偷工减"肥"），使地主和佃农的预期收益都有所增加，实现了帕累托改进。

如果是在较短时期内集中投入大量劳力和资本修筑堤坝、沟渠、堰塘、水井等农业基础设施，主佃双方较容易衡量这些活动的投入产出，因而能够以较低的交易成本达成短期协议，分配资本和劳力的投入，并以货币、实物或未来几期的地租收入等形式对投入较多的一方做出补偿。在这里，我们不考虑这种情况，转而考虑另一种长期农业投资的情况。除了农田水利设施建设等大规模投资之外，传统农业增产所依靠的无非是精耕细作、粪多力勤。比起前面的那种资本密集型的专用性资产投资，这种非经过长期努力不能见效的土地改良在短期内是难以测度的，长期中又存在着极大的不确定性。不仅如此，这种渐进的土地改良不像前一种土地改良那样可以由主佃双方中的任意一方完成，而是必然与长期跟土地打交道的实际经营者的耕作经验和投

[①] 陈志武教授曾在学术讨论中引入"土地当量"的概念（陈志武教授与清华大学中国土地制度变革史课题组交流的邮件，2009年），即在有限的土地上，相当于对土地进行长期投资所带来的产量增加的土地面积增量。"土地当量"越高，则土地生产力越高，土地利用效率越高。

[②] 龙登高：《地权市场与资源配置》第一章，福建人民出版社2012年版。

资意愿密不可分，需要大量属于土地经营者且不可让渡给其他人的默会性知识（tacit knowledge）。[①] 在这种情况下，如果要充分激励佃农进行细水长流的土地改良投资，唯一的办法就是保障农户的土地增值权益，赋予其长期以至于永久的剩余控制权和剩余索取权。所以，不仅通过开荒、筑圩、培壅、建房、凿井等明显的专用性资产投资活动可以获得永佃权以至田面权，而且通过对土地长期的耕作经营，逐渐地提高了土地的生产力，也可以在村规民约的习惯法默认下，获得事实上的永佃权或田面权，而且此一永佃权还有向拥有完整的物权形态的田面权转化的必然趋势，这也就是俗话所说的"久佃成业"背后的经济学逻辑。

二 农户利润函数的最大化

下面我们根据上述分析，建立一个能够起到"稳佃"作用、即延长租佃交易的合同期的押租制理论模型。为了便于分析问题，我们将佃农对土地的长期投资决策简化为：在与地主签订租额为 αq_0 的定额租约、并得到合同期 T 内不会增租夺佃的保证后，农户一次性决定将土地的专用性资本存量由 k_0 增加到 k（$k \geq k_0$），使得自己在合同期 T 内的利润最大化。合同到期时地主可以与新的佃农重新签订租约，原佃农的投资收益就无法保证了。假设一块土地的常年平均产量 q_0 与专用性资产投入 k 之间存在如下柯布-道格拉斯关系：

$$q_0 = ak^\xi \quad (0 < \xi < 1) \tag{5.7}$$

这里的专用性资产投资指的不仅是资本密集型的农业基础设施，也包括佃农在长期耕作中逐渐积累起来的农田肥力。如果佃农不断努力地精耕细作，专用性资产将随时间的推移逐渐增长。事实上，在柯布—道格拉斯函数的假定下，产量在一开始的时候增长很快，经过一段时间之后增长变得很慢，这与实际情况是一致的。也就是说，一片未开垦的荒地资本存量为 0，产量自然也为 0，最初的开垦与水利工程建设会使产量很快增长到一个较高的水平。但此后产量增长变得缓

[①] Polanyi M., *The Tacit Dimension*, London: Routledge & Kegan Paul, 1967.

慢，而且专用性资产投入也平摊到各期，没有开始时那么明显。由于长期的农田改良投资涉及复杂的资本和收益贴现，在现实中亦不可能精确测度，所以过于精细的模型是无意义的。将大刀阔斧的垦荒筑圩与细水长流的精耕细作等量齐观，将所有的专用性资产投资决策简化为一次性的决定，无损于问题的本质和模型的解释力。

将熟地抛荒或者从事掠夺性经营，对土地的生产力会有极大的损害。农谚有云："田荒一年熟，地荒三年熟。"[1] 农业生产对土壤性状有特殊要求，荒芜日久，土质改变，就需要重新拓垦，若干年后方言收获。"特别是久荒的田土，从垦种到成熟，需要有一个过程，一般需要两三年。像河南等北方地区，'积荒之地，草根深结，土性坚固，耕治甚艰。初年止能开垦，次年始可治田，三年方望收获。'……'从来开垦田地，一年利不偿本，二年本利相当，三年得获子粒。故旧例垦田起科，以三年为率。'"[2] 农田无人管耕，生产力将无法保持，复垦时又需付出较多的工本。关于佃户掠夺性经营土地，在档案资料中，常有这样的记载：佃户"耕田不勤力作，所分租谷，较之昔年数目短少"；佃户"种地不力，所分粮食减少"；佃户"不勤力作，以致歉收"；佃户"种田不加粪草"，"欲先给人工作锄地，已地（佃耕之土地）暂缓"[3]；"且蔡泾一带佃田之家，不以务农为急，往往破损圩岸，逐取鱼虾之利"[4]。尽管如此，在正常使用状态下，土地专用性资产的自然折旧仍然是较为缓慢的，可以忽略不计。我们假设，在短期内，如果因为参数的改变而导致最优的 k 值小于 k_0，专用性资产保持 k_0 不变。地主如果频繁换佃，只会减慢了土地的专用性资产积累，而并不会造成专用性资产的损失。于是，将佃农的投资收益与应交地租的差额贴现到 0 期，再扣除劳动力报酬（相当于产量的 α_0 倍）

---

[1] 张履祥：《补农书》下卷《补农书后》。
[2] 郭松义：《清初封建国家垦荒政策分析》，中国社会科学院历史研究所清史研究室编《清史论丛》（第二辑），中华书局1980年版，第116—117页。
[3] 乾隆三十年七月三日，贵州巡抚良卿题；乾隆四十年三月二十五日，管理刑部事务刘统勋题；乾隆三十七年四月十六日，管理刑部事务刘统勋题。
[4] 光绪《昆新两县续修合志》卷四六。

和新增专用性资产投入，利润函数可以写作：

$$\pi_T(k) = \begin{cases} \int_0^T a[k^\xi - (\alpha_0 + \alpha)k_0^\xi]e^{-rt}dt - (k-k_0) & (\text{当 } k > k_0 \text{ 时}) \\ (1-\alpha_0-\alpha)\int_0^T ak_0^\xi e^{-rt}dt & (\text{当 } 0 \leq k \leq k_0 \text{ 时}) \end{cases}$$

$$= \begin{cases} \dfrac{a}{r}[k^\xi - (\alpha_0+\alpha)k_0^\xi](1-e^{-rT}) - (k-k_0) & (\text{当 } k > k_0 \text{ 时}) \\ \dfrac{a}{r}k_0^\xi(1-\alpha_0-\alpha)(1-e^{-rT}) & (\text{当 } 0\leq k \leq k_0 \text{ 时}) \end{cases}$$

(5.8)

在 $k > k_0$ 条件下，一阶条件为：

$$\pi'_T(k) = \frac{a\xi}{r}k^{\xi-1}(1-e^{-rT}) - 1 = 0 \tag{5.9}$$

即佃农的最优专用性资产存量为：

$$k^* = \left[\frac{a\xi}{r}(1-e^{-rT})\right]^{-1/(1-\xi)} \tag{5.10}$$

将 k^* 代入二阶条件，通过下式可以证明 $\pi_T(k^*)$ 是该函数的最大值：

$$\pi''_T(k^*) = -\frac{a\xi(1-\xi)}{r}(k^*)^{\xi-2}(1-e^{-rT})$$

$$= -(1-\xi)\left[\frac{a\xi}{r}(1-e^{-rT})\right]^{-\frac{1}{1-\xi}} \tag{5.11}$$

从而佃农最大化的利润函数为：

$$\pi_T(k^*) = \begin{cases} \left(\dfrac{1}{\xi}-1\right)\left[\dfrac{a\xi}{r}(1-e^{-rT})\right]^{\frac{1}{1-\xi}} - \left[\dfrac{a}{r}k_0^\xi(1-e^{-rT}) - k_0\right] + \\ \dfrac{a}{r}k_0^\xi(1-\alpha_0-\alpha)(1-e^{-rT}) & (\text{当 } k^* > k_0 \text{ 时}) \\ \dfrac{a}{r}k_0^\xi(1-\alpha_0-\alpha)(1-e^{-rt}) & (\text{当 } 0\leq k^* \leq k_0 \text{ 时}) \end{cases}$$

$$\equiv \begin{cases} p_T(k^*) - p_T(k_0) + (1-\alpha_0-\alpha)Q_T(k_0) & (\text{当 } k^* > k_0 \text{ 时}) \\ (1-\alpha_0-\alpha)Q_T(k_0) & (\text{当 } 0\leq k^* \leq k_0 \text{ 时}) \end{cases}$$

(5.12)

这个式子的上面一支可以看成由三项组成：

(1) 目前投资 k^* 的在合同期 T 内的总净利润现值 $p_T(k^*)$；

(2) 过去投资 k_0 在合同期 T 内产生的净利润现值 $p_T(k_0)$；

(3) 土地既有产量扣除地租和劳动报酬的净现值 $(1-\alpha_0-\alpha)Q_T(k_0)$。

佃农面临 k_0 的资本存量和 T 的合同期，确定了其最优的资本存量为 k^*。其投资利润为目前最优投资 k^* 的总利润现值 $P_T(k^*)$，减去过去已经进行的投资 k_0 的利润现值 $P_T(k_0)$，再加上如果不进行新的投资（即 $k^* \leq k_0$），他在这个合约中将取得初始产量的净现值 $(1-\alpha_0-\alpha)Q_T(k_0)$。

或者也可以把佃农的预期收益分成两项：新投资 k^* 的收益 $p_T(k^*)$ 和没有新投资情况下的收益 $QT(k_0)$；他的预期成本也可以分成两项：原投资 k_0 的收益 $P_T(k_0)$、固定租额及劳动力的机会成本 $(\alpha_0+\alpha)Q_T(k_0)$。这说明，佃农的收益包括投资经营收益（增产的部分）和耕作劳动收益（定产的部分）两部分，成本则包括补偿前人的投资收益的代价（即田面租、佃租、小租、"根租"或"老利"）[①] 和租佃合约所规定的固定地租收益（即田底租、大租或"面租"）。进一步来说，佃农的利润也是两部分：经营投资的增产利润 $P_T(k^*)-P_T(k_0)$ 和耕作劳动的定产利润 $(1-\alpha_0-\alpha)Q_T(k_0)$。

从地主的角度来看，他在这个 T 期的合约中的定产收益为 $\alpha Q_T(k_0)$，而增产收益为 $\int_T^{+\infty} a(k^\xi-k_0^\xi)e^{-rt}dt = \frac{a}{r}(k^\xi-k_0^\xi)e^{-rT}$。其中增产收益是指合约期满，地主收回土地经营权时土地产出增量的现值。

当 $k^*=k_0$ 时，在其他条件不变的情况下，佃农达到最大利润，不再增加对土地的投资，而且并没有"吃老本"（即 $k^*<k_0$）的情况发生，土地资本存量、产量和佃农利润达到长期均衡状态[②]：

$$k^E = k^* = k_0 = \left[\frac{a\xi}{r}(1-e^{-rT})\right]^{1/(1-\xi)} \quad (5.13)$$

[①] 章有义：《明清徽州土地关系研究》，中国社会科学出版社1984年版，第398页。

[②] 这里的租率 α 是大租和小租的租率之和。

$$q_0^E = a\left[\frac{a\xi}{r}(1-e^{-rT})\right]^{\xi/(1-\xi)} \tag{5.14}$$

$$\pi_T^E = (1-\alpha_0-\alpha)Q_T^E(k^E) = \frac{1-\alpha_0-\alpha}{r}q_0^e(1-e^{-rT})$$

$$= \frac{1-\alpha_0-\alpha}{\xi}\left[\frac{a\xi}{r}(1-e^{-rT})\right]^{\frac{1}{1-\xi}} \equiv \frac{1-\alpha_0-\alpha}{\xi}k^E \tag{5.15}$$

这说明，佃农的均衡利润与均衡专用性资产投资额 k^E 成正比。

三 长期土地改良收益及其分配

由以上分析可以发现，尽管每个合同期结束之后地主都会将土地改良的投资收益占为己有,[①] 但佃农仍然会进行一定的专用性投资。佃农的最优投资总额 k^* 是随着合同期 T 的延长而不断积累增长的。合同期 T 越长，则资本存量的积累越多。如果合同期 T 不增反减，那么佃农将会"吃老本"，最优的投资水平还不如以前，从长期来看，这样会导致专用性投资数量的缓慢衰减（尽管这里没有将这种衰减的速度模型化地表示出来）。相反，如果合同期 T 随着主佃之间重复博弈次数的增加而逐渐延长，那么资本存量和土地产量将随之逐渐增长。如果合同期 T→∞，即佃农拥有土地的永佃权或田面权，那么均衡资本存量 k^E、均衡产量 q_0^E、均衡利润 π_T^E 都将达到最大值：

$$\bar{k}^E = \left[\frac{a\xi}{r}\right]^{1/(1-\xi)} \tag{5.16}$$

$$\bar{q}_0^E = \frac{r}{\xi}\left[\frac{a\xi}{r}\right]^{1/(1-\xi)} \tag{5.17}$$

$$\bar{\pi}^E = \frac{1-\alpha_0-\alpha}{\xi}\left[\frac{a\xi}{r}\right]^{\frac{1}{1-\xi}} \equiv \frac{1-\alpha_0-\alpha}{\xi}\bar{k}^E \tag{5.18}$$

显然，由式（5.10）可以看出，在上述模型的分析中，合同期 T 越长，佃农的投资意愿越强，最优投资 k^* 越接近最大值 $\bar{k}^E$，产量增加越多。这说明，只要佃农与地主合理地分享土地改良所带来的收

[①] 地主可以在提高了的产量基础上制定新的租额。如果他对增产部分收取与原产量部分相同的租率，那么租率与原来相同，而租额上升。地主由于占有了增产部分在合同期之外的剩余索取权，他等于是变成了田底主兼田面主，新的租额中既包括大租，也包括小租。

第五章 押租制理论模型

益,合同期延长是符合双方利益的理性选择或帕累托改进。此外,专用性资产投资效率 a 越高,贴现率 r 越低,均衡的专用性资产投资额 $\bar{k}^E$ 就越大,均衡利润 $\bar{\pi}^E$ 就越高。

那么,如何在主佃之间合理地分配长期土地改良的收益呢?在约定租佃关系长期稳定的前提下,主佃双方可以采用分成租制,收益分享、风险共担。但是分成租制虽然可以分担风险,却需要地主每年于收获季节临田踏看,主佃双方需要根据年景的好坏和其他实际情况来商定每年的租额。长此以往,这一租约的交易成本将使双方不胜其扰,而且分成租制会严重削弱土地投资的激励效果。[1]

事实上,分成租制往往被短暂地运用于新垦土地和灾后土地,[2] 因为这些土地的产量正处在迅速增长、迅速下降或大起大落的时期,主佃双方并不清楚其常年产量,分成租制是获取土地生产力信息的有效手段。但随着分成租制行之有年,土地产量在短期内基本稳定下来,双方已经对该土地的常年产出达成共识,分成租制就变成不必要

---

[1] Cheung S. N. S., *The Theory of Share Tenancy*, Chicago: University of Chicago Press. 中文版:张五常:"佃农理论——应用于亚洲的农业和台湾的土地改革",商务印书馆 2000 年版。刘永成:《清代前期佃农抗租斗争的新发展》,中国社会科学院历史研究所清史研究室编《清史论丛》(第一辑),中华书局 1979 年版,第 65 页。李文治:《明清时代封建土地关系的松解》,中国社会科学出版社 2007 年版,第 159—212 页。

[2] 这里有一个有趣的问题,即新垦土地的资本存量为 0,产量也为 0,地主应该如何收取地租呢?如果地主收取的地租大于 0,那么由于初期的开垦成本投入较大较密集,可能超过最初一两年潜在的收益,佃户不会前来耕种;如果地主收取的地租等于 0,那么地主的土地所有权还有什么意义呢?这个问题的关键在于地主不必跟农民签订长期租约,而可以在最初的开垦中对农民减租或完全免租若干年,租约期满、土地垦熟之后才与农民商定分租率。这种合约安排等于是以工代租。事实上,官府和地主在历史上就是这么做的,例如高寿仙、郭松义;又如《黟县四志》云:"咸同兵燹,芜秽滋甚","每召籍外之民垦植,议三年获不责纳,佃益横狡,届约辄毁舍盗木弃而之他。"(吴克俊等《黟县四志》卷九《政事志·田地》,1922 年刻本),此外,尚有许多租佃案例说明开垦最初的若干年中的减租办法,例如彭文和《湖南湖田问题》记载,光绪二十三年,湖南省善后局招佃开垦湖田,规定"其田官修堤者,每田一亩,头年进庄钱八百文。岁纳谷四斗;二年纳租谷八斗;三年纳租谷一石二斗。至第四年查系上业,每亩收进庄钱二串至三串不等,岁纳租谷一石五斗。中业每亩收进庄钱一串六百文,岁纳租谷一石五斗。下业收进庄钱一串一百文,岁纳谷仅一石二斗"。

的麻烦了，将根据常年的实际租额惯例转化为定额租制。①

分成租制的计量成本和监督成本都是比定额租制高得多的，② 主佃双方经过一段时间（远远短于长期土地改良产生明显收效的时间）的重复博弈之后，租制将逐渐稳定在基本固定的额租上。但是在佃农对土地进行长期渐进改良的情况下，土地的生产力并没有真正稳定下来，而是随着时间的推移而逐渐地、缓慢地提高。如果佃农获得长期稳定佃种土地的权利，在定额租制下占有了全部的投资剩余，而没有向地主付出相应的代价，那么地主将无法分享长期土地改良收益，从而不愿与佃农订立长期租约，宁可通过撤佃换佃的方式将土地增值收益占为己有。在合约双方没有明确规定撤佃条件的情况下，地主的这种机会主义行为极易导致主佃纠纷，酿成地主"增租夺佃"，农户"抗租霸种"的局面。③

因此，为了保证土地经营权属的稳定性，获得土地的长期增产收益，主佃双方在长期的生产实践和社会实践中逐渐产生了以佃农支付一定数量的"稳佃银"（押租金的一种）为代价换取地主保证一定时期内租佃关系稳定的制度惯例（非正式制度）。这并非完全出于地主阶级的贪婪无度，额外加重农民负担，在某种程度上，这是主佃双方寻求公平合理地分配长期增产收益的可行方式，是经济人理性所导致的、在一定的农业生产力条件下不以人的意志为转移的必然结果。

如果佃农与地主就长期租佃契约的谈判满足纳什讨价还价博弈的五条公理性条件，④ 则容易推论双方应该平分长期土地改良的利

---

① 赵冈、陈钟毅：《中国土地制度史》，联经出版事业有限公司1982年版，第368—375页。
② Cheung S. N. S., *The Theory of Share Tenancy*, Chicago, University of Chicago Press. 中文版：张五常：《佃农理论——应用于亚洲的农业和台湾的土地改革》，商务印书馆2000年版。
③ 李文治：《明清时代封建土地关系的松解》，中国社会科学出版社2007年版，第219页。
④ 即"个人理性""弱帕累托效率""效用的不变性""不相关选择的独立性""对称性"，其具体含义参见 Montet C., Serra D., *Game Theory and Economics*, New York: Palgrave Macmillan Ltd. 中文版：[法]克里斯汀·蒙特、[法]丹尼尔·塞拉：《博弈论与经济学》，经济管理出版社2005年版，第166页。

润——佃农投资经营土地的增产利润 $p_T(k^*) - p_T(k_0)$，即地主向佃农收取稳佃押租的数额为：

$$f_2(k_0, T) = \frac{1}{2}[p_T(k^*) - p_T(k_0)] =$$

$$\frac{1}{2}\left\{\left(\frac{1}{\xi}-1\right)\left[\frac{a\xi}{r}(1-e^{-rT})\right]^{\frac{1}{1-\xi}} - \left[\frac{a}{r}k_0^\xi(1-e^{-rT}) - k_0\right]\right\}$$

$$\approx \frac{1}{2}\left\{\left(\frac{1}{\xi}-1\right)\left[\frac{a\xi}{r}\right]^{\frac{1}{1-\xi}}\left(1-\frac{1}{1-\xi}e^{-rT}\right) - \left[\frac{a}{r}k_0^\xi(1-e^{-rT}) - k_0\right]\right\}$$

$$= \frac{1}{2}\left[\frac{a}{r}((\bar{k}^E)^\xi - k_0^\xi) + k_0\right] - \frac{a}{2r}((\bar{k}^E)^\xi - k_0^\xi)e^{-rT}$$

(5.19)

其中，$\bar{k}^E = \left[\frac{a\xi}{r}\right]^{1/(1-\xi)}$；推导过程中的线性近似仅当 $e^{-rT} << 1$、即 T 足够大时成立。由于这里讨论的是存在土地改良收益的情况，有 $\bar{k}^E > k^E > k_0$，所以 f_2 与合同期贴现因子 e^{-rT} 线性负相关。

当 $T\to\infty$，$e^{-rT}\to 0$，即佃农拥有土地的永佃权或田面权时：

$$f_2(k_0, \infty) = \frac{1}{2}[p_\infty(k^*) - p_\infty(k_0)]$$

$$= \frac{1}{2}\left\{\left(\frac{1}{\xi}-1\right)\left[\frac{a\xi^{\frac{1}{1-\xi}}}{r}\right] - \left[\frac{a}{r}k_0^\xi - k_0\right]\right\} \quad (5.20)$$

由于我们已经假定 $k_0 < k^*$，所以 $\frac{a}{r}k_0^\xi - k_0$ 尚未取得最大值，并随 k_0 增加而递增，$f_2(k_0, \infty)$ 随 k_0 增加而递减。也就是说土地原有改良程度越高，稳佃押租数额就越少。假如 $k_0 \to k^*$，则 $f_2(k_0, T) \to 0$，当然也有 $f_2(k_0, \infty) \to 0$。

如果 $T\to 0$，$e^{-rT}\to 1$，即地主随时可以撤换佃农时，又当如何呢？需要注意在这种情况下 $k_0 > k^*$（即 $e^{-rT} > 1 - \frac{r}{a\xi}k_0^{1-\xi} = 1 - \left(\frac{k_0}{k^E}\right)^{1-\xi}$），佃农将"吃老本"，而不会对土地进行投资，因此适用式（5.12）的下半支：土地改良收益和稳佃押租皆为 0。

如果对于给定的 k_0，将 f_2 与 e^{-rT} 的线性关系表示在平面坐标系中，则如下图所示：

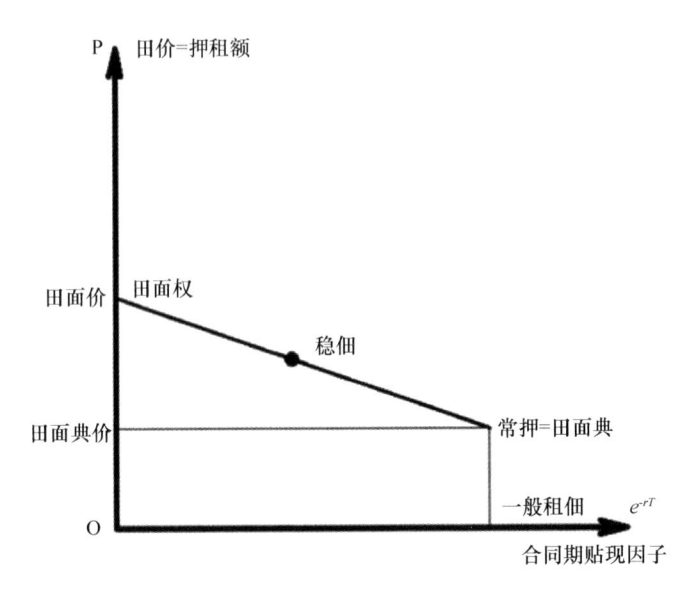

图5.1 稳佃押租与合同期贴现因子之间的关系

注：图中"田价=押租额""干押=典""常押=田面典"等文字中的 = 号表示"或者"，下同。

当土地投资和产量达到了长期均衡状态（$k^* = k_0$）时，既然没有土地投资的增产收益，也就没有了稳佃押租，即均衡稳佃押租 $f_2^E = 0$（当然可能仍然存在基础押租和贴现押租）。

由式（5.19）和式（5.20）可以看出，稳佃押租不仅与合同期长度 T 有关，还与土地的专用性投资效率系数 a 有关。合同期越长，土地专用性投资效率越高，[①] 稳佃押租数额就越高。

直接运用式（5.9）以下各式估计长期土地增产收益和合理的稳佃押租收取数额是有困难的。首先，a、b、ξ 等参数都不是外显的，难以用实际观测的数据加以校准；其次，即使我们可以通过增加一些

---

① 由于 $k^* \geq k_0$，所以 $\frac{\delta f_2}{\delta a} = \frac{1}{r} \left\{ \left[\frac{\alpha \xi}{r} \right]^{\frac{\xi}{1-\xi}} - k_0^\xi \right\} \geq 0$，$f_2$ 关于 a 单调递增。

假设计算出模型的理论值,由于生产函数式(5.7、5.8)在现实中难以确定为我们在模型中所假定的形式,土地的长期增产收益的数额和变化路径是不确定的,主佃双方实际上只能根据过去的经验进行粗略的、隐含的估计,较为清晰的经济规律至多只能出现在宏观经济力量所导致的合约演化的整体趋势之中。不仅是实际决策过程,可以预见的是,就连大量的有限理性人系统演化生成的长期的渐近稳定均衡[①]都很可能偏离上述理论计算值。换言之,在实际的决策环境中,缺乏足够多的信息使得决策的结果变得更加确定和可以预测,我们在模型中的假设充其量只是试探性的,只是用来说明合同期长度、专用性投资数量和预期收益之间的逻辑关系的。

总之,本节所提出的作为长期土地改良收益分配的稳佃押租模型从保障佃农长期土地改良的增收权益、并与土地所有者合理分享改良收益的角度,论证了永佃权及田面权的产权安排的帕累托有效性。押租制在这一产权安排的形成过程中扮演着交易手段与定价机制的角色,在两权分离的土地产权与合约租佃制度中起到了枢纽的作用。

第四节 作为地租收入跨期替代的贴现押租模型

一 押租制的金融功能

在商业信用和银行票据等金融工具相对缺失的中国传统社会,市场主体的资产组合与时间配置的融通需求通常是由地权市场以土地收入的跨期替代为杠杆来满足的。以地权交易为中心的资金融通,使资金的时间配置需求不同的农户在当时当地的信息和制度约束条件下实现了生产要素的优化组合与配置。[②] 不同的经济主体会根据自身的决策情境来衡量其资金融通与时间配置的需求。例如福建瓯宁的75岁孤寡老妇周邱氏,卖田获得88两现银。虽然其田租谷每年可达16

[①] Young H. P., *Individual Strategy and Social Structure: An Evolutionary Theory of Institutions*, Princeton, NJ: Princeton University Press. 中文版:[美] H. 培顿·扬:《个人策略与社会结构》,上海三联书店、上海人民出版社2004年版。

[②] 龙登高:《地权交易与生产要素组合:1650—1950》,《经济研究》2009年第2期。

中篇　押租制与农地经营权交易体系

担,但老妇人来日无多,对未来没有指望,而且拿到现银就免除了年年讨要租银的麻烦和风险,心里要踏实得多。[①]

押租制是一种运用方式十分灵活的制度惯例。由于金额可多可少,经过主佃双方协商,就能通过收取数额不等的押租及调整地租额的数量达成在现期土地收入和未来土地收入之间跨期替代的合约安排。押重租轻/押轻租重和押扣惯例就是押租制这一金融功能的具体表现。佃农所交押租额与其年纳租额相相酹,或其高低未超出一倍以上的,在习惯上称为"常押"。这是押租的一般情况,最为普遍。当押租制度演变为一种土地未来收益贴现的融资工具之后,押租数额才上下浮动到远远超过或低于常押的水平。事实上,上文中的作为长期土地改良收益分配的稳佃押租也是一种土地未来收益的贴现,是土地预期产出增量部分的贴现,而这里的作为地租收入跨期替代的贴现押租则是土地预期产出存量部分的贴现。总的说来,在重押轻租和轻押重租的事例中,两种未来地租的贴现都是存在的,只是由于大多数土地的预期产出增量空间不多(或不为人所察觉),所以并不是地租贴现的主要部分。

对于土地所有者而言,押租是当前现金流,地租是未来收益。增加当前收益(押租),就意味着减少未来收益(地租),相当于未来收益的套现。相反,减少当前现金所得(押租),就意味着未来收益的增加,相当于为未来的预期收益投资。

在下表中,第 1 例和第 2 例是增押减租,第 3 例和第 4 例是减押增租。方行、魏金玉、经君健等[②]形容递年增押减租以至于租额几近于无的情况类似于分期付款,佃农通过多次支付押租金获得了土地收益权,形同典质。如果地主再进行一次找价,就可以绝卖土地给佃农,完全转让土地所有权。如表(5-2)所示:

[①] 中国第一历史档案馆、中国社会科学院历史研究所编:《清代地租剥削形态》(乾隆刑科题本租佃关系史料之一),中华书局1982年版。

[②] 方行、魏金玉、经君健:《中国经济通史·清代经济史》,经济日报出版社2000年版。

第五章 押租制理论模型

表5-2　　　　土地现期收益与未来收益之间的跨期配置

	土地亩数与地价（两）	当前现金流押租（两）	未来收益地租（石）	年份
1	10亩 660两	250↑ 385	12↓ 5	嘉庆十年 嘉庆十四年
2	未知	400↑ 800	120↓ 94	嘉庆十四年 道光三年
3	460两	200↓ 100	8↑ 13石8斗	道光二十三年 道光二十四年
4	田土一块，瓦房草房三间	120↓ 70	84↑ 89	道光二十五年 道光二十八年

资料来源：据方行、魏金玉、经君健等《中国经济通史·清代经济史》整理。

在同一个事例中也有同时包含增押减租和减押增租的。如巴县任潮选收取押佃银900两，将田租给胡从茂，每年收6石租谷；后来胡从茂又转佃给陈全康，收取押佃银350两，每年收46石小租；道光二十一年，任潮选直接将田佃给陈全康，收押佃银700两，每年收26石租谷；道光二十二年，任潮选退还陈全康100两押佃银，同时增加6石租谷，即改为押佃银600两，年纳租谷32石。如下表所示：

表5-3　　　　　　　增押减租与减押增租

租佃各方之关系	押租银（两）	每年租谷（石）	各方之需求取向
任潮选租佃给胡从茂	900	6	任某取向现金
胡从茂转佃给陈全康	350	46	胡某取向未来租谷
任潮选租佃给陈全康	700	26	陈某取向劳动收益
减少押金增加地租	600	32	陈某取向现金

资料来源：《清代乾嘉道巴县档案选编》，四川大学出版社1989年版，第172页；龙登高：《地权交易与生产要素组合：1650—1950》，《经济研究》2009年第2期。

中篇 押租制与农地经营权交易体系

押租制实际上往往反映了业佃双方的债权债务关系，而不只是租佃关系。地主常常通过典、抵当、活卖等方式筹措急需的资金，以应付眼前的需要和支出，但又常碍于法令或情面而不愿采取典卖土地的名义和形式，或希望更好地保有日后的回赎权，于是增加现期的押租而将未来的地租变现就成为一种普遍的借贷方式。例如咸丰年间台湾的一份租佃契约"立招佃耕字"就是如此：

> 立招佃耕字辛仔罕社番荳莱星仔星，有自置水田一段，址在本社界，东西南北四至各与番田为界，年纳剩稻谷四石。因从前日食难度，有借欠他人账项，将田付佃耕作扣抵利息，究难清款。奈何告贷无门，故将此田再招别佃重瞨，加借银元赎田完账，望剩多少银元，以作粮食之资。先尽问番人等不欲承受，外原托本社土目番耆同招瞨佃黄春荣出首承瞨，即日三面议定碛地银要多，田租愿少。明备足重碛地银七大元交收足讫，随同踏明田界，交付新佃前去管耕，每年应纳租三斗，年清年款，不得少欠。此田不拘年限，番若有力备足碛地银愿赎此田，务要先日通知，届冬至前将垦送还原佃，外瞨他佃；如银元未足，不敢言及赎田之事；时逢春夏，亦不敢任意迫赎，致防农物。此系人番仁义外关，中心甘愿，各无抑勒，口恐无凭，同立招佃耕指摹字一纸，付执为照。①

此契约明确提出此次招佃起因于"告贷无门"，希望"碛地银要多，田租愿少"，押租增至 7 大元，相应地地租由每年 4 石减至 3 斗。

从许多类似的实例中容易看出，在租额与承租年限已经在先前议定载明的情况下，如果要增加押租，就要相应减少每年的地租。如果每年的地租降低到零，则押租就实现了最大化，将未来的土地收入完全变现。地主空有业主之名，却无租可收，这其实就近似于典了。只有当土地所有者退还押租银时，才能收回土地的资产性物权，这就相

---

① 《台湾私法物权编》中册，"第二六 招佃耕字"，第 680 页。

当于回赎。由此可见，押租制与典有相通之处：押租制在某种程度上也可看成对地主的贷款，典可以看成押租制的极端形式。

这种从一般租佃到押租制、再到典的过程可以用如下图形形象地表示：

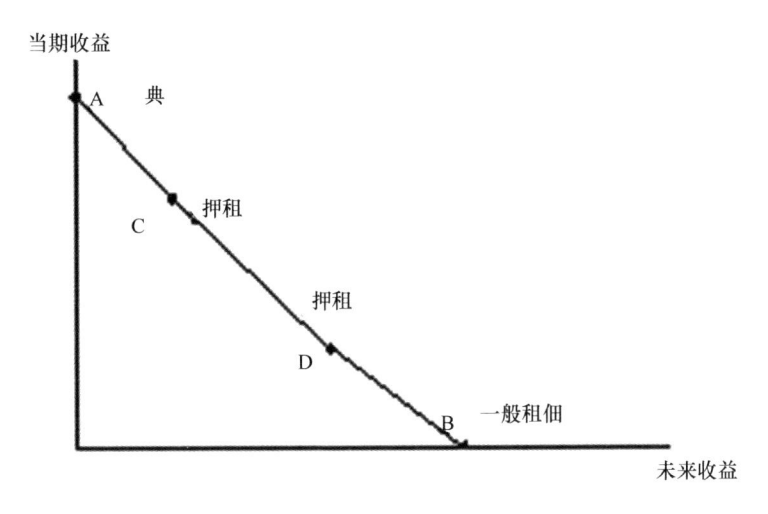

图 5-2　一般租佃、押租制与典的连续变化（a）

如图 5-2 所示，押租金额可以在 A、B 两点之间变化，或如 C 点那样重押轻租，或如 D 点那样轻押重租；如果是如 A 点那样"以押免租"，则地租为零，而押租最大化，即所谓"大押佃"或"干押"，意味着约定期限内的未来收益全部变现为当期收益，也就等价于典，俗称"明佃暗当"。此时名义上仍然是押租契约，无需改为典契，但实际上已经变成了典的交易。可见，贴现押租和典的交易对象都是土地的未来收益的资产性物权，押租或典价就是这一资产性物权的价格。对佃农来说，从一般租佃到典，其间经历的是分期支付土地价格，使自己拥有的资产性物权不断上升的过程。

二　模型建立

与上一节所分析的经营性物权以押租的形式进行交易不同，这里是资产性物权以押租的形式进行交易。对佃农来说，他所持有的资产性物权的交易价格与它的未来预期利润成正比，与贴现率成反比，如下式所示：

$$f_3(k_0, T) = (1-\alpha_0-\alpha)Q_T(k_0) = \frac{1-\alpha_0-\alpha}{r}q_0(1-e^{-rT})$$

$$= \frac{1-\alpha_0-\alpha}{r}ak_0^{\xi}(1-e^{-rT}) \quad (5.21)$$

在长期均衡状态，$k^* = k_0$，稳佃押租 $f_2^E = 0$，而贴现押租则为：

$$f_3^E(T) = (1-\alpha_0-\alpha)Q_T^E(k^E) = \frac{1-\alpha_0-\alpha}{r}q_0^E(1-e^{-rT})$$

$$= \frac{1-\alpha_0-\alpha}{\xi}\left[\frac{a\xi}{r}(1-e^{-rT})\right]^{1/(1-\xi)} \equiv \frac{1-\alpha_0-\alpha}{\xi}k^E \quad (5.22)$$

对长期均衡状态下 $T \to \infty$ 的永佃农而言，则有：

$$f_3^E(k_0, \infty) = (1-\alpha_0-\alpha)Q_\infty^E(\bar{k}^E) = \frac{1-\alpha_0-\alpha}{r}\bar{q}_0^E$$

$$= \frac{1-\alpha_0-\alpha}{\xi}\left[\frac{a\xi}{r}\right]^{1/(1-\xi)} \equiv \frac{1-\alpha_0-\alpha}{\xi}\bar{k}^E \quad (5.23)$$

这两式说明，额租率 α 越低，土地专用性投资效率 a 越高，贴现率 r 越低，则押租金额就越高。额租率越低则押租金额越高是重押轻租惯例在模型中的反映。土地专用性投资效率与押租金额的关系可以从许多史实中得到佐证，例如押租制在南方农业生产力较高的各省更加普遍，而在北方就只有那些土地肥力堪比南方稻作区的零星的灌区、垦区才有一些押租制的实例[①]；又如在成都平原地区，那些土地产值较高的经济作物（如烟草、鸦片）种植区的押租额一般都要远高于普通粮食作物种植区。此外，在民间金融业的发达的地区，贴现率 r 较低，这也导致了押租数额的增加。这些事实虽然还没有得到细致的梳理和定量的检验，但至少在模型的基本设定上给予了一些重要的参照。

如果将式（5.23）所显示的押租额与租率之间的线性负相关关系

---

① 瞿明宙：《中国农田押租底进展》，薛暮桥、冯和法：《中国农村论文选》，人民出版社1983年版。原载《中国农村》1935年第14期。

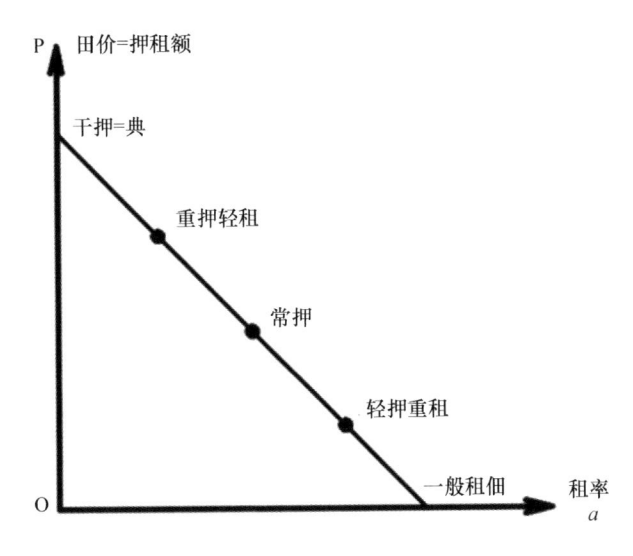

表示在二维坐标系中，则可以得到与图 5-2 同样的图形：

图 5-3　一般租佃、押租制与典的连续变化（b）

与图 5-2 不同，图 5-3 将土地的未来收益具体化为额租率的大小，而将土地的现期收益具体化为押租数额，从而更清晰地揭示了押租制作为土地收益跨期替代杠杆的作用。

第五节　押租制理论模型的综合

在本章的以上各节中我们已经分别以数学模型的形式描述了押租制的三种经济功能，现实中押租制常常同时表现出这些经济功能，因此押租数额要由这三种成分共同决定。将式（5.4）、式（5.19）和式（5.21）综合在一起，我们可以得到在一般情况下包含三种成分的押租额的表达式：

$$f(a, \sigma, k_0, T) = f_1 + f_2 + f_3 = \int_0^T \Delta^e e^{-rT} dt + \frac{1}{2}[p_T(k^*) - p_T(k_0)] + (1 - \alpha_0 - \alpha) Q_T(k_0)$$

$$= \frac{a\sigma}{\sqrt{2\pi r}}(1 - e^{-rT}) + \frac{1}{2}\left(\frac{1}{\xi} - 1\right)\bar{k}^E\left(1 - \frac{1}{1-\xi}e^{-rT}\right) -$$

$$\frac{1}{2}\left[\frac{a}{r}k_0\xi(1-e^{-rT})-k_0\right]+\frac{1-\alpha_0-\alpha}{r}$$

$$=\frac{1}{2}\left[\left(\frac{1}{\xi}-1\right)\bar{k}^E+k_0\right]+\left(\frac{a\sigma}{\sqrt{2\pi r}}+\frac{\frac{1}{2}-\alpha_0-\alpha}{r}ak_0^\xi\right)-$$

$$\left\{\frac{\alpha\sigma}{\sqrt{2\pi r}}+\frac{a}{r}\left[\frac{1}{2}((\bar{k}^E)^\xi+k_0^\xi)-(\alpha_0+\alpha)k_0^\xi\right]\right\}e^{-rT}$$

$$\equiv \frac{a}{r}\left[\frac{1}{2}((\bar{k}^E)^\xi+k_0^\xi)-a_0k_0^\xi\right](1-e^{-rT})-$$

$$\frac{1}{2}(\bar{k}^E-k_0)-\left[\frac{1}{r}(ak_0^\xi-\frac{\sigma}{\sqrt{2\pi}})(1-e^{-rT})\right]\alpha \quad (5.24)$$

其中，$k^*=\left[\frac{a\xi}{r}(1-e^{-rT})\right]^{1/(1-\xi)}$（5.10），$\bar{k}^e=\left[\frac{a\xi}{r}\right]^{1/(1-\xi)}$

(5.16)；推导过程中的线性近似仅当 $e^{-rT}<<1$、即 T 足够大时成立。

对于长期均衡即 $k^*=k_0$ 的情况，则有：

$$f^E(a,\sigma,T)=f_1+f_2^E+f_3^E=\int_0^T\Delta^e e^{-rT}dt+0+(1-\alpha_0-\alpha)(Q_T^E)(k^E)$$

$$=\left[\frac{\alpha\sigma}{\sqrt{2\pi r}}+\frac{1-\alpha_0-\alpha}{r}a(k^E)^\xi\right](1-e^{-rT})$$

$$=\frac{\alpha\sigma}{\sqrt{2\pi r}}(1-e^{-rT})+\frac{1-\alpha_0-\alpha}{\xi}k^E \quad (5.25)$$

其中，$k^E=k^*=k_0=\left[\frac{a\xi}{r}(1-e^{-rT})\right]^{1/(1-\xi)}$（5.13）。

对于 T→∞ 的永佃农的情况：

$$\bar{f}E(\alpha,\sigma,\infty)=\frac{\alpha\sigma}{\sqrt{2\pi r}}+\frac{1-\alpha_0-\alpha}{\xi}\bar{k}^E \quad (5.26)$$

其中，$\bar{k}^E=k^E=k_0=\left[\frac{a\xi}{r}\right]^{1/(1-\xi)}$（5.16）。

由式（5.24—26）各式可以看出：

（1）押租数额与合同期贴现因子 e^{-rT} 线性负相关，押租额—贴现因子曲线斜率为负值。这与本章第三节有关讨论的结果相同。

（2）只要常年产量大于年产出波动量的数学期望（当 $\alpha=1-\alpha_0$

时,预期欠租量即产出波动量的期望值),即 $a(k^E)^\xi > \dfrac{\sigma}{\sqrt{2\pi}}$ 或 $\dfrac{k^E}{\xi} > \dfrac{\sigma}{\sqrt{2\pi}r}(1-e^{-rT})$,押租数额就与 α 线性负相关,押租额—租率曲线斜率为负值。这与上一节有关讨论的结果相同。这个条件一般都能满足,例如,以前文表(5.1)中的数据验证,$4.15 > 1.76\sqrt{2\pi}$ 显然成立。

(3)在 $0 < e^{-rT} < 1-\left(\dfrac{k_0}{k^E}\right)^{1-\xi}$ [①]、$0 < \alpha < 1-\alpha_0$ 的取值范围内,押租额—贴现因子曲线和押租额—租率曲线的纵轴截距均为正值。

(4)给定各参数的值,且满足(2)(3)的条件,则租率 α 越大,押租额—贴现因子曲线的斜率绝对值和纵轴截距越小,曲线越低越平;贴现因子 e^{-rT} 越大,押租额—租率曲线的斜率和纵轴截距越小,曲线越低越平。

(5)曲线各端点处的取值及曲线的图形分别为[按 (α, e^{-rT}, P) 即(租率,贴现因子,押租额)顺序排列]:

(i)押租额—贴现因子曲线:

最高点——$\left(\alpha, 0, \dfrac{1}{2}\left[\left(\dfrac{1}{\xi}-1\right)\bar{k}^E + k_0\right] + \left(\dfrac{\alpha\sigma}{\sqrt{2\pi r}} + \dfrac{\frac{1}{2}-\alpha_0-\alpha}{r}ak_0^\xi\right)\right)$

(非长期均衡状态),$\left(\alpha, 0, \dfrac{\alpha\sigma}{\sqrt{2\pi r}} + \dfrac{1-a_0-a}{\xi}\bar{k}^E\right)$(长期均衡状态);

最低点[②]——$\left(\alpha, 1-\left(\dfrac{k_0}{k^E}\right)^{1-\xi}, \left(\dfrac{\alpha\sigma}{\sqrt{2\pi r}} + \dfrac{1-\alpha_0-\alpha}{r}ak_0^\xi\right)\left(\dfrac{k_0}{k^E}\right)^{1-\xi}\right)$

(非长期均衡状态),$\left(\alpha, 1-\left(\dfrac{k_0}{k^E}\right)^{1-\xi}, \dfrac{\alpha\sigma}{\sqrt{2\pi r}} + \dfrac{1-\alpha_0-\alpha}{\xi}\bar{k}^E\right)$(长期均衡状态)。

容易看出,长期均衡状态的图形是由一组水平线构成的,是上面

---

① 参见 3.3 节式(3.20)以下关于 T→0,e^{-rT}→1 情况的讨论。
② 此时式(3.12)适用下半支,稳佃押租项等于 0。

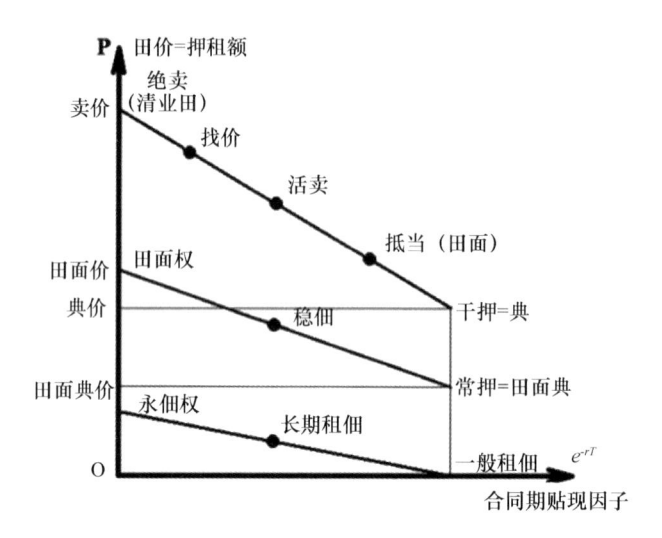

◇◆◇ 中篇　押租制与农地经营权交易体系 ◇◆◇

图 5-4　押租额—贴现因子曲线

图形的特例，这里就不绘出了。

(ii) 押租额—租率曲线[①]：

最高点——$(0, e^{-rT}, \frac{1}{2}[(\frac{1}{\xi}-1)k^* + k_0] + \frac{\frac{1}{2}-\alpha_0}{r}ak_0^{\xi}(1-e^{-rT}))$（非长期均衡状态），$(0, e^{-rT}, \frac{1-\alpha_0}{\xi}k^E)$（长期均衡状态）；

最低点——$(1-\alpha_0, e^{-rT}, \frac{(1-\alpha_0)\sigma}{\sqrt{2\pi r}}(1-e^{-rT}) + f_2(k_0, T))$（非长期均衡状态）[②]，$(1-\alpha_0, e^{-rT}, \frac{(1-\alpha_0)\sigma}{\sqrt{2\pi r}}(1-e^{-rT}))$（长期均衡状态）。

---

① 此时贴现因子 e^{-rT} 取值不定，故式 (3.24) 不一定满足所需的线性近似条件，以下结果是根据未经近似处理的式子计算得到的。
② 参见式 (3.20)。

第五章 押租制理论模型

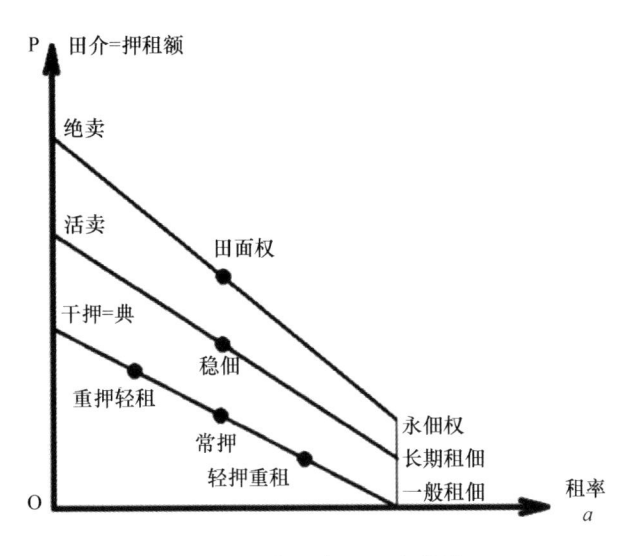

图 5-5 押租额—租率曲线

（iii）押租额—租率—贴现因子三维曲面：

最高点——$(0, 0, \frac{1}{2}[(\frac{1}{\xi}-1)\bar{k}^E + k_0] + \frac{\frac{1}{2}-\alpha_0}{r}ak_0^{\xi})$（非长期均衡状态），$(0, 0, \frac{1-\alpha_0}{\xi}\bar{k}^E)$（长期均衡状态）；

角点 a①——$(1-\alpha_0, 0, \frac{(1-\alpha_0)\sigma}{\sqrt{2\pi r}} + f_2(k_0, \infty))$（非长期均衡状态），$(1-\alpha_0, 0, \frac{(1-\alpha_0)\sigma}{\sqrt{2\pi r}})$（长期均衡状态）；

角点 b②——$(0, (\frac{k_0}{k^E})^{1-\xi}, \frac{1-\alpha_0}{\xi}k_0)$（非长期均衡状态），$(0, 1-(\frac{k_0}{k^E})^{1-\xi}, \frac{1-\alpha_0}{\xi}\bar{k}^E)$（长期均衡状态）；

---

① 在押租额—贴现因子平面上。
② 在押租额—租率平面上。

中篇　押租制与农地经营权交易体系

最低点——$(1-\alpha_0, 1-\left(\frac{k_0}{k^E}\right)^{1-\xi}, \frac{(1-\alpha_0)\sigma}{\sqrt{2\pi r}}\left(\frac{k_0}{k^E}\right)^{1-\xi})$（非长期均衡状态），$(1-\alpha_0, 1-\left(\frac{k_0}{k^E}\right)^{1-\xi}, \frac{(1-\alpha_0)\sigma}{\sqrt{2\pi r}})$（长期均衡状态）。

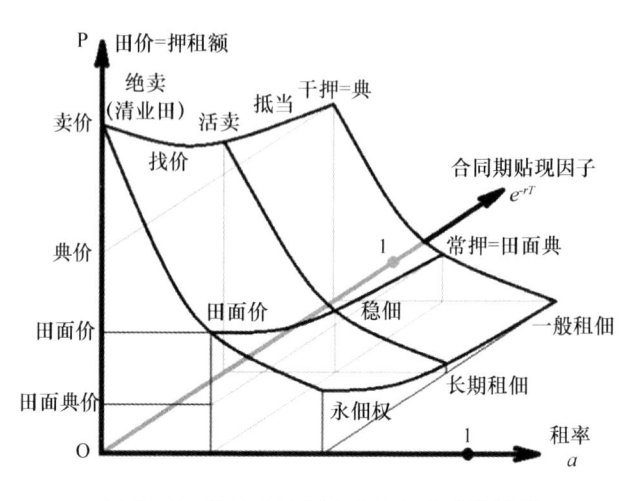

图 5-6　传统土地制度产权与合约连续谱

对于本图所反映出来的传统土地产权与合约制度连续性转变的具体含义，本篇将在最后一章作进一步的阐明。

从以上的分析中，我们可以得出以下结论：

（1）租率越高，土地产出波动性越大，贴现率越低，为保证合约执行所需的基础押租数额就越多。对于稳产高产的稻作农业来说，基础押租并不能解释大量存在的高额押租的史实，这只能从稳佃押租和贴现押租的角度才能得到说明。

（2）如果主佃双方能够清晰地预见土地改良的未来收益数额，那么以佃农向地主支付现期押租收入的方式签订永佃契约，平均分配土地改良预期收益，将是符合合作博弈的纳什讨价还价公理和帕累托最优的合约安排。史料和现实中出现的有限合同期的租约反映的是地主和佃农对于未来土地改良收益数额缺乏知识，在不确定性的条件下，只能以这种帕累托次优的方式试探性地寻求土地改良，并根据改良的实际收益确定下一步谈判的分配基准。然而，尽管在合同期有限的情况下佃农不会对土地改良做出最大的努力，土地改良仍会进行下去。随着不确定性的消减和知识的积累，合同期逐步延长、土地专用性投资逐步增加的趋势将日益显现。这也就是近世中国永佃制和一田两主制深入发展的经济根源。

（3）土地改良效率越高、贴现率越低，为合理分配长期土地改良收益和变现未来土地收益，所需的稳佃押租和贴现押租就越多。因此在农业生产力较高和民间金融制度较发达的地区，押租制发展更为深入，押租数额更高，所体现和承载的生产功能和金融功能更强。这些也都是从本篇的模型出发可以做出充分预见、但还有待运用更丰富的数据资料进一步证实的命题。

仍然存在土地改良增产空间的土地需要缴纳较多的稳佃押租以变现未来的土地增值收益，因此押租额较高；而已经开垦成熟的高产农田虽然不存在很大的土地增产空间，但由于产量基数高，土地专用性资产存量大，所以也需要缴纳较多的押租才能变现未来的土地既定收益。这些不同情况的判别和解释也是以后进一步的研究所需要注意的问题。

第六章 押租制在传统农地制度中的地位和意义

本篇已经在历史资料和数学模型的基础上梳理和分析了押租制的历史内涵和制度逻辑,但本篇并不满足于局限于事物之一隅的盲人摸象式的孤立分析,而希望通过对押租制经济功能的探讨,在前人真知灼见的基础上,对中国传统土地制度的理论要素和研究范式提出一些新的见解,以为今后的研究提供更加坚实的理论基础和更加宽广的理论视野。

第一节 传统农地制度中的产权/合约连续谱

中国传统农地制度在其演化发展的过程中呈现出了独特的演化多样性和制度灵活性,从一般租佃合约安排孕育、衍生出了田底权、田面权、永佃权、耕作权等多层次的产权体系,并在产权束逐步分离、明晰界定和日趋稳固的过程中,发展出了与农业生产力水平和社会生活需求相适应的按、押、抵、当、胎借、典、活卖、绝卖、找价、顶退等多种地权交易形式及其复杂组合,构成了一个具有丰富演化多样性的传统土地制度产权与合约谱系。

第六章 押租制在传统农地制度中的地位和意义

已经有相当一些对中国传统土地制度所做的前沿研究,[①] 参考现代产权经济学与合约经济学理论的蓝本,在对传统理论成说进行深入反思的基础上,从不同角度探索了近世中国农业地权和租佃关系的变化与发展。如下图所示,[②] 产权束在制度演化过程中的分化,为地权交易合约的多元化发展提供了重要的理论分析维度:

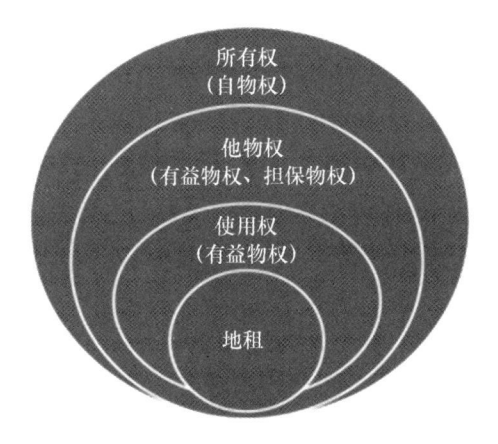

图 6-1 土地产权的层次示意图

这个多层次地权体系与多样化地权交易形式结合形成了"传统土地制度产权与合约连续谱"在产权制度安排的方面。它将土地的所有权视为使用权、收益权(对应于上图中的地租)和处置权(对应于上图中的他物权)等组成的权利束。[③] 从这一权利束出发,土地的使

[①] 例如 Zelin M., Ocko J., Gardella R., *Contract and Property in Early Modern China*, Stanford University Press. 中文版:[美]曾小萍、欧中坦、加德拉编:《早期近代中国的契约与产权》,浙江大学出版社 2011 年版;赵冈:《中国传统农村的地权分配》,新星出版社 2006 年版。Pomerantz K., "Land Markets in Late Imperial and Republican China", *Continuity and Change*, 2008, Vol. 23, Special Issue 1: 101-150. 陈秋坤:《清代台湾土著地权——官僚、汉佃与岸里社人的土地变迁 1700—1895》,"中央"研究院 2008 年版;方行:《清代前期的土地产权交易》,《中国经济史研究》2009 年第 2 期;龙登高:《地权交易与生产要素组合:1650—1950》,《经济研究》2009 年第 2 期。

[②] 龙登高:《地权市场与资源配置》绪论,福建人民出版社 2012 年版。

[③] Cheung S. N. S., *The Theory of Share Tenancy*, Chicago, University of Chicago Press. 中文版:张五常:《佃农理论——应用于亚洲的农业和台湾的土地改革》,商务印书馆 2000 年版。

中篇　押租制与农地经营权交易体系

用权与收益权逐渐离析，并形成了各自具有独立处置权的经营性地权和资产性地权，① 催生了以"一田两主"、两权分离为特征的近世农地产权制度。需要说明的是，本篇充分认识到，"一田两主"制并不能完全概括中国传统农地制度丰富的地区和时代差异性，也并不是通行于明清以后所有时期和地区的普遍性土地制度，但是作为中国传统农地制度独特性、优越性和丰富性的制度源泉，这种两权分离的产权制度则是当之无愧的制度核心，值得我们做典型性的概括和分析。此外，在一田两主制的实践中，还出现了"一田三主"等更复杂的情况，然而究其实质，不过是更多的资产性地权从土地产权中不断分离析出的结果。

以下示意图 6-2 可以更清楚地表示土地的产权束及其分离的含义：

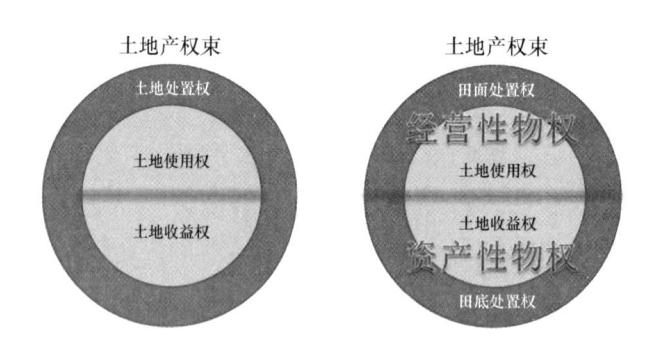

图 6-2　土地产权束的构成及其分离

在左图中，土地产权束只发生了有限的分离——即土地使用权和土地收益权的分离。其中，一般租佃合约只让渡土地使用权；典质合约中只让渡土地收益权；土地买卖合约则是让渡土地处置权，即土地产权束中最高的和最根本的权利。当土地所有者完整地让渡土地处置

---

① 龙登高：《地权市场与资源配置：基于清代地权交易案例的解释》，《基调与变奏：七至二十世纪的中国》，台北政治大学与"中央"研究院 2008 年版；龙登高：《清代地权交易的多样化发展》，《清史研究》2008 年第 3 期；龙登高：《地权交易与生产要素组合：1650—1950》，《经济研究》2009 年第 2 期。

第六章 押租制在传统农地制度中的地位和意义

权时，土地使用权和土地收益权必然一同让渡，而不可能继续在原租佃合约或典质合约下独立存在，可谓"皮之不存，毛将焉附"。在近世"两权分离"的农地制度发展起来以前，农业租佃生产关系的稳定性不断被产权关系的更迭所打断，其根本原因就在土地处置权的两权分离的不彻底性上。

与左图形成对比，在右图中，土地产权束发生了更为彻底的分离，即分离为经营性物权和资产性物权。其中的关键在于，土地处置权分裂为田面处置权和田底处置权，并分别与土地使用权和土地收益权相结合，使二者都具有了可以独立交易的权利属性，从而分别孕育出了土地的经营性物权和资产性物权。本篇认为，这种彻底的分离和转变也就是本篇在导论中所提及的"中国物权观念的一次革命"[①]的本质和核心所在。

循着土地的经营性地权和资产性地权相分离的理论路径，本篇在前人研究的基础上探讨了"传统土地制度产权与合约连续谱"在租佃关系和金融关系两方面的"连续性转变"[②]，以押租制的合约治理、物权交易与土地融资的三种功能，分别构建数学模型分析了租佃合约、经营性地权和资产性地权的主要影响变量——分别是押租金额、合同期长度和实际租率大小。下面本篇将重点考察这几个制度变量之间的相互关系，并且将租佃合约、经营性地权和资产性地权这三个制度维度进行理论上的综合，以求更加透彻地说明押租制的经济功能及其在中国传统土地制度中的地位和意义。

具体地说，"传统土地制度产权与合约连续谱"的"连续性转变"包括以下三个方面的内容，它们分别对应于押租制的三种经济和金融功能：

[①] 赵冈：《永佃制研究》，中国农业出版社2005年版，第11页；龙登高：《地权市场与资源配置：基于清代地权交易案例的解释》，《基调与变奏：七至二十世纪的中国》，台北政治大学与"中央"研究院2008年版；龙登高：《清代地权交易的多样化发展》，《清史研究》2008年第3期。

[②] 例如上一章所引用的龙登高（《地权市场与资源配置》），其中对于押租与典之间的连续转化关系的论述启发了本篇的研究和思考。

(1) 在合约治理与产权交易的关系的层面上，是作为合约治理手段的押租金与作为经营性物权和资产性物权交易价格的押租金之间的"连续性转变"；

(2) 在物权交易的层面上，是合同期长度与可以获取土地未来增产收益的经营性物权价值之间的"连续性转变"；

(3) 在土地融资的层面上，是实际租率大小与可以获取土地未来既定收益的资产性物权价值之间的连续性转变。[1]

本篇将在上述三个制度维度和三个方面的"连续性转变"的综合中，试图将具有丰富演化多样性的中国近世传统农地制度编织在一个三维连续谱系之中。本有抛砖之意，常存引玉之心，这种尝试是否能够成功，当然还有待进一步的研究和检讨。

第二节 农地经营性物权与资产性物权的分离与合成

为了便于理解本篇所论的"传统土地制度产权与合约连续谱"的构成，本节将对照上一章的图5-6进行说明。在此，将图5-6重新列载于下，如图6-3；并在其右上角附上一幅与底平面（租率 α-贴现因子 e^{-rT}）的方位关系相对应的小示意图——它是图6-4的空间透视图形。

如图6-3和图6-4所示，在空间直角坐标系中，纵轴 P 表示经营性地权或资产性地权的价格，实际上也就是参与这两种物权交易的押租数额；底平面上的一条横轴表示租佃合约的实际租率，是在扣除了押扣一类的地租折让之后所余的定额租率（分成租率不在考虑的范围之内）；另一条横轴表示合同期 T 内按连续复利计算的

---

[1] 需要指出的是，本篇的论题所说的"物权交易"既包括经营性物权的交易，又包括资产性物权的交易；"土地融资"既包括土地未来既定收益的贴现，又包括未来增产收益的贴现。所以这两个术语涵盖了押租制的稳佃功能和贴现功能的两个共同的特征。

第六章 押租制在传统农地制度中的地位和意义

贴现因子 e^{-rT}。① 表示租率的那条横轴与资产性物权的变化相对应，租率提高时，佃农所拥有的资产性地权价值下降，反之则上升；表示贴现因子的那条横轴与经营性物权的变化相对应，合同期延长、贴现因子减小时，佃农所拥有的经营性地权价值上升，反之则下降。

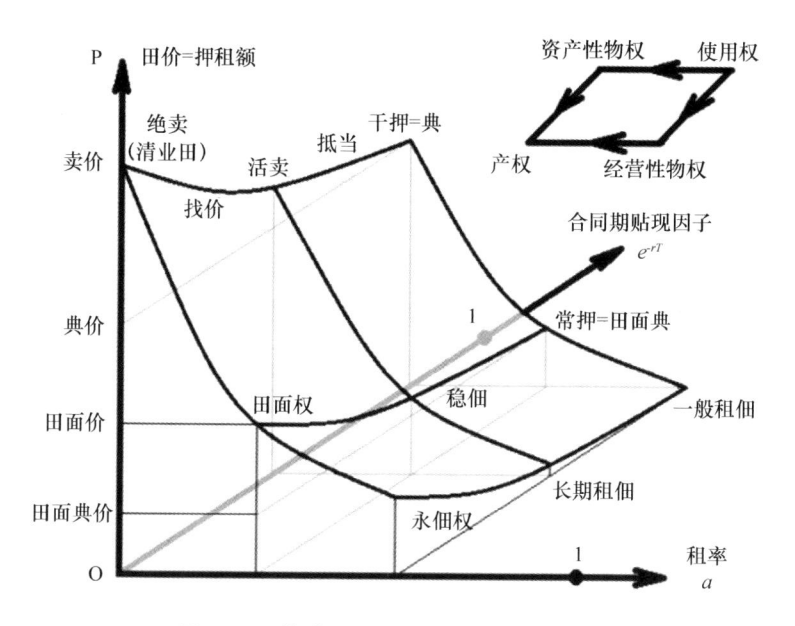

图 6-3 传统土地制度产权与合约连续谱

需要强调指出的是，该示意图 6-4 是针对佃农的合约和产权状态而言的，图中经营性地权和资产性地权的价值也都是佃农所持有的、而不是地主所持有的那部分地权的价值。此外，在第三章的数学模型中，押租额与租率和贴现因子的关系都是线性的，但是在图 6-3 中，笔者却有意将曲线画成弯曲的，不仅是为了图形的美观和易

---

① 换言之，如果在合同期末的 T 时刻有一笔金额为 x 的收入，那么这笔收入的现值等于 xe^{-rT}。合同期 T 越长，则贴现因子 e^{-rT} 越小，也就是说，较长的 T 对应于较接近于坐标系原点的位置（当 T→+∞ 时，e^{-rT}→0），较短的 T 对应于较远离原点的位置（当 T→0 时，e^{-rT}→1）。T→+∞ 对应于永佃的情况，T→0 对应于可以随时解约的情况（一般合同期最短至少是一年，但相对于长期租约来说，e^{-rT} 在 T=1 时与在 T=0 时相差无几，故姑且以 T=0 为极限情况）。

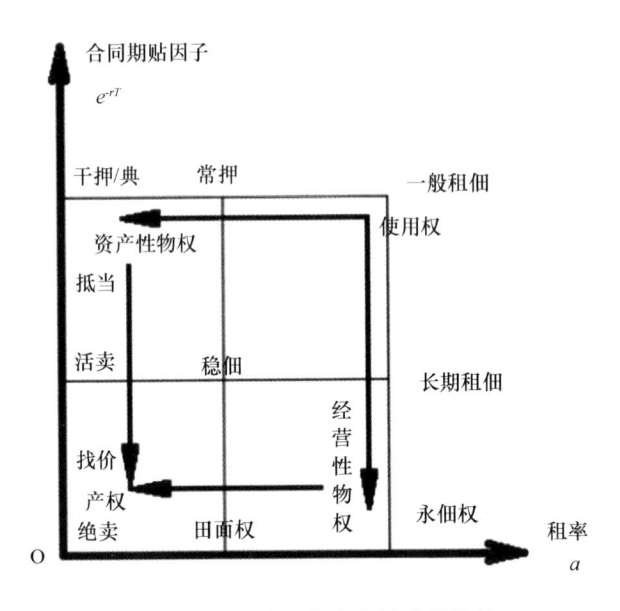

中篇 押租制与农地经营权交易体系

图6-4 土地产权与合约的连续性转变

辨,也是因为第三章的数学模型不一定符合复杂的真实世界,也并非最后的定论,另外押租额与贴现因子的线性关系也只是近似成立。然而尽管如此,前面的数学模型所反映的变量之间的替代关系与变化方向仍然原原本本在图中得到体现。

下面让我们从图中最远离两条横轴的"一般租佃"开始,依次说明"传统土地制度产权与合约连续谱"的内容。

传统农地租佃关系是从租率较高、合同期较短或无保障的一般租佃合约开始的。这种租佃合约的特点是:多数为分成租约,租率通常是五五对分(50%),甚至更高;多为口约,对合同期长度没有约定,地主往往可以随时单方面解约;佃农往往缺乏生产资料,由地主提供房屋、耕牛、种子、农具及一应基础设施,因而地主对生产有较大的主导力。这种情况下往往是不收押租的,但租率会比较高,如湖南"双租"那样。

当佃农逐渐安于耕作,地主也乐得不问农事时,主佃双方就倾向于事先按照历年收租的通常数量约定固定租额,从而改分租为额租。

第六章 押租制在传统农地制度中的地位和意义

佃农也逐渐蓄积资财，在土地基础设施和土地肥力等专用性资产上有所投入，因而产生了保障长期租佃权利的要求。这种发展过程往往导致租约在事实上的自然延长，即便没有书面契字的明确规定和保障。到积累的专用性资产足够多的时候，佃农就既愿意也能够付出更大的努力，甚至包括"踞庄霸种"等暴力手段，来捍卫自己事实上形成的经营性物权，尽管这种经营性物权的价值并未在佃权交易中得到量化的评估。在大量的这类纠纷之中，地主往往也不得不承认佃农的合理权利诉求，以至最终得到乡规民约和官府的承认。在图6-3中，从一般租佃，到长期租佃，再到事实上的永佃权，就反映的是这样一个虽然没有押租保障和地权交易、却能逐渐"久佃成业"的自然发展过程。

然而，要通过土地的长期改良投资创造土地增产收益，这种自然发展形成的永佃权并不是最有效的制度途径（尽管在认知缺乏的情况下可能是仅有的途径），农户需要得到对合同期和租额的更加明确的契约保证，才能在一开始就形成以保障土地增产收益为明确目的的永佃权，从而促进专用性投资的迅速增长。稳佃押租在这种情况下被引入租佃关系中，保障了一定合同期内佃农的经营权不受侵夺。如果稳佃押租所保障的合同期是未来无限时期，那么佃农就获得了永佃权或田面权，具体是哪一种要视当地经营性地权和资产性地权的两权分离的程度而定；如果所交押租只是保证地租的完纳，那么这就只是数额在年租额2倍以内的基础押租或"常押"，并不保证一个较长的合同期（或者说$T \to 0$）。交纳常押但不保证一定时期内的经营权，这有点类似于田面权的承典人所面临的情况——虽然交了典价得以管耕食力，但是"银到田还"，去留由人，不能自主。

从基础押租到稳佃押租，再到田面权的"佃价"，在增加押租金额的同时，经营性物权的价值和稳定性也在增加。由于稳佃押租和佃权保障了较长时期的专用性投资，所以佃农在土地上的投入增加将快于没有押租和契字保障时的情形，从而使产出增加，实际租率下降，因而在图6-3中佃农所处的位置不仅在贴现因子的横轴方向上向经营性物权增加的原点方向移动，也在租率的横轴方向上向资产性物权

中篇 押租制与农地经营权交易体系

增加的原点方向有所前进。押租制保障了佃农的经营性物权,促进了佃农的增产增收,反过来又进一步增加了佃权在土地产权总价值中的分量,这就是图6-3所描绘的、为历史事实所证明了的佃农独立经营实力提升的过程。

这种佃权份额上升的连续不断的渐进演化,又得到了押租制作为一种土地融资工具的经济功能的促进。一方面,由于佃农经营能力的提升,经济实力的增强,许多富裕者甚至能够拿得出高达数百两、上千两的押租银为土地所有者融资;另一方面,由于许多地主逐渐脱离土地经营,在城市从事工商业,也需要大量资金用于投资,所以二者以土地未来收益为杠杆进行土地融资,就是再好不过的了。地主获得了他们所需的现金,佃农则获得了丰厚的未来土地收益,佃权更加巩固,自主经营空间更加广阔。在图6-3中,从不交押租的一般租佃,到交纳常押的一般租佃,经过连续的增押减租,最终将发展到完全无租可收的"干押"或"大押佃"的地步,如前文所分析的,这就接近于典质了土地的收租权。从理论上来说,田主可以典质期满之后、或随时备银取赎,承典人不得迁延阻拦,但在许多例子中,[①] 田主兼典主都同时承认了佃农兼银主的资产性物权和经营性物权,也就是说,在佃农的资产性物权增加的同时(沿着租率的横轴方向靠近原点),经营性物权也得到了保证,甚至是有所巩固和增加(沿着贴现因子的横轴方向靠近原点)。而且事实上,许多田主并无在以后备银赎回"粮业"[②] 的能力或意愿,于是资产性物权和经营性物权向富裕佃农的转移就成为永久性的了。

当田主完全放弃了收租权、而选择收取押租的现期收益的时候,土地产权的份额已经大体上向佃农一方倾斜了。此外,当佃农具有完全独立的田面权即经营性物权时,田主也可能因地租原额在增产之后

---

① 例如前引《岸里文书》No. 323。
② 在一些地区,佃农的田面权是土地经营的必备要素,极为农民所看重,称为"田业",重要性其实也在名义上的土地所有权之上。与之相对,地主的田底权只有收租完粮的意义,所以称为"粮业"。从这些称谓也可看出经营性物权已经成为独立的产权,具有举足轻重的经济意义。

第六章 押租制在传统农地制度中的地位和意义

的土地收益中只占很小的份额而居于无足轻重的地位。这时田主只剩下很少的土地产权没有变现，然而却在名义上仍是完粮纳税的业主。如果田主需要更多的现金，他可以选择将剩下的产权继续变现，也就是在允许不定期赎回的典的基础上再加价找绝，形成绝卖，或者在田底权的基础上将"粮业"抵当、活卖以至于在无银取赎的情况下最终找价绝卖。从佃农产权状况的角度来看，这也就是由图6-3中的"干押"或"田面权"向最终获得土地完整产权（底面合一的"清业田"）前进的过程。

从该图右上角的小示意图可以看出，佃农可以由一般租佃所获得的不稳定、价值低的使用权，以不同的产权变迁路径，向稳定的、价值高的经营性物权或资产性物权发展，最终殊途同归，获得土地的完整产权。

这一戏剧性的产权变迁过程，一方面是佃农通过多次分期支付押租和长期投入专用性资产，不断增强其经营能力和资本实力；另一方面则是地主在土地产权占有上不断地妥协退让，以至最终放弃了土地的未来收益，而选择将其变现为现金。佃农通过其自身家庭几代人的努力获取土地产权的过程，就像图6-3所显示的那样，是一个在产权阶梯上逐步攀升的过程，其间充满了艰辛的奋斗和勤勉的经营，是农户生产经营能力进步和农地制度多样化发展的一曲史诗。

从这个视野来观察土地租佃关系和产权关系的变迁，我们就会达到较之传统的"剥削论"和"兼并论"更为深刻的认知层面，并从中得到焕然一新的认识和领悟。当前农业现代化进程中所遇到的若干重大制度性问题，如土地规模经营、土地有序流转、土地资本化等，都可以从中国传统土地制度中找到借鉴和依据。[①] 这对于我们重新发现传统农业制度遗产的重大价值，并在现实的土地制度改革实践中予以继承和发扬，就显得尤为重要。这也就是本篇在中国传统农地合约与产权制度谱系的背景下，对传统农地押租制进行综合性研究的最终意义之所在。

综上所述，本篇通过对押租制经济功能及其与传统土地产权与合

---

① 如本篇第五章第三节、第四节就做了一些初步的论述。

约制度的关系的研究，将土地产权分解为经营性物权和资产性物权，将租佃关系分解为实际租率、合同期等制度变量，以押租制为这一土地价值体系的枢纽，论证了中国传统农地制度的产权与合约连续性转变的特征。本篇只是一项初步的尝试，要想更清晰透彻地阐明中国传统土地制度的构成和机理，未来还需要进行更多更深入的研究。

下 篇
永佃制与江南农业的集约化发展

第七章　永佃制兴起的动因分析

传统中国经济社会以农业生产为基础，农业在社会生产中处于核心的地位。在农业经济中，又是以土地制度为最关键的制度组成部分。在近代以前，我国经济的发展水平和人们的生活质量一直都处于世界领先的地位。即使是在西方列强凭借坚船利炮入侵中国的19世纪中前期，作为中国传统经济中心的江南[①]仍旧与英格兰、尼德兰等欧洲传统经济发达区域在农业生产效率、城市化率、人均寿命等方面相差无几。[②] 这些成就的取得肯定离不开传统中国土地制度的影响。

但是，在我国近代深重的民族灾难之下，传统社会中的一切都曾遭到批判，以私有制和市场流转为特点的传统土地制度当然也不能幸免，经常被当作腐朽落后的封建制度加以否定。在轰轰烈烈的土地革命和人民公社化运动之后，传统土地制度被彻底扫进了"历史的垃圾堆"。

然而，在家庭联产承包制建立30多年后，随着改革红利的逐渐耗散、城市化侵占农田和耕地大面积抛荒等现象的出现，粮食产量一

[①] 关于"江南"一词所指称的地理范围，本篇采用李伯重的界定，即苏州府、松江府、常州府、镇江府、杭州府、嘉兴府、湖州府、江宁府，再加上从苏州府分离出来的太仓州，共计八府一州。

[②] 这方面的研究以彭慕兰、李中清、王国斌、李伯重等"加州学派"学者的实证研究最具典型，其观点可以以彭慕兰在其名著《大分流》中引用杉原熏（Sugihara Kaoru）的说法为代表："如果世界结束于1820年，一部此前300年全球经济史的上体就会是东亚的奇迹：人口迅速增长，生活水平有节制但稳定地提高；结尾的简短的一章可能提到大西洋沿海有相当少量的人口似乎享有甚至更快的人均增长率（尽管或许不是太快）。如果世界结束于1945年，经济史的主体就会是，我们大部人——至少是在西方——伴随着北大西洋的胜利和一个高消费、高能源利用和高劳动生产力的世界的诞生成长。"当然，现在认同这种观点的学者不止限于该学派。

下篇　永佃制与江南农业的集约化发展

度出现"五连降"（1999—2003）[1]，国家开始加强对农民土地产权的保障和对农地合理流转的支持。时任国务院总理温家宝在 2011 年年底召开的中央农村工作会议上指出："推进集体土地征收制度改革，关键在于保障农民的土地财产权，分配好土地非农化和城镇化产生的增值收益。"2013 年中央一号文件《中共中央国务院关于加快发展现代农业进一步增强农村发展活力的若干意见》第五章提出："改革农村集体产权制度，有效保障农民财产权利。"农业部相关负责人明确表示："今后将在坚持家庭承包经营制度的基础上，引导城市工商资本投入农业农村。"[2]

在这种背景下，我国几百年来在传统土地制度上的发展和探索，将成为我们进行下一步土地制度改革的历史经验宝库。

关于中国农地制度的进一步改革，理论界主要提出了三种方案[3]：一是主张在保持现有的农村集体土地所有制不变前提下进一步完善家庭承包制；二是主张国家所有、农民永佃，即"国有永佃"，如把承包期延长到 999 年，农民手中的土地可以流转；三是主张实行农地私有，认为农地私有化是农村土地产权改革的最终目标。

永佃制是一种颇具中国特色的传统土地制度，与家庭承包制、国有永佃制和土地私有制都有一定的联系，对进一步的土地改革极具启示作用。现有的关于永佃制的研究虽然很多，但是这些研究多停留于永佃制自身，对于它与其所处的经济社会背景（如人口、技术等）之间的联系考虑不够。本篇运用新制度经济学和博弈论的方法来解释清代江南地区永佃制的相关问题，希望从中得到对于当前中国土地制

---

[1] 粮食产量数字参见中华人民共和国国家统计局网"全国年度统计报告"（链接见本书末尾"参考文献"电子文献部分）。

[2] 刘英团：《农民土地财产权需要立法保障》，http：//haiwai.people.com.cn/n/2012/0110/c232604-16664767.html，2012-01-10/2020-11-12。中央人民政府网：《中共中央 国务院关于加快发展现代农业 进一步增强农村发展活力的若干意见（2012-12-31）》，http：//www.gov.cn/gongbao/content/2013/content_2332767.htm，2013-01-31/2020-11-12。新华网：《中央一号文件鼓励"资本下乡"》，http：//finance.people.com.cn/n/2013/0215/c70846-20488950.html，2013-02-15/2020-11-12。

[3] 蔡继明、方草：《对农地制度改革方案的比较分析》，《社会学研究》2005 年第 4 期。

第七章 永佃制兴起的动因分析

度改革方略的启示。

第一节 本篇的研究思路

本篇将研究清代江南的永佃制。在对江南永佃制进行研究之前，需要首先确定一下对于江南的定义。李伯重[①]认为江南"包括明清的苏（州）、松（江，今上海）、常（州）、镇（江）、应天（江宁，今南京）、杭州、嘉兴、湖州八府及由苏州府划出的太仓州。这八府一州的地域范围，与严格意义上的长江三角洲地区大致相同。……这八府一州在地理上还有一个极为重要的特点，即同属一个水系——太湖水系，因而在自然与经济方面，内部联系极为紧密。"尤其是近世以来，"江浙两地在经济上几乎形成一体……苏南和浙江的永佃制，在习惯和称谓上也几乎完全一致"[②]。本篇采用这种界定，将"江南"的范围限定为李伯重所指出的"八府一州"地区。时间上，本篇研究重点将放在私田永佃制在江南开始盛行的清代，大约从1650年至1911年。

从新制度经济学的角度来看，自"不立田制"的宋代以降，传统中国的土地制度的每一次演化，几乎都是始于非正式制度的诱致性变迁，成于正式制度的确认和巩固的过程。在诺斯看来，"解释历史上的经济绩效需要有一个人口统计变动理论、知识存量增长理论和制度理论"[③]，以便弥补新古典模型的缺陷。所以，本篇将分别从人口变化、技术进步和制度博弈三个方面入手，来解释清代江南永佃制兴起的原因。

本篇的理论逻辑思路可以概括如下：

清代全国人口虽然有巨大增长，但在1620—1850年，江南的人

[①] 李伯重：《"江南地区"之界定》，《发展与制约——明清江南生产力研究》，联经出版事业有限公司2002年版，第420—421页。

[②] 慈鸿飞：《民国江南永佃制新探》，《中国经济史研究》2006年第3期。

[③] ［美］道格拉斯·C.诺斯：《经济史上的结构与变革》，厉以平译，商务印书馆2009年版，第11页。

169

下篇 永佃制与江南农业的集约化发展

口却只是从 2000 万人增长到 3600 万人，增长幅度相对不大。在同一时间段，江南农村中从事非农行业工作的人口比例至少为 10%，加上江南城市化人口比例的 15%，江南从事非农业生产的人口至少占到 25%。随着江南手工业产品在国内外市场份额的增加，农业劳动力比例进一步减少，出现相对短缺的状态，而非前人所认为的劳力过剩。在太平天国战争之后，国内市场瓦解，但因为江南已经参与到世界市场之中，而几乎不受国内影响，继续保持着外向型的特征。而战争导致江南人口锐减一半，使得农业劳动力短缺的现象更为明显。

永佃制在江南的兴起即处于这样一个劳动力相对和绝对短缺的人口背景之中，导致了如下选择结果：在制度选择上，当地地主和政府不惜以永佃权或田面权来招佃，在战争造成人口大量锐减之后更为急迫；在技术选择上，劳动力节约型技术得以推广应用，使得江南农业呈现出"集约化"而非"过密化"的发展特点，进一步促进了永佃制的发展。另一方面，在农业劳动力出现短缺的同时，由于城市化和工商业的发展，城居地主和商人地主不断增加，他们对土地的控制力下降，在地权交易中明显表现出对田底权的偏好。由于佃农和地主在上述背景下的反复博弈，永佃制在清代江南地区变得普遍起来。

本章将首先探讨永佃制的概念和实际情况，并总结归纳前人对永佃制起源和成因的研究观点。

第八章对清代江南人口和农业劳动力情况进行了一个较为完整的梳理，解释了人口和劳动力的变化对永佃制兴起的影响，并对清代江南人地关系变化趋势的争议和混乱之处进行了事实上和理论上的澄清。

第九章论述了清代江南农业的集约化发展及其与永佃制的关系，分析了该时期技术进步和市场拓展的情况，及其对小农经营能力的促进作用，解释了江南农业的集约化发展与永佃制兴起的互动影响。

第十章将用博弈论的方法分析永佃制在清代江南兴起的原因：不在地主的增加使地主的对土地的控制力下降，同时农业劳动力的相对短缺和农户经营能力的提高使农户对土地的控制力上升，最终使得"佃权物权化"成为土地制度演进的方向，地权市场交易特征从人格化走向非人格化。[1]

第二节 永佃制的概念和实际

一 永佃制与一田二主制的概念辨析

永佃制是一种从民间自发产生出来的土地制度，对我国社会及农业经济有过深远的影响。关于永佃制的定义，学界存在争议的地方，主要在于辨析"永佃制"是否等于"一田二主制"[2]。很多学者都认为永佃制就是一田二主制，二者不过是名称不同罢了，如《中国经济年鉴》、金陵大学农学院农业经济系[3]都认为真正的永佃制必然有着田主和佃户关于地权的分割，地主可以永远收租、佃户可以永远佃种土地，地主按时纳税、佃户按时缴租，两者将自己的地权或出售或抵押，对方都不得干涉。

相反，有些学者则认为永佃制和一田二主是两种概念，不应该混为一谈，如方行、经君健、魏金玉、赵晓力、董蔡时[4]等人都认为永佃制只是表示佃户有耕作权，"一田二主"与"永佃制"所指本就不同，如果等同起来不免张冠李戴。方行曾认为永佃制只是指佃农拥有永久的耕作权，[5] 这种"享有佃权的永佃制度是一个进步"，但是随着永佃制的消失或者转变，"一田二主制"越来越普遍，"这是一种倒退"。之所以会有这种倒退的观点，原因在于永佃制的佃农只用缴一份地租就可以永久佃种土地，而一田二主制下的佃农则可能要缴纳"大租""小租"两份地租，却既没有地主的"产权"又没有佃主的

---

[1] 龙登高：《地权交易与生产要素组合：1650—1950》，《经济研究》2009年第2期。
[2] 慈鸿飞：《民国江南永佃制新探》，《中国经济史研究》2006年第3期。
[3] 实业部中国经济年鉴编纂委员会编：《中国经济年鉴》，商务印书馆1934年版；金陵大学农学院农业经济系：《豫鄂皖赣四省之租佃制度》，金陵大学经济系1936年印行。
[4] 方行、魏金玉、经君健：《中国经济通史·清代经济史》，经济日报出版社2000年版，第1813页。赵晓力：《中国近代农村土地交易中的契约、习惯与国家法》，《北大法律评论》1998年第1期；董蔡时：《永佃制研究》，《董蔡时学术论文选集》，苏州大学出版社1998年版。
[5] 方行后来对于永佃制和一田二主制的评价有所不同，下文会有介绍。

下篇 永佃制与江南农业的集约化发展

"永佃权",这无疑是双重的剥削,这也是苑书义、董丛林、段本洛等人的观点。①

除此之外,还有第三派观点,以赵冈②的《永佃制研究》为代表。在该书中,赵冈指出:"在本书中采用的定义是永佃制的最终形态:传统的田地产权分化为两层,一方享有原始业主的所有权,称为田骨,另一方是佃户获得的田地使用权,称为田皮。分化后的两种产权是互相独立的,排他性的。双方业主均有独立自由处分其产权的权力,包括买卖、赠予、典押、临时租让及遗产传承等安排。"可见,在他看来,一田二主制是永佃制的最终形态,永佃制是一田二主制的初始形态,二者只是同一事物在不同发展阶段中的分别体现而已。所以,他又进一步指出"有的学者只注意永佃制的初始内涵,认为它只是指佃权本身,也就是耕作权,原则上是限于特定的农户,但不得转让。有人注意此田制发展后期所形成的统一形态,认为永佃权是物权,是一田两制,是所有权的分化"。这样的说法,像是在调和前人观点,但是赵冈却从这一事物的发展逻辑上指出了永佃制或一田二主制真正有意义的地方,不在于佃期是否永久,而是土地物权的发展与分化。甚至从宣统三年(1911)政府编纂的《大清民律》草案来看,政府虽然承认了永佃权的存在,但是同时也规定了存续时间为25年至50年,并无永久性的含义。③ 也就是说,这一制度不在于使用权被佃户长期拥有,而在于佃户获得了可以独立于产权的物权。④ 这样,一田二主制作为永佃制的完成形态才有了经济学上的价值。否则,就真是如方行所说的"是一种倒退"。傅衣凌认为田面权是南方各省佃户夺地、抗租争夺耕作权等等努力获得的"分离部分的土地权",

---

① 苑书义、董丛林:《近代中国小农经济的变迁》,人民出版社2001年版,第57页;段本洛:《苏南近代社会经济史》,中国商业出版社1997年版,第22—23页。
② 赵冈:《永佃制研究》,中国农业出版社2005年版,第1—2页。
③ 中国大百科全书总编辑委员会编:《中国大百科全书·中国历史》(第三册),中国大百科全书出版社1992年版,第1412页。
④ 田面权的意义更在于物权的分割而带来了转佃可能。在转佃的情况下,使用权是有时间限制的,而非永久性转让。所以,"永久性"的耕作权并不是永佃制及田面权所包含的经济学意义。关于转佃,会在第九章进行详细地论述。

"这是农民对抗地主垄断土地，保卫自己劳动果实的一种有力工具，它迫使封建政府不得不在法律上予以承认"①。彭慕兰也指出田面权也是一种形式的产权。② 所以，一田二主制不仅不是永佃制的倒退，而是一种进步，更因其分离了"部分的土地权利"而更显珍贵。龙登高首先明确将田底权和田面权以资产性地权与经营性地权的范畴来进行分析，陈秋坤则用业主权和佃主权来表示同样的含义。③

本篇对永佃制的定义，采用第三派的观点。因为无论是永佃制还是一田二主制，其基本特征是可以完整自由地在市场上流通的田面权，而非"永久的"耕作权。因为，正是这种可以完整自由地在市场上流通的田面权"实际上给予了佃农自由选择的权利，如果不能转租他人，就会永受束缚，成为实际上的终身农奴"。

二 永佃制的分布状况

在江南永佃制的研究方面，赵冈认为"明清之际，永佃权制度在江南一带相当盛行"。他通过对1937年土地委员会发表的《全国土地调查报告纲要》中的数据（详见表7-1）指出，直到民国时期，江苏、浙江、安徽的永佃制依旧非常盛行。④

表7-1　　　　　　　民国时期各类租佃合约比例

省别/类型	永佃	定期租约	不定期租约
江苏	40.9%	9.2%	49.9%
浙江	30.6%	10.1%	59.3%

---

① 傅衣凌：《明清封建土地所有制论纲》，中华书局2007年版，第194—195页。
② [美]彭慕兰：《大分流——欧洲、中国及现代世界经济的发展》，史建云译，江苏人民出版社2010年版，第101—150页。
③ 龙登高：《清代地权交易的多样化发展》，《清史研究》2008年第3期；陈秋坤：《清代台湾土地占垦与地权分配》，《中国土地制度改革国际学术研讨会论文集》，清华大学，2008年。
④ 赵冈：《中国土地制度史》，新星出版社2006年版，第307页。

下篇 永佃制与江南农业的集约化发展

续表

省别/类型	永佃	定期租约	不定期租约
安徽	44.2%	12.9%	42.9%
全国总计	21.1%	8.1%	70.8%

资料来源：土地委员会：《全国土地调查报告纲要》。

章有义认为明清时期尤其是清代以后，永佃制在苏南已经成为较为普遍的现象。他根据中国社科院经济研究所藏康熙初年苏州长洲县三个图的鱼鳞簿，对这一带土地"底""面"分离情况进行了统计。其中，下二十一都二十图分离率为92.3%，西十八都三十一图分离率为96.1%，下二十一都三图为97.3%，三图合计95.3%。[1] 这一比例无疑是很高的，虽然不能反映整个江南的情况，但是考虑到江南大部分地区自然条件、土地占有情况和生产力水平都非常接近，所以可以确定清初江南的永佃制就已经非常盛行了。

严中平等人则认为永佃制在清代已有发展，但是在太平天国运动失败之后则有了更进一步的发展，尤以江苏、浙江、安徽等太平天国运动主战场为甚。江南处于这个区域，自然也不能例外。对于太平天国战争之后江南永佃制发展的原因，他们主要归结为劳力缺乏、佃农流动，特别是佃农反抗斗争之上。[2]

汪敬虞等人也认同"民田私田永佃制在江、浙、皖、赣一带，太平天国后一度有所扩大"，但是他们还认为随着不久之后佃农经济的恶化，田面权纷纷被典卖或被田底权合并，永佃制明显衰落。他们还明确指出永佃制按照地权性质可以分为官田旗地永佃和民田私田永佃两大类。在甲午战争之后，官田旗地向民地转化，此类永佃基本消失；民田私田永佃则随着地权兼并的加剧，逐渐衰落乃至走向崩溃。[3]

---

[1] 章有义：《康熙初年江苏长洲三册鱼鳞簿所见》，《中国经济史研究》1988年第4期。
[2] 严中平：《中国近代经济史（1840—1894）》，人民出版社2012年版，第923页。
[3] 汪敬虞：《中国近代经济史（1895—1927）》，经济管理出版社2007年版，第591—593页。

第七章 永佃制兴起的动因分析

刘淼也指出永佃制中官田永佃和民田永佃之别，他认为在官田中，业主拥有的田骨实际是土地的使用权，所有权则在国家；而在民田中，业主的田骨权即为所有权。关于民田田面权、田底权分割的原因，他认为有五个主要的原因：其一，在人口稠密的江南地区，土地的垦荒极为有限，各地人口增长与土地不足的矛盾日益激化，人们为了生存，不得不争夺有限的土地资源；其二，土地买卖与兼并加速地权分割；其三，商人资本流入土地；其四，"寄产"与"城居地主"的出现；其五，乡村中的分家制度与土地零碎化。[1] 需要强调的是，刘淼的研究材料除了来自江南地区[2]还包括徽州，甚至他的分析更是侧重于徽州。但是，首先他的分析并未脱离江南，其次考虑到明清时期徽商在江南经济中的重要影响和徽州与江南无论是地理位置还是经济上的紧密联系，此说是可以借用到江南方面分析的。

苑书义、董丛林也认为太平天国运动之后永佃制虽然有所发展，但是因为它可能带来二地主的双重剥削和地权市场上的复杂性而不符合近代农村生产关系的发展演变趋势，所以虽然直到民国永佃制仍有一定规模的存在，却大势上趋于衰落并最终走向崩溃，江南一带尤为如此。[3] 为了证明其观点，他们援引章有义[4]根据1934年《实业部调查》中的相关数据所制表格进行说明，详见表7-2。

表7-2　部分省份永佃制在全部租佃关系中所占的百分比

	江苏	山东	河南	江西	浙江	安徽	山西	甘肃	平均
1934	11	8	5	9	37	5	4	10	11
1924前	9	9	6	10	41	5	4	10	12

资料来源：实业部中国经济年鉴编纂委员会编著：《（1934）中国经济年鉴（第七章，租佃制度）》，商务印书馆1934年版，第101—104页。

---

[1] 刘淼：《土地关系与农村社会》，暨南大学出版社2011年版，第165—174页。
[2] 李伯重所界定的八府一州地区。
[3] 苑书义、董丛林：《近代中国小农经济的变迁》，人民出版社2001年版，第51—58页。
[4] 章有义：《中国近代农业史资料》（第三辑），生活·读书·新知三联书店1957年版，第251页。

◈❀◈　下篇　永佃制与江南农业的集约化发展　◈❀◈

可以看出表7-2中江苏、安徽两省永佃制所占比例远小于表7-1中的比例，但是表7-2中浙江的永佃制所占比例却大于表7-1，所以并不能完全推出永佃制在江南崩溃的结论。而且，苑书义、董丛林援引这组数据试图说明永佃制的逐渐衰落，但是他们自己也承认"这十年间从规模上没有太大变化"，并无衰落之势。所以，笔者认为这组数据并不能支持苑、董二人的观点。

而且，当代学界对于民国时期江南永佃制更倾向于认同1937年土地委员会发表的《全国土地调查报告纲要》中的数据，并且认为无论是在当时的实际情况上，还是在当时政府颁布的法规或采取的措施上，都无法得出江南永佃制在民国时期衰落的结论，相反，却"可能有较大幅度的增长"①。

段本洛等人对于江南永佃制的分析侧重于苏南地区，认为苏南的永佃制产生于宋代，明清尤其是清代以后成为当地较普遍的现象。他们认为苏南永佃制普遍流行的原因在于两点：其一，土地高度集中和人口的大量增加，人地关系紧张，迫使佃农争取永佃权；其二，城居地主的大量增加，永佃制可以保证他们安居城市坐享田租。他们认为有三种佃农取得永佃权的具体途径：一是押租制的演化；二是自耕农被迫卖田时保留耕作权；三是佃农出银购得田面。他们还认为永佃制虽然让部分佃农成为佃中农和佃富农，却使得更多的佃农被束缚在土地上，受到更沉重的封建剥削。段本洛等人在论述太平天国战争之后江南永佃制大发展的时候，提到了两个新的原因：其一，是在起义中培养了斗争精神的佃户在战后面对劳动力紧缺的生产环境，迫使地主给予永佃权；其二，战争过后土地抛荒，地主和政府急于招佃垦荒、以便征租征赋，不得不许以永佃权，以广招徕。此时永佃制下的佃农虽已不再是地主土地的附属物，而有了更多的人身自由和生产独立性，但是并没有突破封建土地所有制，所以仍然受到地主和官府的剥削和压迫。②

---

① 慈鸿飞：《民国江南永佃制新探》，《中国经济史研究》2006年第3期。
② 段本洛：《苏南近代社会经济史》，中国商业出版社1997年版，第19—25、266—274页。

王昉认为永佃制在清代突破了南北方分成制和定额制各自流行的区域界线,成为主流的土地经营制度,标志是全国各地都将永佃制度作为"乡例"或"俗例"予以承认。对于其出现的原因,王昉认为在人地比例越紧张的地方,养地的重要性越高,随着人工养地比重的上升,提高了使用者谈判的地位。而土地产权分割的细致和契约租佃制度的完善调动了农民养地的积极性,使得土地肥力不降反升。但是,王昉认为即使如此,因为清代人口激增,而土地的增长率远远赶不上人口的增长率,从而在边际效率递减规律的作用下,中国的劳动生产率还是在清代降到了最低点。[1]

三 对永佃制的评价

前人对于永佃制的评价有褒有贬。一部分学者认为"耕者有其田"的自耕农制度才是最优的,而租佃制度是对佃农的剥削,一田二主制则是对佃农的双重剥削,是一种将佃农束缚在土地上的"变相农奴制",应该予以消灭;或是对土地制度的理解停留在使用权上,认为"田底权"和"田面权"的分离使得地权市场太过复杂,不符合近代农村生产关系的发展演变趋势,所以会随着时间的推移慢慢消亡。他们总体上认为永佃制依旧属于封建土地所有制,佃户受到地主的剥削和压迫。持这类观点的有苑书义、董丛林、段本洛和方行[2]早期的观点。但是,这种观点难以解释南方各省佃户通过夺地、抗租等诸多努力来争取永佃权和田面权的行为:如果永佃制对佃农真的是不利的,他们又怎会付出巨大的努力来争取它呢?

相反,另一些学者则对永佃制评价比较高。例如傅衣凌认为永佃制是佃农争取来的"分离部分的土地权"。赵冈、彭慕兰、龙登高、陈秋坤都认为永佃制中"田底权"和"田面权"是独立的物权,其

---

[1] 王昉:《中国古代农村土地所有权与使用权关系:制度思想演进的历史考察》,复旦大学出版社2005年版,第211页。

[2] 苑书义、董丛林:《近代中国小农经济的变迁》,人民出版社2001年版;段本洛:《苏南近代社会经济史》,中国商业出版社1997年版;方行:《清代佃农的中农化》,《中国学术》2000年第2期。

下篇　永佃制与江南农业的集约化发展

意义不仅在于使用权的长期固定，更在于其不受地主左右的可流转性。这使得佃农不是被束缚在土地上，而是对于地主和土地都有权利更为自由地选择。方行后期也认为在永佃制之下，佃农因为没有了地主增租夺佃的威胁，所以会对土地进行连续性的投资。佃农会使用施肥、平整土地和修建塘堰等措施来改良土地，以便提高土地的产出。①

至于认为"田底权"和"田面权"的分离使得地权市场太过复杂从而不符合近代农村生产关系的发展演变趋势的观点，则更是没有考虑到地权市场发展的逻辑。在中国传统社会中，土地固然是一种重要的生产资料，但是在地权市场高度发展的社会中更是一系列金融工具的载体，多样化的地权交易形式满足了广大农民在不同情况下融资的需求。②

龙登高认为在近世中国的土地交易中，除了人们熟知的买卖和租佃之外，更有着复杂多样的交易体系，③ 其差异与关系可以用表7-3来完整地所示。而对于土地不同权益层次上的交易都有着相应的交易形式，如图7-1所示。

表7-3　　　　　　　　　地权交易形式的差异与关系

交易形式	胎借	租佃	押租	典	抵、押	活卖	绝卖
权利层次交易对象	地租	使用权	用益物权	用益物权担保物权	担保物权	所有权	所有权
说明	使用权不变	有保障的佃权	拥有回赎权	以地权为债务清偿	高利息	回赎优先权	
交易价格	最低	次低	相对高	较高	高利息	次高	最高

---

① 傅衣凌:《明清封建土地所有制论纲》，中华书局2007年版，第194—195页；方行:《清代租佃制度述略》，《中国经济史研究》2006年第4期。
② 龙登高、任志强、赵亮:《近世中国农地产权的多重权能》，《中国经济史研究》2010年第4期。
③ 龙登高:《地权市场与资源配置》，福建人民出版社2012年版。

第七章 永佃制兴起的动因分析

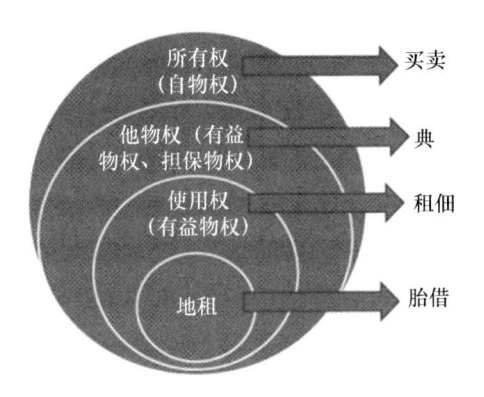

图7-1 土地权益层次及其交易形式

第三节 永佃制的起源和成因概述

关于永佃制的起源时间，学界存在争论。周子良提出永佃制出现于隋唐以后的观点，傅衣凌认为永佃制起源于宋代，乌廷玉认为永佃制最早见于南宋，杨国桢则认为永佃制始于宋代的说法尚缺乏确切的资料可资证实，只说是永佃制至明代中叶已在东南省份流行，他并举出明代的农田租佃契约格式中已有"不限年月"及"永远耕作"的字样。但是，无论是哪一方的观点，都对明中期以后永佃制在东南省份的流行没有异议。[①]

永佃制起源的原因众多，可以将相关学者的观点整理为下表7-4：

---

① 周子良：《永佃权的历史考察及其当代价值》，《现代法学》2002年第4期；傅衣凌：《明清农村社会经济》，生活·读书·新知三联书店1961年版，第47页；乌廷玉：《中国租佃关系通史》，吉林文史出版社1992年版，第87页；杨国桢：《明清土地契约文书研究》，人民出版社1988年版，第92页。

179

表7-4　　　　　　　　永佃制起源原因各方观点

类型	原因	代表学者
非私田	公田永佃化	周子良、汪敬虞、刘淼
	法人所有地	龙登高
制度影响	租佃制的发展/押租制演化	赵冈、龙登高、张弛、段本洛
	分家制度与土地零碎化	刘淼
不在地主	城居地主	龙登高、刘淼、段本洛
	商人资本	刘淼、龙登高
佃农争取	佃农垦荒、投资	赵冈、龙登高、段本洛、王昉
	债务永佃/卖田保留耕作权	赵冈、龙登高、刘淼、段本洛
	佃农购买田面	段本洛
	佃农斗争	傅衣凌、严中平、汪敬虞、刘淼
人地关系	劳力缺乏	严中平、汪敬虞、苑书义、董丛林、段本洛
	人地压力	刘淼、王昉、段本洛

一　非私田

对于非私田中永佃制的出现，周子良、汪敬虞、刘淼[①]都提到了官田永佃化的现象。汪敬虞、刘淼的相关论述，本节前文已涉及，兹不赘。周子良认为是承租人长期佃种国家公田而将公田视为自己的"私产"，国家对佃户的"私产"也予以承认，永佃制由此发展而来。龙登高专门指出了诸如寺田、族田、学田等各种法人性质公田所有者因不从事具体经营，故而容易以永佃出租土地这一现象，[②] 无疑给我们指出在考虑传统中国土地制度时不能忽略的重要一环。尤其是近世中国南方农业相比于北方一个重要的不同点，就在于族田、学田、寺田等法人土地所有制的盛行。

[①] 周子良：《永佃权的历史考察及其当代价值》，《现代法学》2002年第4期；汪敬虞：《中国近代经济史（1895—1927）》，经济管理出版社2007年版，第591—593页；刘淼：《土地关系与农村社会》，暨南大学出版社2011年版，第165页。

[②] 龙登高：《地权市场与资源配置》，福建人民出版社2012年版，第29—35页。

二 制度影响

在制度影响方面，很多学者都很强调租佃制度的发展，尤其是传统押租制向永佃制的演变，如赵冈、龙登高、段本洛等人。需要强调的是，永佃制、田面权作为押租制的演化结果，其意义更在于将佃权的物权化向前推进了一大步，这样的田面权才给予了佃农选择上的自由，否则真的是被束缚在土地上受到更重压迫的农奴了。赵冈对永佃制的起源形式进行了系统性的论述，他认为永佃制的主要来源有三种起源形式：其一，传统押租制的演变；其二，佃农垦荒、投资之后，地主对其所投工本的酬谢；其三，农民典卖田地时言明保留耕作权。[①]龙登高则通过对佃权物权化的演化路径分析出发，提出永佃制出现的五个主要原因：第一，佃农投资土地增强了经营与控制权；第二，押租制的逐渐演化；第三，债务永佃慢慢演化成永佃制；第四，城居地主将土地物权让渡于佃户；第五，法人所有的土地，或是诸如寺田、族田、学田等各种私田性质的土地，或是包括旗田在内的国有土地，都因为法人所有者不从事具体经营，故而容易以永佃形式来出租土地，由此带来永佃制的发展。[②]张弛提出永佃制是租佃制的一种发展形式和新阶段，完全是由中国社会习俗内在发展的结果。[③]

另外，刘淼还提到了中国农村的分家制度所带来的土地零碎化问题。[④]但是，问题在于"诸子均分制"是近世中国农业明显不同于西欧和日本"长子继承制"的特色，何以这一因素在明清时期带来了永佃制在江南的盛行，而在之前的江南和同时期的中国其他地区却无此现象？对此他在文章中没有给出的解释，所以本篇认为可以作为一个社会背景去应用，但是不应作为导致江南永佃制盛行的决定性因素。

---

① 赵冈：《永佃制研究》，中国农业出版社2005年版，第16—24页。
② 龙登高：《地权市场与资源配置》，福建人民出版社2012年版，第29—35页。
③ 张弛：《永佃制的法律经济分析》，《江苏社会科学》2005年第3期。
④ 刘淼：《土地关系与农村社会》，暨南大学出版社2011年版，第174页。

下篇　永佃制与江南农业的集约化发展

三　不在地主

永佃制的产生，不少情况下主要是因为"不在地主"的出现和增多。"不在地主"指的是长期不居住在土地所在地附近、与佃农失去直接联系的土地所有者，包括外乡地主、城居地主、商人地主等。其中城居地主和商人地主是因经济发展和社会变迁而产生，成为永佃制产生的动因。第十章第二节将更加详细论述地论述这一因素，在此只进行简单概述。

龙登高、刘淼、段本洛都分析中讲到了城居地主这一因素。在清代，地主因为羡慕都市的繁华生活、躲避战乱等原因，"地主进城"现象一直存在，进入清末更是成为一大社会现象。而租栈等中介机构的出现，使得江南的很多城居地主不再亲自下乡收租，地主与佃农对于地租的交割不需要面对面地进行，地权交易由人格化交易走向非人格化交易。[1]

除了城居地主，刘淼指出商人地主的增加源于商人"以末取之，以本守之"的稳健投资之道。龙登高也从土地交易市场的发展中论述过商业资本向土地市场流动的现象，"资产性地权的所有者，能够脱离土地控制与管理而获得地租，于是城市居民与工商业者投资于土地"[2]。

四　佃农争取

在因佃农争取而形成永佃权的情形中，前人主要指出了四个因素：1. 佃农垦荒、投资；2. 债务永佃，即原田主典卖田底权，保留耕作权，变成佃农；3. 佃农购买田面；4. 佃农斗争。

佃农垦荒、投资之后，增强了对于土地的经营能力与控制权，地主或出于致谢或出于无奈，会将田面权给予佃户。这种说法，赵冈、龙登高、段本洛、王昉都有所论述。需要注意的是，对于土地的投资

---

[1] 龙登高、任志强、赵亮：《近世中国农地产权的多重权能》，《中国经济史研究》2010年第4期。
[2] 龙登高：《地权交易与生产要素组合：1650—1950》，《经济研究》2009年第2期。

第七章 永佃制兴起的动因分析

除了在垦荒时相当重要之外，在熟地耕作时也是如此。因为在农业生产中，土地虽然是最重要的资源，但是如果停止了对土地的投资，土地就会迅速荒芜而无法使用。而近世中国，刀耕火种的粗放型农业早就无法支撑庞大的人口，农业生产离不开对土地的持续投资。[①] 正因为人工养地重要性的上升，提高了佃农在与地主谈判时的地位，所以才使得佃农可以获得永佃的权利乃至田面权。但是，江南佃农何以可以在清代独立垦荒、投资，而获得永佃权乃至田面权？这又不得不归结于农业个体经营能力的进步。否则，很难解释为何地主不选择自己投资而保留完整的土地产权。毕竟在人多地少的江南，土地对于佃农来说自然是很重要，但是对于地主来说又何尝不是如此？

田主在典卖田地时言明保留耕作权，赵冈、龙登高、刘淼、段本洛对此有所论述。龙登高更是认为这是近世中国土地交易中对于卖方的保护性举措之一。在近世中国，对于土地的交易，除了人们熟知的对于所有权的买卖和对于使用权的租佃之外，更有着包括"租佃—押租制—典—抵押—活卖—绝卖"在内的复杂多样的交易体系，如表7.3所示，而对于土地不同权益层次上的交易都有着相应的交易形式，如图7-1所示。所以，当田主急需用钱而不得不选择卖地时，仍然会争取保留使用权以图东山再起，此时交易的就只是自物权而非包括用益物权和担保物权在内的他物权。这样一种交易体系的出现，显然不是一朝一夕之事，而是传统中国土地产权交易制度历经漫长的岁月而逐渐形成的。田面权也是这种交易制度发展逻辑下的产物，而非像苑书义等所说的"不符合近代农村生产关系的发展演变趋势"[②]。

段本洛提出佃农出银购得田面，是作为佃农获得田面权的具体途径进行阐述的，而非永佃制普遍流行的原因。笔者认为佃农出银购得田面只是佃农获得田面权的途径之一，因为这是田面权市场形成之后的交易，而非原生性的制度创新。

傅衣凌、严中平、汪敬虞、刘淼在论述永佃制出现原因时，都提

[①] 赵冈:《人口、垦殖与生态环境》,《中国农史》1996年第1期。
[②] 苑书义、董丛林:《近代中国小农经济的变迁》,人民出版社2001年版,第57—58页。

到了佃农的斗争。傅衣凌将其作为南方佃农斗争形式之一，与明末清初北方农民起义相并列。严中平、汪敬虞是在论述太平天国运动之后，江南人口锐减、劳动力严重不足，地主甚至官方鼓励佃农来佃种土地时引入这一因素进行分析的。刘淼则是论述清代江南人口剧增，人地关系紧张，佃农迫切需要土地进行斗争而引入的。

五 人地关系

严中平、汪敬虞和刘淼在论述佃农斗争时，都用人地关系的变化来解释斗争的原因。然而，学者们对于人地关系的变化却有着两种完全相反的判断：一派认为劳力缺乏，所以佃农进行斗争来争取更多的权益，严中平、汪敬虞、苑书义、董丛林、段本洛据此论证太平天国运动之后永佃制的进一步发展；另一派则认为人多地少，佃农需要对土地的精心养护来提高与地主的谈判地位，或通过斗争来争取更多权益，刘淼、王昉、段本洛均持此说。两种相反的变化如何能带来同样一个结果？对此暂时无法给出确切答案，但在本篇所研究的清代江南这一时空范围内，史实基本支持"劳力缺乏"（包括相对缺乏）的观点，下一章将对此详细讨论。

第四节　现有研究的不足与本篇的创新

通过上文的总结，可以发现现有研究的几点不足：

（1）前人对永佃制兴起原因的分析中存在争议和矛盾之处：劳力缺乏和人多地少似乎都可能是江南永佃制盛行的原因。本篇第八章将通过梳理清代江南人口及农业劳动力的变化情况，来探究人口和农业劳动力到底怎样影响了永佃制的发展，并对这一争议给出自己的解释。

（2）佃农垦荒、投资之后，增强了对于土地的经营能力与控制权，更是凭借他们养地能力的增强提高了与地主谈判的地位，以此来争取永佃权乃至田面权，这已经是现在公认的永佃制盛行的主要原因。而江南佃农之所以可以在清代独立垦荒、投资，从而获得永佃权乃至田面权,应该归因于农户经营能力的进步。否则,人多地少之下,地价势必高涨,地主怎么可能轻易将部分物权拱手让给佃农?是一种什么样的技术进步使得最终受益者是佃农而非地主呢?本篇第九章将试图回答这些问题。

(3) 永佃权乃至田面权是经过佃农和地主双方的反复博弈才逐渐实现的。人们一般认为佃农在与地主的谈判中处于弱势的地位,那么清代江南的主佃关系真是如此吗?主佃双方在合约选择内外有着很多方面的博弈。本篇第十章尝试运用博弈论的方法对此进行研究。

本篇将在以下几个方面有所创新:

首先,在理论上,本篇运用新制度经济学的人口统计变动理论、知识存量增长理论和制度理论来解释清代江南永佃制的兴起;在方法上,为了更为简洁地阐明清代江南主佃的契约选择,本篇还建立和分析了主佃关系的博弈论模型。

其次,本篇在研究视角上有所创新:第一,本篇通过对清代江南人口和农业劳动力变化进行一个较为完整的梳理,回答了以往学界对于清代江南永佃制兴起在人口问题上争论,指出农业劳动力短缺才是永佃制兴起的人口背景;第二,本篇通过前人对于清代江南农业生产技术进步的研究,系统地论述了"集约化"技术如何提高了佃农对土地的控制能力而且促使长期契约的使用,从而带来永佃制的兴起;第三,本篇还在前人对土地产权发育的研究的基础上,进一步论述了"佃权的物权化"发展,指出永佃制的发展是一种自然的演进方向。其中,第一个视角不同于已有的主流观点,第二个视角在以往的土地制度演进研究中受到忽略,第三个视角则仅有龙登高等少数学者提及。本篇的主要创新也来自于以上三点。

最后,本篇的研究虽然侧重于历史上的土地制度演化,但是对现实的土地、人口问题都有借鉴的意义。本篇的研究进一步完善了对于近世地权市场形成的客观认识,为当下的土地制度改革提出了有益的启示和建议。另外,本篇也从对于传统地权制度的研究出发,对人口政策选择理论进一步提供了历史的依据。

第八章 人口变迁与永佃制的兴起

第一节 清代江南的人口特征

永佃制作为一种土地产权制度，它在清代江南地区的出现与发展是与当地的经济社会紧密联系在一起的。严中平、汪敬虞、苑书义、董丛林、段本洛等人均认为永佃制在江南的盛行与江南农业劳动力的短缺密切相关（详见第九章）。因此，要弄清清代永佃制的制度博弈的背景，有必要先考察清代江南地区的人地关系状况。

一 "旷世未有"的人口增长

何炳棣曾说过："在中国人口的发展史上，没有哪一段的重要性比从1650年（清顺治七年）至1850年（道光三十年）这两个世纪更大了。"[①] 确实，清代的全国人口从清兵入关（1644）至金田起义（1851），一直有所增长。当然，具体的增长率还存在一些争议，但是从公认的结论来看，这样的增长还是很惊人的，如下表8-1所示：

表8-1　　　　　清代1700—1850年间人口的增长

年度	人口总数（亿）	比上一年度增长
康熙三十九年（1700）	1.5	

[①] ［美］何炳棣：《明清以降人口及其相关问题：1368—1953》，葛剑雄译，生活·读书·新知三联书店2000年版，第1页。

第八章　人口变迁与永佃制的兴起

续表

年度	人口总数（亿）	比上一年度增长
乾隆四十四年（1779）	2.73	7.70%
乾隆五十九年（1794）	3.13	8.70%
道光二年（1822）	3.73	6.30%
道光三十年（1850）	4.3	5.10%

清代的人口增长在太平天国战争爆发之后，被暂时地打断和逆转，虽然该段时期人口到底减少了多少尚无定论，但是数量上亿是没有异议的。① 曹树基估计从1851年至1877年，各种战争造成的死亡人口合计高达11840万，保守估计也要占到全国人口的20%以上。对于处于太平天国运动主战场的江南来说，人口的锐减更是惊人。② 据估计太平天国战争之后，江南人口减少了一半左右，人地之间的比例直接退回到17世纪早期的水平。③ 苏州、嘉兴两府的人口损失更是达到了三分之二。

但是，在太平天国运动被镇压之后，人口恢复增长，到清末大致恢复到道光年间的水平。有清一代，中国的全国人口从8849万左右增长至4亿余人，其整个变化情况大致可以用下图8－1来表示④。

为了更好地展示清代全国人口的自然增长，我们可以使用前人学者对于康熙三十九年（1700）至嘉庆五年（1800）之间没有战争干扰的人口数据来加以说明，详见下表8－1。⑤ 可以看出各派学者对于清代人口的巨大增长都是没有异议的，以致对此有"人口奇迹""旷世未有的人口增长"之称⑥。

---

① 葛剑雄：《中国人口发展史》，福建人民出版社1991年版，第246页。
② 曹树基：《中国人口史·清时期（第五卷）》，葛剑雄主编，《中国人口史》，复旦大学出版社2001年版，第867页。
③ 李伯重：《江南农业的发展（1620—1850）》，王湘云译，上海古籍出版社2007年版，第155页。
④ 赵文林、谢淑君：《中国人口史》，人民出版社1988年版。
⑤ 张研：《17—19世纪中国的人口与生存环境》，黄山书社2008年版，第24页。
⑥ 当代学者质疑清代的"人口奇迹"，主要是为了批判清朝前中期人口的年均增长率的大起大落的说法，认为人口的年均增长率大体上应是稳定而有规律可循的。但是，他们对于清代人口的长期持续增长，并无多少异议。

下篇 永佃制与江南农业的集约化发展

清代人口增长曲线（千人）

图 8-1 清代人口增长曲线（千人）

表 8-1 21700—1800 人口

出处	康熙三十九年（1700）	乾隆六年（1741）	乾隆五十五年（1790）	乾隆五十九年（1794）	嘉庆五年（1800）
《清实录》	2010 万	1.43 亿	3.01 亿	3.13 亿	2.95 亿
何炳棣	1.5 亿			高于 3.13 亿	
赵文林	1 亿			3.19 亿	
珀金斯	清初 1—1.5 亿				19 世纪初 4 亿
曹树基	清初 1.6 亿				

清代人口增长看似很多，但是年均增长率却不足 7‰。[①] 其中，从康熙十八年（1679）至乾隆四十年（1775）的人口年均增长率为 6.82‰，乾隆四十一年（1776）至嘉庆二十四年（1819）为 4.72‰，从嘉庆二十五年（1820）至道光三十年（1850）为 4.19‰，从咸丰

---

① 曹树基：《中国人口史·清时期（第五卷）》，葛剑雄主编：《中国人口史》，复旦大学出版社 2001 年版，第 835 页。

第八章 人口变迁与永佃制的兴起

元年（1851）至光绪五年（1879）为-6.17‰，从光绪六年（1880）至宣统元年（1909）为6.00‰[1]。中国历史上高于这个速度的年代比比皆是，但是这种增长却持续了这么长时间，是中国历史上未曾出现过的。曹树基就认为可以用"人口长时期的稳定增长"来对"人口爆炸"进行解释和定义。即使是质疑清代"人口奇迹"的葛剑雄，也不得不承认，从顺治十二年（1655）到道光三十年（1850），总人口从1.19亿增加到4.3亿，年平均增长率是6.6‰；而以宣统三年（1911）为终点，4.0亿人为该年人口数，年平均增长率为4.7‰。而且，他也认为从1655年到1850年，中国人口增长了2.71亿人，这个数字"远超明朝或以前各时期的人口总数"。

造成清代全国人口增长的原因既重要又复杂，不仅各地情况有所不同，而且所牵扯的方面众多，所以本篇并不打算在此问题上做太多讨论。不过，目前学界公认的说法，以何炳棣、全汉昇和王业键[2]等人的分析为代表，他们指出清代前中期中国人口迅速增长的三个主要原因：

（1）长期的和平与较好的统治：清代在满人定鼎中原到太平天国运动之前，几乎没有在内地发生太大的动乱。而且清政府在鼓励人口增长方面也采取的很多措施，除了众所周知的清政府康熙五十年（1712）实行"盛世滋丁，永不加赋"政策之外，还有"摊丁入亩"政策和处理民间租佃率问题时"严格控制地主的无故加租"[3]的方针，都是值得我们注意的。"摊丁入亩"又称"摊丁入地""地丁合一"，是将丁银并入田赋的税制改革，草创于明代，大体完成于清朝雍正年间，并在清代历代相沿，其经济学上的意义在于放松了对底层农民的人身控制。政府"严格控制地主的无故加租"的方针，则体现了清政府在处理民间经济问题时尊重乡规（已有租佃率）、民约（民间私契）

---

[1] 曹树基：《中国人口史·清时期（第五卷）》，葛剑雄主编：《中国人口史》，复旦大学出版社2001年版，第706—707页。
[2] 何炳棣：《明清以降人口及其相关问题：1368—1953》，葛剑雄译，生活·读书·新知三联书店2000年版；全汉昇、王业键：《清代的人口变动》，《历史语言研究所集刊》，1961年，第32分册。
[3] 高王凌：《租佃关系新论——地主、农民和地租》，上海书店出版社2005年版。

等方面的努力。

(2) 耕地面积的扩大和作物良种的推广与引进：美洲作物在明清时期被广泛引进，包括玉米、番薯、马铃薯、花生、向日葵、番茄、辣椒、烟草等，总数接近30种，[1] 对我国社会经济产生了深远的影响，带来了清代人口的爆炸性增长。清代垦殖的重点多是土壤贫瘠的深丘山地，[2] 耐旱、高产的美洲作物传入有利于山区开发，下表可以体现了清代耕地的增长情况。

表8-3　　　　　清代各地区耕地增长（单位：万亩）

地区	顺治十八年（1661）	雍正二年（1724）	乾隆十八年（1753）	嘉庆十六年（1811）	咸丰元年（1851）
华北4省	26441	37766.5	36165.7	39835.9	41288.9
华东3省	18654.7	19829.2	20080.8	21237.1	21724.8
华中3省	16424.9	17944.2	18490	18496.5	19085.8
东南4省	5497.8	7153.1	7461.7	7372.9	8093.1
西南3省	991.9	4004.7	7441.6	7780.5	8147.1
西北3省	5063.9	7080.1	7793.8	7362.2	7861.6
东北3省	240.3	1500	1890	3035.8	4136.9
总计	73314.5	95277.8	99323.6	105120.9	110338.2

资料来源：吴承明《中国的现代化：市场与社会》，生活·读书·新知三联书店2001年版，第244页。

(3) 工商业的发展：在我国传统社会中，经济主体是以自然经济为代表的小农经济，但是商品经济也在不断发展着，尤其是明朝直到清代前中期，国内市场更是有显著的扩大，而且遵循着一种"由无序走向有序、由低级有序走向高级有序"的自组织式的发展逻辑[3]。据

---

[1] 王思明：《美洲原产作物的引种栽培及其对中国农业生产结构的影响》，《中国农史》2004年第2期。
[2] 吴承明：《中国的现代化：市场与社会》，生活·读书·新知三联书店2001年版，第247页。
[3] 龙登高：《地权市场与资源配置》，福建人民出版社2012年版，第190页。

吴承明①估算，鸦片战争之前，国内市场上粮食、棉布、棉花、丝、丝织品、茶、盐等其中主要商品埠际贸易额为3.88亿银两，合5.5亿元，主要流向是粮农出售粮食换取布和盐，经济作物区的棉、丝、茶等生产者换取布、盐和粮食，丝、丝织品和茶主要在城市消费，从而构成一个以粮食为基础、以布和盐为主要对象的小生产者之间交换的市场模式。工商业的逐步扩大，更是导致了农村自然经济开始在这一时期开始分解。农村家庭手工业原本是以依附于农业的副业而存在的，但是随着它的发展，家庭手工业与农业结合越密切的地区，自然经济越趋于衰落，商品经济越趋于发展。随着工商业的发展，可以解决新增农村劳动力就业的机会增加，从而带来人口的进一步增长。

二　江南人口的高密度和缓慢增长

明清时期的江南，是中国经济上最富裕、同时也是人口最稠密的地区。据曹树基估算，乾隆四十一年（1776）全国人口密度排名前五的府州全部都位于江南：依次为苏州、嘉兴、太仓、松江、江宁，另外，镇江、杭州、湖州也在前16位之列。② 1851年江南每平方公里人口数高达687人，江南土地面积仅占全国面积约0.5%，但是人口却曾占中国人口的15%以上。这一比例在清代虽然有所下降，却也占到全国总人口的8%左右。③ 江南地区的人口密度在清代前中期一直是全国最高的地区，其所处的江苏、浙江两省的人口密度在清代前中期也长期居于全国前两位。④ 虽然太平天国战争造成了江南人口的大量锐减，但是随着安徽、河南和苏北移民的大量迁入苏南和本地人口的自然增长，江苏的人口密度迅速得以回升⑤，在清末基本恢复到清初的

---

① 吴承明：《中国资本主义与国内市场》，中国社会科学出版社1985年版，第217页。
② 曹树基：《中国人口史·清时期（第五卷）》，葛剑雄主编：《中国人口史》，复旦大学出版社2001年版，第835页。
③ 龙登高：《江南市场史——十一到十九世纪的变迁》，清华大学出版社2003年版。
④ 梁方仲：《中国历代户口、田地、田赋统计》，上海人民出版社1980年版，第272页。
⑤ 曹树基：《中国移民史·清、民国时期（第六卷）》，葛剑雄主编：《中国移民史》，福建人民出版社1997年版，第718页。

下篇　永佃制与江南农业的集约化发展

水平①。浙江的杭嘉湖三府则因为移民主要来自于本省其他地区,所以人口密度的恢复相对较慢,但是战后移民仍然高达132万人。

相比于清代江南地区的高人口密度,江南人口的年均增长率却出人意料地只有3‰左右,仅仅达到全国平均水平6‰的一半,即从1620年的2000万人增长到1850年的3600万人。② 这表现为江南人口占全国人口比例在清代不断下降:1750年约为16%—21%,1850年低于9%,1950年约为6%。③ 这样的低增长率,即使是在战争造成当地人口大量锐减之后也没有多少改变。如江苏的苏州在战后的人口年均增长率只有3.6‰,而镇江、常州、江宁三府高达10—12‰的高速增长则主要是由大量移民造成的。④ 浙江的杭嘉湖三府的人口年均增长在大量外来人口的影响之下也只是达到了6‰左右,某些地区也是仅有3‰左右。这不仅明显与我们以往认为越富裕的地方人口增长越迅速的观点有所矛盾,而且也会让我们质疑传统中国农业生产中是否存在严重的劳力过剩。

在上文提到的带来清代人口大量增长的三个原因,江南地区都具备,甚至可以说相比于全国其他地区都更为具备,那么为什么在其他地区可以带来人口大量增长的因素在江南却不起作用呢?李伯重认为原因主要在于当时江南社会确有不同于中国其他地区的因素:比如明清时代的江南学者不同于传统中国"多子多福"的观念,而是认为保持生活水准必须控制人口,甚至进行了深刻的理论研究。⑤ 江南民众不仅受这种思潮的影响,而且确实采用了诸多节制生育的手段来控

---

① 曹树基:《中国人口史·清时期(第五卷)》,葛剑雄主编:《中国人口史》,复旦大学出版社2001年版,第763页。
② 李伯重:《清代前中期江南人口的低速增长及其原因》,《清史研究》1996年第2期。
③ [美]彭慕兰:《大分流——欧洲、中国及现代世界经济的发展》,史建云译,江苏人民出版社2010年版,第353页。
④ 曹树基:《中国移民史·清、民国时期(第六卷)》,葛剑雄主编,《中国移民史》,福建人民出版社1997年版,第433页。
⑤ 如被称为"中国的马尔萨斯"的洪亮吉,在其名著《治平篇》中,就提出了类似于马尔萨斯在《人口论》中提到的很多关于人口问题的深刻洞见。他的这种观点,在中国传统社会,虽然是另类,但是在明清时代的江南文人中,却绝非独唱。如董其昌、徐光启、冯梦龙、汪士铎等人均有类似言论。

第八章 人口变迁与永佃制的兴起

制人口;另外,江南人在当时普遍食用的棉籽油也具有绝育的作用。这些因素分别在主观方面和客观方面抑制了江南人口的快速增长,使之呈现出一种缓慢增长的现象。对于这一解释,学界虽然尚有争议,但是清代江南人口相比于全国的低速增长却是大家公认的结论。

第二节 江南的农业劳动力短缺现象

与清代江南人口缓慢增长相随而来的现象,是清代江南农业劳动力的缓慢增长,这是无可置疑的。但是对于清代中国的农业生产,前人有观点认为存在人口过剩,甚至存在"过密化"[①]的现象。在江南经济社会史研究中,学界对于"过密化"一说却大多表示出不同的看法,[②]但是对于明清时期是否存在"人口过剩"的问题,学界则显得争议颇大。20世纪50年代的海外汉学者普遍认为19世纪中期中国开始陷入"马尔萨斯陷阱";而20世纪90年代崭露头角的李中清、王丰、王国斌、雷伟力、康文林等人认为不存在人口过剩,尤以李中清、王丰[③]为代表。但是,李中清等人的研究结论也受到了一定的质疑,尤以曹树基为代表。双方争论的焦点聚集到对于"人口过剩"的衡量标准上:曹树基提出衡量人口过剩的"四项原则"[④];葛剑雄将人口过剩分为绝对人口过剩和相对人口过剩[⑤];张研提出修正的绝对人口过剩和相对人口过剩概念。[⑥] 概言各家观点,均指出人口是否过剩,不仅仅取决于人口的密度,而且取决于自然资源和社会财富的多寡。经济发展速度超

[①] "过密化"概念是美国学者黄宗智首先提出的,用以揭示中国农业生产在劳动生产率下降情况下的增长。其理论得益于吉尔茨(Clifford Geertz)、恰亚诺夫(Chayanov)等人的研究。参见黄宗智相关论文。

[②] 张研:《17—19世纪中国的人口与生存环境》,黄山书社2008年版,第145页。

[③] 李中清、王丰:《人类的四分之一:马尔萨斯的神话与中国的现实(1700—2000)》,生活·读书·新知三联书店2000年版。

[④] 曹树基:《中国人口史·清时期(第五卷)》,葛剑雄主编,《中国人口史》,复旦大学出版社2001年版,第862—864页。

[⑤] 葛剑雄:《中国人口史·导论、先秦至南北朝时期(第一卷)》,葛剑雄:《中国人口史》,复旦大学出版社2001年版,第161页。

[⑥] 张研:《对中国历史上人口问题的思考》,中央政策研究室,2001年。

下篇 永佃制与江南农业的集约化发展

过人口增长速度,则无人口过剩;反之,则会有人口过剩现象的出现,甚至会有战争、饥荒、瘟疫等人间惨剧的出现。①

对于明清时期的江南人口研究来说,主张存在严重人口压力的学者,普遍对于太平天国后江南是否还存在严重人口压力保持沉默,或者回避明清时期无论何时都主要是外地人涌入江南而非江南人外迁的事实,或者对于明清时期江南经济的发展持不符合事实的悲观态度。这样的人口压力论还需要更多严密的论证,才能为大多数人所接受。②

与之相反,李伯重则认为即使是在太平天国战争造成人口大量锐减之前的清代前中期,江南都不仅不存在人口过剩,反而在生产上出现了农业劳力短缺的现象。③ 他的结论主要是从当时更高劳动密集型生产和作物得不到推广和其他社会经济现象推导出来的。

首先,李伯重认为清代前中期江南农业生产中出现的劳力短缺,可以从双季稻的缓慢推广中得以证明。在 17 世纪中叶,双季稻种植已经在与江南毗邻的浙江南部和福建都已经得以推广,但是江南即使在当地农学家、学者、官员的大力提倡之下却并未推广开来。康熙皇帝曾亲自"特赐"双季稻稻种,令人在苏州试种,康熙五十六年种八十亩,总产量达 606 石。④ 另据顾震涛辑《吴门表隐》称:"葑门外多种喇嘛稻,亦名西番稻,三月种,五月登,岁可两收。""康熙五十三年颁种。"⑤ 所以,江南的自然条件肯定是适合双季稻作的,而且物阜民丰、观念超前的江南农人应该也不会在这个问题上懒惰或者保守,双季稻得不到推广的原因只能归结为劳动力的短缺。江南的生产方式长期是传统水稻与冬季作物一年两作制而非双季稻作制,也要归因于此。

其次,李伯重认为在作物品种方面,双季稻,甘薯、区种法(种稻)等作物在江南也都因为劳力短缺而得不到推广。

---

① 张研:《17—19 世纪中国的人口与生存环境》,黄山书社 2008 年版,第 140 页。
② 范金民:《江南社会经济史研究入门》,复旦大学出版社 2012 年版,第 169 页。
③ 李伯重:《江南农业的发展(1620—1850)》,王湘云译,上海古籍出版社 2007 年版,第 27—28 页。
④ 参见《李煦奏折》No. 302,No. 312。
⑤ (清)顾震涛编著:《吴门表隐》(附集)。

最后，清代前中期以江淮灾民为代表的外地人口一直向江南移民，[①]李伯重认为同样可以证明了江南劳动力的短缺。因为人口从来只会向劳动力短缺的地方转移，而不会向劳动力过剩的地域迁徙。此外，在当时江南的农业生产中，整地和施肥等技术也是向着节约劳动的趋势发展。李伯重认为这些都可以证明，在清代前中期的江南存在中劳动力的短缺，而非人们一直认为的劳动过剩。

对于李伯重的这一推导方式，虽然有些学者[②]认为用以说明农业劳动力供给不足，不免有些过度推论，但用以说明清代江南并无人口过剩现象无疑是合理的。另外，相比于清代前中期江南年均3‰的增长率，江南的经济年增长率达到甚至超过3‰是完全可以做到的。[③] 所以，从前人关于"人口过剩"定义的研究来看，清代前中期人口过剩一说应用到江南确实更值得商榷。如果江南的经济出现快速增长的话，当地出现劳动力短缺现象则是很有可能的。而对于太平天国战争之后江南出现大量的人口锐减，学界则普遍公认出现了严重的劳动力短缺。

第三节　清前中期江南农业劳动力短缺的原因

对于太平天国战争之后，江南地区出现农业劳动力短缺的现象已经为学界所认同。但是，对于太平天国战争之前，即清代前中期，江南的农业是否存在劳动力的短缺还存有争议。上文虽然根据诸多现象间接证实了清代前中期劳动力短缺现象确实出现了，但还需进一步解释出现这种现象的原因才能令人信服。

一　江南耕地的变化

在清代，江南的人口虽然只是缓慢的增长，但是在太平天国战争

[①] 张崇旺：《明清时期江淮地区的自然灾害与社会经济》，福建人民出版社2006年版，第247—251页。

[②] 谢美娥、江长青、何淑宜：《评李伯重〈江南的早期工业化〉（1500—1850）》，《台湾师范大学历史学报》第30期。

[③] 李伯重：《唐初至清中叶江南人口的变化——答陈意新〈节育减缓了江南人口的增长？〉》，《中国学术》第7辑，商务印书馆2001年版。

◇◆◇ 下篇　永佃制与江南农业的集约化发展 ◇◆◇

之前还是一直在增长之中的，并没有大量的锐减。那么江南经济的增长和新增人口的就业是怎么解决的呢？耕地的大量增长或许造成这样的结果。因为在传统社会中，从事农业生产的人口居于多数。耕地的大量增长无疑会在带给新增人口就业机会的同时带来经济的增长。在上文中，我们也认识到清代除了人口有着巨大的增长之外，耕地也有着一定程度的扩大。所以，江南的问题似乎可以从这里找到答案。

但是，同人口问题一样，清代江南耕地的增长，也有其特殊性。相比于全国其他地区在清代耕地面积的大量增长而言，包括江南在内的华东地区的耕地面积的增长却极为有限。从下图①中可以明显看出华东三省（江苏、安徽、浙江）相对于其他省份的低增长率。

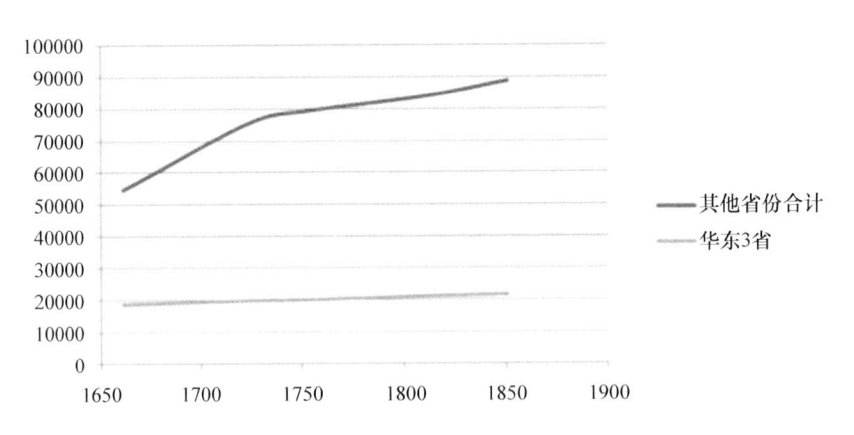

图8-2　清代华东省份相对于其他省份耕地增长比较图（单位：万亩）

具体到江南地区，李伯重、陈恒力、滨岛敦俊等人均认为江南的开垦在15世纪已经基本完成，适于耕种的田地数量在明代后期大多已经确定，大约在4500万亩上下，此后虽然官方的统计数据略有不同，但是实际上的变化却并不是很大。②

---

① 吴承明：《中国的现代化：市场与社会》，生活·读书·新知三联书店2001年版，第244页。
② 李伯重：《江南农业的发展（1620—1850）》，王湘云译，上海古籍出版社2007年版，第30页。

这样，我们发现江南耕地的变化微乎其微。而人口虽然是在缓慢增长，但也从1620年的2000万人增长到1850年的3600万人。耕地的变化显然不足以解释江南经济增长和新增人口就业的问题。

二 江南手工业的发展

对于江南在清代前中期怎样解决经济增长和新增人口就业这一问题，前人的研究普遍认为主要原因在于江南农村中不从事农业而从事手工业等其他工作的人口所占比例较高。也就是说，在其他地区带来人口大量增长的工商业发展，在人口发展缓慢的江南却可能带来了农业劳动力短缺的现象。

清代前中期的江南，从事非农行业工作的人口比例虽然存在争议，但是李伯重认为从1620年至1850年这一比例至少为10%。[1] 结合他推算的该时期江南城市化比例为15%左右，则江南共有至少约有25%的非农业人口。这一估计，无疑是略有保守的。仅就城市人口比例而言，他后来就曾经估算过1823—1829年间华亭—娄县地区的城市化率曾达到40%的高水平。[2] 而江南地区的城市化率在清代前中期为全国最高水平是没有异议的。江南地区所在的江浙两省的城市化率也是全国最高的两个。在乾隆四十一年（1776）两省的城市化率分比为13.6%和10.0%，全国水平仅为7.4%；在光绪十九年（1893）两省的城市化率分别为14.2%和13.7%，全国水平仅为7.1%。[3] 从中我们可以看出，相比于清代全国整体城市化人口比例的

---

[1] 根据何良俊、靳辅、林则徐、温丰等明清文人和官员的描述，明代后期及清代前中期江南非农劳动力比重在50%—70%之间。李伯重认为这个数字可能有所夸大，但可以肯定这个比重是相当高的。而1930年代和1940年代的调查显示，江南非农劳动力的比重平均也在10%左右，最高的地区还可以达到30.9%。李伯重认为这一比例可能偏低，但是考虑到1930年代江南农村手工业已经衰落，很大一部分非农业从业者被迫务农或者进城谋生，所以该比例低于前人描述是合理的。李伯重认为从1620年至1850年江南农村中从事非农行业工作的人口比例至少为10%。

[2] 李伯重：《19世纪初期华亭—娄县地区的城市化水平》，《中国经济史研究》2008年第2期。

[3] 曹树基：《中国人口史·清时期（第五卷）》，葛剑雄主编：《中国人口史》，复旦大学出版社2001年版，第828—829页。

下篇 永佃制与江南农业的集约化发展

下降,江浙两省的比例反而有所上升,这也是清代前中期江南不同于其他地区的特点之一。曹树基曾指出,中国城市化率长期处于较低水平的主要原因之一,就在于大多数行政性的城市和市镇,因为没有工业和商业作为支撑所以提供的就业机会比较有限,所能容纳的人口也比较有限,从而造成城市人口的增长速度不及农村。[①] 假设他的解释是合理的,那么江南城市人口比例的上升恰恰证明了江南城市和市镇的工业和商业特色。

在清代前中期,江南从事手工业的人数增长率明显高于人口的增长率。按照李伯重的估算,从 1620 年到 1850 年,江南妇女从事蚕桑业和棉花手工业的人口增长了近一倍,这些妇女多在农村,而同时期江南人口的增长却只有 70%。可见,随着工商业及市场的发展,明朝后期还在从事水稻种植的妇女,纷纷离开了农业生产而从事家庭手工业。到了清代中期,江南不以务农为生的男子人数也已甚多。在 1830 年代,江南的苏州和松江二府,就有高达 50%—60% 的男女从事纺织业。[②]

由此可见,在人口增长缓慢的江南,由于手工业的发展而吸纳了大量劳动力弃农从工,从而造成农业生产方面的劳动力短缺一说应该是可以成立的。

第四节 农业劳动力短缺与永佃制的兴起

在清代前中期,江南人口的增长虽然比全国平均水平低很多,但是也从 1620 年的 2000 万人增长到 1850 年的 3600 万人,增长了 80%。与此同时,耕地面积却一直保持在 4500 万亩上下。所以,从纯粹的人口与土地的比例来看,江南的人地压力必然日趋紧张。由于人口的巨大增长,会有更多的人力投入农业生产上来,使得边际收益递减伴随着土地生产率水平上升一同出现,即出现"内卷化"

[①] 曹树基:《两种"田面田"与浙江的"二五减租"》,《历史研究》2007 年第 2 期。
[②] 李伯重:《江南农业的发展(1620—1850)》,王湘云译,上海古籍出版社 2007 年版,第 27 页。

第八章 人口变迁与永佃制的兴起

的现象。① 在这种人地压力紧张的局面之下，佃农迫切需要土地，进行不懈的斗争而获得永佃权甚至田面权。很多前人学者对于太平天国运动之前江南永佃制盛行的原因，均持此类观点或类似观点。

但是，如果人地压力如果真的是人口与土地的简单比例就能说明的话，那么现在中国人口比清代又增长了3倍有余，岂不是说现在中国农业的问题更加严峻？当然，这并不是要否定人口增长会给农业生产带来压力，也不是要否定传统农业社会中就业机会大多来自农业生产。但需要澄清的是，劳动力的过剩或者短缺是相对的、动态的，取决于劳动力供给是大于还是小于劳动力需求，而不是简单地取决于人地比例的高低。不同的生产技术所需求的劳动力的数量和质量是不一样的，农业生产也不例外。在刀耕火种的井田制时代，一夫可以耕种100周亩耕地；而在清代中期的江南，"人耕十亩"是一种常态，100周亩耕地大约需要3个成年壮丁才能耕作。② 从人地比例上来看，清代中期江南的压力远大于井田制时代的中原。但是，因为清代前中期市场的扩大和贸易的增加，却使得劳动力缓慢增长的江南出现农业劳力相对短缺的现象（详见第九章第二节）。

而在太平天国战争之后，江南人口锐减了一半。与此同时，江南与外界市场的联系却因为更深地卷入了世界市场之中，而几乎不受全国市场瓦解的影响，继续保持着外向型农业的特征（详见第九章第二节）。这就使得农业劳动力相对或绝对短缺的现象更为明显，这才是永佃制在江南兴起的人口背景。

在第七章第三节最后，曾提及两派学者对永佃制发展的人口背景认识相反的问题：一方认为由于太平天国运动之后劳力缺乏，另一方则认为人多地少，甚至不少学者还游走于两种观点之间，自相矛盾。

---

① 黄宗智在其《华北的小农经济与社会变迁》一书中有着对于这种现象的诸多论述，持此观点或者相似观点的学者均对传统中国农业生产持一种既悲观又失望的态度，认为中国近代以来的落后都可以归结到这个问题上。该说法在当今学界依旧有着相当的影响力，但是他们接受这样的观点莫不是出于对传统中国农业生产认识的缺乏，在此不做太多批判。

② 1周亩按出土的"商鞅方升"测算约相当于0.2907市亩，所以100周亩就相当于29.07市亩。

下篇　永佃制与江南农业的集约化发展

在此，我们终于可以给出自己的解释：

在清代的江南，即使在太平天国运动造成江南人口大量锐减之前，江南的农业生产中就已经存在一定程度的劳动力（相对）短缺。这种劳动力短缺的原因，在于清代前中期江南农业生产的外向型特点。江南在清代前中期的生丝、丝织品和棉布的输出一直保持着较快的增长。这些手工业生产吸收了很多劳动力投身其中。在清代中期，江南不以务农为生的男子人数已甚多；至于农村妇女，这一趋势更为明显，极少有妇女从事大田农作。而这些不务农者，大多以蚕桑业和棉花手工业为生。[①] 这就使得地主不得不使用永佃制来吸引佃农从事佃种。太平天国战争之后，江南人口锐减，而农业继续保持外向型的特征，农业生产中劳动力短缺的现象更为严峻。

这样长期持续的劳动力短缺，对于江南的农业生产有着巨大的影响：首先，在制度选择上，当地地主甚至政府不惜以永佃权或田面权来招佃，在太平天国造成人口大量锐减之后又为明显；其次，在江南的农业生产技术选择上，劳动力节约型技术得以推广应用，使得江南农业呈现出"集约化"而非"过密化"的发展特点，这又进一步促进了永佃制的兴起，这一点将在后文进行详细论述。

这就可以证明永佃制的兴起，至少在江南地区不是因为人地关系压力，而是因为劳动力的短缺。所以，"人地关系紧张说"一派应用到对江南永佃制的分析之中就不合时宜了。而持"劳力短缺说"的学者论述太平天国运动之后永佃制的大发展时，虽然认为原因在于劳动力短缺，但是大多对于之前江南的农业劳动力相对短缺状况缺乏认识，所以或不予讨论，或自相矛盾[②]，诚可惜也。

[①] 李伯重：《江南农业的发展（1620—1850）》，王湘云译，上海古籍出版社2007年版，第27页。

[②] 如段本洛主编的《苏南近代社会经济史》、王昉的《中国古代农村土地所有权与使用权关系：制度思想演进的历史考察》中都出现了这样的自相矛盾。

第九章 江南农业的集约化发展与永佃制的兴起

清代江南永佃制的兴起有农业劳动力短缺的影响。这是从人口统计变动理论上分析当时市场上各种生产要素的相对价格而得到的结论。其实，从知识存量增长理论来看，当时江南农业的生产技术变化也对永佃制的发展有所影响。本章就试图解答农业生产技术变化如何影响清代江南永佃制的兴起。

第一节 清代江南农业的进步

一 耕地质量的改进

上一章曾经论述过江南的耕地面积在明代后期已经基本确定，大约在4500万亩上下。但是，江南的耕地在质量这一方面却有着明显的增长。李伯重根据日本学者斯波义信、滨岛敦俊、北田英人等人的研究成果与自己的论证，认为江南地区耕地的改良始于对荒地开垦之后，从15世纪中期开始一直持续到19世纪中叶结束。[1] 相比于开垦荒地这种"粗放型"（extensive）增长，滨岛敦俊认为耕地改良这种"集约型"（intensive）增长主要有两个特点：其一，破除"内部边疆"（internal frontier），即在堤围内开垦荒地；其二，"干地化"工程，即从低洼田中排除多余积水，以增加土壤肥力，这需要大量改进

---

[1] 李伯重：《江南农业的发展（1620—1850）》，王湘云译，上海古籍出版社2007年版，第31—32页。

下篇　永佃制与江南农业的集约化发展

水利设施的工作。

之所以会有破除"内部边疆"的机会，原因在于江南平原在明代初年大量的耕地都是由围堤而成的稻田所组成，称为"圩田"或者"围田"。这种圩田是江南农人为了增加耕地，向水争田的结果。他们筑堤修圩、围垦滩涂，然后将荒滩开垦为粮田。① 在开垦的过程中，圩田内部难免会留有大量的荒地、沼泽和池塘，土地利用率并不很高。在明初1390年的统计中，圩田之内的土地都算作耕地，江南中苏州、松江、常州、镇江、应天（江宁）五府耕地总数为3407万亩。而在明代中后期1580—1583年的统计，是为了实行"按亩纳税"的政策，所以统计的是更为客观的耕地数量，上述五府的耕地总数却只有3029万亩。② 尽管明代江南农人一直在开垦圩田内部荒地，但是统计数字还是相差了12%。可以想见圩田内部不可用地所占的比例是很高的，使这些荒地得到利用，无疑会大大增加有效耕地的数量。

江南大多为水乡泽国，"干地化"工程则是避水之害而用其利。如吴江的"明农人"，对湖边"下乡之田"因势利导，"大者堤、小者塘、界以埂、分为塍，久之皆成沃壤。今吴江人往往用此法，力耕以致富厚"③。李伯重认为这种工程意义重大，它不仅提高了水稻的亩产量，而且使得水稻与冬季旱地作物结合的一年二作制得以推广；另外，因为与"干地化"紧密相连的是水利工程的改进，这又极大地稳定了生产。④

清代前中期江南耕地改良最重要的标志，是很多地方在明代后期尚未实行的水稻与冬季旱地作物结合的一年两作制在清代中期得以推广。以松江府城周边地区为例，在18世纪晚期该地区稻田总面积约为350万亩，实行一年两作制的只有60%。但是到了1830年代，松江稻田基本全部实行了水稻与麦或豆结合的一年两作制。

---

① 姜彬：《稻作文化与江南民俗》，上海文艺出版社1995年版，第94页。
② 梁方仲：《中国历代户口、田地、田赋统计》，上海人民出版社1980年版，第334页。
③ （清）方浚颐：《梦园丛说》，《内篇》卷八。
④ 李伯重：《江南农业的发展（1620—1850）》，王湘云译，上海古籍出版社2007年版，第32—33页。

第九章　江南农业的集约化发展与永佃制的兴起

另外，随着耕地质量的改良，可供农民选择的水稻品种也大为增加。据统计，南宋时昆山、常熟两县种植的早、晚糯稻品种合计54种，[1] 而到了清初，仅吴县就有63种[2]，吴江县则有108种。[3] 闵宗殿更是认为在苏、常二府清代的水稻品种有259种之多。[4]

二　耕地亩产量和劳动生产率的提高

耕地质量改良最好的证明，是耕地亩产量的提高。笔者认为，对于江南农业来说，水稻无疑是最为重要的农作物，所以水稻亩产量的变化对于土地质量的变化最具有说服力。而在清代，随着稻麦结合的一年两作制的推广，小麦的亩产量也是衡量土地质量的重要指标。所以，为了说明土地质量的变化，笔者希望先从水稻和小麦这两种最为重要的农作物入手。下表是笔者整理相关资料中的数据，并按照 1 宋石 = 0.66 市石，1 元石 = 0.95 市石，1 明石 = 1.03 市石[5]的方式进行换算得出的，从中可以明显地看出江南农业生产率的不断提高。

表9–1　　　　　　　　江南水稻和小麦亩产量变化

朝代	水稻亩产量（石）	小麦亩产量（石）	出处
南宋	1.3		李伯重[6]
元代	1.8		同上
明初	2.1		同上
明代	2.3	1	闵宗殿；陈恒力[7]

---

[1] 樊树志：《十一至十七世纪江南农业经济的发展》，中国史研究编辑部编：《中国封建社会经济结构研究》，中国社会科学出版社1985年版。
[2] （清）姜顺蛟、叶长扬修，（明）施谦编著：乾隆《吴县志》卷二三、二四。
[3] （清）郭琇修，（清）屈运隆编纂：康熙《吴江县志》卷七。
[4] 闵宗殿：《江苏稻史》，《农业考古》1986年第1期。
[5] 参见李伯重《唐代江南农业的发展》，农业出版社1990年版，第12—13页。
[6] 李伯重：《宋末至明初江南农民经营方式的变化——十三、十四世纪江南农业变化探讨之三》，《中国农史》1998年第2期。
[7] 闵宗殿：《宋明清时期太湖地区水稻亩产量的探讨》，《中国农史》1984年第3期。陈恒力：《补农书研究》，中华书局1958年版，第34—35页。

下篇　永佃制与江南农业的集约化发展

续表

朝代	水稻亩产量（石）	小麦亩产量（石）	出处
19世纪初	2—3	0.7—1.2	（清）包世臣《齐民四术》（卷二六）
1840年左右	2.7	1.5	李伯重[①]；（清）何石安，魏默深 辑：《重刊蚕桑图说合编（序）》

除了水稻和小麦之外，清代其他作物的亩产量也都有所增加。如17世纪油菜籽的亩产量是1.5石，到了19世纪前期则增加到了2石；棉花亩产量则从17世纪后期的80公斤增加到19世纪中叶的100公斤左右。蚕桑、棉花和春花作物的亩产量在清代产量增加的资料还很欠缺，但是可以肯定的是，在1960年以前的一千年中，这些作物的亩产量在清代中期已经达到了最高点。[②]

当然，亩产量的提高不仅受到每茬作物亩产量的影响，还受到复种指数的影响。对于清代江南耕地复种率的问题，因为文献中统计资料的欠缺，因此学者们对于江南各地区的复种指数大多停留在粗略的估计。不过，现在学界普遍接受了李伯重的观点，认为江南复种指数从明代后期的140%，上升到清代中期的170%。按照江南同期几乎保持不变的4500万亩耕地来计算，即相对来说增加了约有1350万亩的种植面积。

复种制的推广和单茬作物亩产量的提高，肯定带来了江南粮食总产量的上升。虽然没有具体确切的统计数字，而且因为明清棉桑等经济作物在江南的大量种植，而不能简单地用耕地面积和亩产量相乘来求得总产出。但是，通过人口乘以人均消费粮食量加上酿酒、交税等用粮数量再减去输入粮食数量，也是可以大概推算出粮食总产量的。李伯重即是用此方法，算出1620年江南粮食总产量在7400万石左

---

① 李伯重：《江南农业的发展（1620—1850）》，王湘云译，上海古籍出版社2007年版，第140页。

② 李伯重：《江南农业的发展（1620—1850）》，王湘云译，上海古籍出版社2007年版，第143页。

右，而 1840 年则为 10300 万石左右，增长了 39%。考虑到在这一时期内，江南的种稻面积从 4240 万亩减少到 4040 万亩，江南粮食产量在清代的增长无疑使非常惊人的。

在生产效率方面，清代前中期的江南也有着惊人的表现。李伯重估算，以单个劳动力计算，明代后期每人每年生产 31 石米，而清代中期生产 37 石米（稻麦合计），增长 20%；明代后期每人每年净产值为 18.8 石米，而清代中期为 24.5 石米（稻麦合计），增长了 30%。当然，这是不考虑清代前中期农村妇女大量从事纺织业而不再从事大田劳动的情况。如果综合考虑的话，明朝后期江南农户家庭总收入约为 12.5—20 石米，而清代中期江南农户的家庭总收入约为 23 石米，增长了 15%—40%。可见，清代"男耕女织"的生产方式比明代男女同时下田耕种效率也要更高。

第二节　清代江南农业在市场推动下的发展

江南农业劳动力短缺的原因主要在于江南手工业的发展。那么江南的手工业为何会有这么大规模的增长，以至于会影响到传统社会中最为重要的农业生产呢？要回答这一问题，需要重新认识清代江南农业依托于国内国际大市场而发展的特点。

一　斯密型增长的发展逻辑

市场推动经济发展的逻辑，在于更大的市场会提供更大范围内的资源、商品和生产要素的优化配置，从而在比较优势作用之下形成的区域分工和专业化的发展，从而推动经济的斯密型增长。

关于市场推动经济增长研究，最早可以上溯到斯密关于分工的研究。在《国富论》里，亚当·斯密正是从分析劳动分工入手来论述劳动生产力的增进，"劳动生产力上最大的改进，以及在劳动生产力指向或应用的任何地方所体现的技能、熟练型和判断力的大部分，似乎都是分工的结果"。斯密将分工带来生产效率提高的原因分为三类："第一、由于每一个特定工人熟练程度的提高；第二、由于节约了从

下篇　永佃制与江南农业的集约化发展

一种工作转向另一种工作通常要损失的时间；最后，由于发明了大量的机器，方便和简化了劳动，使一个人能干很多人的活。"但是，斯密却认为"农业的性质不允许有制造业那么多精细的分工……所以，农业劳动生产力增进总是跟不上制造业劳动生产力步伐的原因，也许就是农业上所使用的不同种类的劳动不可能实行像制造业那么完全的分工"①。

诺斯则从对于人类经济史的研究中得到结论，认为在农业出现带来的"第一次经济革命"时，"定居农业已有分工"，正是分工带来的巨大效率有效缓解了"人口压力持续增长和对这些公共财产资源（自然资源和食物供给，如水源和绿洲、动物和植物）竞争不已"②。斯密从逻辑思辨出发得到的结论，不如诺斯从史实出发得到的结论。原因在于斯密所关注的农业局限于欧洲的农业生产形态，而对亚洲稻作农业缺乏了解。如果斯密有着"稻田就是一个工厂！"③的认识，就不会那么确信农业劳动生产力增进总是跟不上制造业劳动生产力步伐。

二　明清时代的全国市场

关于江南稻作农业集约化的发展特点，将在第八章予以论述，这里不做展开。不过，除却江南稻作农业内部的特征，明清时代的商品经济以作为农耕副业的家庭手工业发展起来，却也离不开农业发展的支持。毕竟，在当时国内市场流通的主要物品，大多要靠农业的发展来提供原材料，如粮食、棉布、棉花、丝、丝织品、茶等，均是如此。

龙登高④认为，明清时期中国以市场机制为基础的资源配置推动

---

① ［英］亚当·斯密：《国富论》，唐日松等译，华夏出版社2005年版，第9页。
② ［美］道格拉斯·C. 诺斯：《经济史上的结构与变革》，厉以平译，商务印书馆2009年版，第106页。
③ Braudel F., *Civilization and Capitalism: 15th – 18th centuries. Vol. 1: The Structure of Everyday Life* (English version), Fontana Press, 1985.
④ 龙登高：《地权市场与资源配置》，福建人民出版社2012年版，第207页。

第九章　江南农业的集约化发展与永佃制的兴起

作物产业的重组，到了清代中期，这个市场的规模之巨大，整合程度之高，在传统时代罕有其匹，即使是同时期的大英帝国也无法与之相比。在鸦片战争之前，国内市场上粮食、棉布、棉花、丝、丝织品、茶、盐等其中主要商品埠际贸易额为3.88亿银两，合5.5亿元。主要流向是粮农出售粮食换取布和盐，经济作物区的棉、丝、茶等生产者换取布、盐和粮食，丝、丝织品和茶主要在城市消费，从而构成一个以粮食为基础、以布和盐为主要对象的小生产者之间交换的市场模式。①

在这一历史时期，商品经济得到了巨大的发展。全国范围内区域性商品基地出现，尤以丝织业、陶瓷业、稻米业最为突出。其中，四川、湖南、江西及安徽大部、江西、河南、山东等地，都成为重要的商品粮基地，河套、台湾、东北等地则作为新兴的商品粮基地崛起。与此同时，江南从宋代最大的商品粮输出地转变为输入地，珠江三角洲亦然。丝织业、棉纺业以江南最盛，蔗糖生产集中于台湾、广东、四川及福建等地，铁器以广东佛山、山西泽潞的产品市场最广，造纸以赣闽浙皖山区为最大基地。②

三　江南农业的外向型特征

对于清代的江南来说，其主要输出产品是生丝、丝织品和棉布，而主要的输入品是粮食和肥料，在国内市场上呈现出一种典型的经济作物区特征。

而且，相比于广大的内陆地区，江南地区不仅与国内市场有着紧密的联系，而且与日本、欧洲和美国等国际市场也有着巨大的贸易往来。

其中，棉纺织业的发展无疑是最引人瞩目的。高王凌甚至认为清代江南传统经济的成长和全国经济格局的出现，是由棉业带动所致。因为在当时江南以棉纺织业为首的各种传统工业的收益，已经超过农

---

① 吴承明：《中国资本主义与国内市场》，中国社会科学出版社1985年版，第217页。
② 龙登高：《地权市场与资源配置》，福建人民出版社2012年版，第206页。

◈◈ 下篇 永佃制与江南农业的集约化发展 ◈◈

业收益的一至两倍,吸引大量的劳动力从事其生产。① 这又带来了江南向外地输入粮食的需求,从而造成全国粮食市场的进一步发展。除了棉纺织业外,江南其他方面的手工业产品也是以交易而非自用为目的的。根据李伯重的估算,从17世纪到1840年,江南向海外输出的生丝数量增长的50%以上,而输往国内市场的生丝和丝织品则增长了2倍。而江南棉布的总产量,明代后期约为5000万匹,清代中期约为1亿匹,输出棉布所占的比例则从35%增长到40%。与此同时,江南地区粮食和肥料的输入都有着很大的增长,而且江南在输出棉布的同时,也有着一定数量棉花的输入和输出。② 江南农业的这种"外向型"特点,可以通过表9-4来进一步说明:

表9-4 输入与输出与主要农产品总产量的比例(19世纪中叶)

	总产量	输出量	输出量/总产量	输入量	输入量/总产量
粮食(百万石)	118	3	3%	17	14%
丝(千担)	90	77	86%	—	—
棉花(千担)	3000	1200	40%		
肥料(千担)	60	—	—	16	27%

作为江南对外主要输出产品的生丝、丝织品和棉布,其生产都是离不开农业支持的,不仅因为生产这些商品的原材料需要在农田中种植,而且这些商品的生产主要是由来自于农村的从事非农行业工作的劳动力来完成。这种手工业表现出一种依赖于农业的副业性质,换句话说,江南的农业生产呈现出一种外向型的特征。

由此,我们可以看到江南的这一生产模式与我们印象中传统中国"自给自足"的小农经营有很大的不同。这一时期江南农业生产虽然也是小农经营,但是却并没有表现出"自给自足"的特点,反而出

---

① 高王凌:《经济发展与地区开发:中国传统经济的发展序列》,海洋出版社1999年版,第163—164页。
② 李伯重:《江南农业的发展(1620—1850)》,王湘云译,上海古籍出版社2007年版,第109—124页。

第九章　江南农业的集约化发展与永佃制的兴起

人意料的具有相当高的商品化和外向化程度，原因就在于商品生产对小农的家庭经济产生了巨大的影响。在国内市场上，江南呈现出典型的经济作物区特征。除此之外，江南还与国际市场也有巨大的贸易往来。

虽然步入近代以来，全国性的市场被瓦解，使得中国的经济日趋落后。[1] 但是，江南地区却因为毗邻最早的开放口岸上海和宁波，反而被更深地卷入了一个更大范围的世界市场之中。以丝织品为例，从1873年到189年的二十年间，中国丝织品的出口数量就增长了几乎3倍。[2] 而这些出口的丝织品，主要来自于作为中国蚕丝业中心的江南地区。所以，清代后期江南农业的外向型特征不减反增，表现为农产品进一步的商品化发展。如在经济作物种植方面，桑树、棉花、烟草、茶叶、水果、蔬菜等经济和园艺作物的种植面积不断扩大。而且从事商业化农业生产的农户比例也在不断增高，如在清亡不久的1913年，《江苏省实业行政报告书》[3] 中就记录了无锡、吴县、吴江县、溧阳四县中从事蚕桑业生产人口与总人口之间的数据，仅以无锡县为例，总人口为804346人，养蚕人数为498084人，占总人口的62%，制丝人数为55201人，占总人口的7%，二者合占总人口的69%；总户数约为166200户，农业户口为142134户，其中养蚕户为142005户，占总户数的85.44%，占农业户数的99.91%。

正是江南农业的这种外向型特征，和国内、国际市场上贸易量的不断加大，使得本就增长缓慢的江南劳动力呈现出了短缺的状态。如方行就认为因为清代前期手工业、商业和服务业的发展，提供了大量的劳动岗位，但江南自身的人口难以全部包揽。时人曾道："百工技艺，吴人为众，而常苦不足。"[4] 明清之际的江南哲人，因为看到人口的大量增长，而有类似于《人口论》那样对于未来发展前景悲观的估计。但是，市场的扩大、贸易的增加不仅没有让他们预料中的悲

---

[1] 龙登高：《地权市场与资源配置》，福建人民出版社2012年版，第215页。
[2] 段本洛：《苏南近代社会经济史》，中国商业出版社1997年版，第181页。
[3] 江苏省实业司编著：《江苏省实业行政报告书1913》。
[4] （清）姜顺蛟、叶长扬修，（明）施谦编著：乾隆《吴县志》卷二四。

下篇　永佃制与江南农业的集约化发展

惨画面出现，反而给江南带来了劳动力短缺这一"幸福的烦恼"。历史似乎给人们开了一个玩笑。

第三节　农业生产的集约化发展

一　集约化发展

清代前中期，江南农业生产在耕地质量、亩产量、复种指数、粮食总产量、劳动生产率、农户家庭总收入等方面，均有着巨大的增长。而这些是在江南农业劳动力短缺、耕地数量变化不大的条件下完成的，这不能不说是个巨大的进步，而非过去普遍认为的那样停滞不前。

清代农业生产中技术性的发明比较有限，但是被广泛传播的实用性技术却包括方方面面：与"干地化"紧密相连的水利工程改进，如灌溉、排水的水车，海边甚至使用风车[1]；耘田用的耘荡、耘瓜，"匍匐水中，用手耘之，故农人惟耘田为尤苦。今得此器，劳逸不啻天壤"[2]；耕牛在整地中得到了普遍的应用，"上农多以牛耕"[3]；以施肥技术进步和绿肥和豆肥的广泛应用为代表的"肥料革命"；新的优秀水稻品种在江南得到广泛的种植；轮作间种及复种等种植技术的推广等，不一而足。

伴随着清代前中期的江南农业的技术进步，使得江南农业中各项生产资源利用合理性的提高，可以将这种农业生产上的改进称之为"集约化"[4]，它不同于"内卷化"的原因在于：二者虽然都提高了劳动的投入，但是"集约化"的发展是把在农闲时节没有得到有效利用的劳动力投入新的生产当中，而"内卷化"则是把在已有工作时间内的过剩劳动力继续投入生产当中。这就造成后者虽能导致耕地生

---

[1] 参见（清）顾炎武：《天下郡国利病书》苏松，上海科学技术文献出版社2002年版。
[2] （清）顾禄：《清嘉录》卷四。
[3] （清）顾炎武：《天下郡国利病书》苏松，上海科学技术文献出版社2002年版。
[4] 李伯重：《江南农业的发展（1620—1850）》，王湘云译，上海古籍出版社2007年版，第90页。

第九章 江南农业的集约化发展与永佃制的兴起

产力的提高,但是却降低了劳动生产率,而前者则会带来包括耕地和劳动力在内的生产力的全面提高,所以二者是完全相反的两个事物。在"内卷化"的经济社会中,农民不得不忍受"低于维持生活所需的收入。他们的廉价劳动,又转过来支持一个寄生性的地主制,和一个停滞的经营式农业"[1]。而在"集约化"的农业生产中,土地产出的增长主要靠的是以肥料为中心的资本投入,而不是仅仅依靠增加劳动投入数量。

清代前中期农业"集约化"发展,使得农作更为细致更为连续,在稻田中进行多种生产活动,使得更像工业活动,以至于有"稻田就是一个工厂!"的说法。但是,这样高强度的劳动也限制了单个劳动力能够耕种的田地面积,"人耕十亩"在这一时期的江南得到普及。方行曾指出,清代前中期江南农民的生产趋于均衡,出现了"中农化"的趋势。"十亩"约为"中农"的经营能力所能达到的极限,"人耕十亩"使得"中农化"的进展变得更为普遍。[2] 李伯重将"一年两作""人耕十亩"和"男耕女织"的组合定义为近代以前江南农民家庭经济的最佳模式。

清代后期江南的农业生产有所变化。首先,太平天国战争造成江南人口的锐减使得农业劳动力更加不足,加上豆肥输入的减少,使得"一年两作"制的普及率降低。[3] 其次,面对西方机器纺织业的冲击,江南家庭手纺业虽然进行了三次不同层次上的抗争,并取得一定成效,但还是在内忧外患的形势下逐步走向衰落,手纺布产量占全国棉布消费量的比例从1840年的99.5%一直减少到1913年的65.2%。[4]

不过,即使在江南地区人地比例退回到17世纪早期的水平,而且被更深地卷入了世界市场之中之后,农户经营的规模却并没有明显

---

[1] [美] 黄宗智:《华北的小农经济与社会变迁》,中华书局1986年版,第210—211页。
[2] 方行:《清代农民经济扩大再生产的形式》,《中国经济史研究》1996年第1期。
[3] 王加华:《民国时期一年两作制江南地区普及问题考》,《中国农史》2009年第2期。
[4] 陈争平:《近代中国手纺业的三次大抗争》,《中国经济史探索:陈争平文集》,浙江大学出版社2012年版。

◆◆ 下篇　永佃制与江南农业的集约化发展 ◆◆

突破 10 亩这个标准。原因就在于清代后期江南的农业生产上还是较多地保留了能够保证较高生产率的传统生产方式。甚至在抗日战争之前的几十年中，江南很多地区仍然流行这种传统的生产方式，足以证明这一模式的高生产效率。①

二　集约化技术的特点与分类

清代江南农业的集约化发展，带来了农业经济的巨大发展。耕地质量、亩产量、复种指数、粮食总产量、劳动生产率、农户家庭总收入等方面巨大的增长，证明了其效率。

集约化技术可以依据其特点划分为以下三类：

（1）劳动力节约型技术：使用耕牛来整地，使用水车、风车来灌溉、排水，使用耘荡、耘瓜来耘地，都是可以在生产过程节约人力投入；而轮作间种及复种等种植技术的推广，可以减少在农闲时节处于闲置或者半闲置状态的大量劳动力，使现有的劳动力得到更充分的利用。

（2）促使"劳动—资本集约型"技术：在清代江南的农业生产中，劳动投入并未有增加；但是在水稻、棉花的种植中，以肥料为中心的资本投入却有着明显的增加。即江南的农业在明代后期甚至更早就达到了传统技术条件下的上限，清代开始向资本集约型发展，呈现出"劳动—资本集约型"的特征。

（3）"追求长期利益"技术：例如，江南桑树的种植面积从明代后期的 70 万亩增长到清代中期的 150 万亩，桑树在移种之后第六年才能进入成熟期，第七年开始有丰硕的收获，并可以持续十年左右，所以一个生产周期需要 16 年，而非立竿见影地获得回报；再如，种棉的短期收益明显高于种稻，但是如果连续三年以上种棉则会带来严重虫害。相反，如果种棉两年之后翻稻一年，则可以有效抑制虫害，清代中期棉豆翻田制取代了明末普遍的棉花连作制。这些都表明江南

---

①　李伯重：《江南农业的发展（1620—1850）》，王湘云译，上海古籍出版社 2007 年版，第 155 页。

种植制度的变化虽然是为了提高产量,但是往往更注重长远而非眼前的利益。

三 集约化技术的影响

清代江南出现农业劳动力短缺,太平天国战争之后,更是使得江南一度地旷人稀,劳力紧张,佃农流动频繁,这无疑会使劳动力节约型技术被广泛传播使用。但是,这些技术的使用却使得劳动力在生产中的地位更为重要。比如,轮作间种及复种等种植技术的推广,使得佃农工作的时间更长。地主想要通过雇农来经营就会显得更不经济,因为地主的监督与考核费用、组织和管理费用会随着佃农劳动时间的延长而增加。所以,江南的雇农经营从来都不是主流。另外,虽然耕牛、水车、风车、耘荡、耘瓜等工具可以凭借资本获得,但是这些工具的流行恰恰在于劳动力出现了短缺。而且,清代的佃农的独立生产能力已趋于成熟,他们往往独立拥有主要的生产资料和家传的生产技术,资本也可以在自家内或家族内互相调剂。所以,劳动力节约型技术巩固了佃农在生产方面的重要地位。[1]

促使"劳动—资本集约型"技术,如绿肥、饼肥、农药、防寒用品、蚕炭等物,虽然是以资本形式出现的,但却多属于流动资本。这些物品必须要在农作中被使用才能发挥作用,同样是使得佃农在农业生产的地位更为重要。因为,流动资本的效果,更多取决于使用者的技艺。比如,在这些资本性物品中使用最为广泛的肥料,使用上就很讲技艺。如明代后期的《沈氏农书》虽然认识到追肥的重要性,但是更清楚追肥难度之高:"盖田上生活,百凡容易。只有接力一壅须相其时候,察其颜色,为农家最要紧机关。无力之家,既苦少壅薄收;粪多之家,每患过肥谷秕。"[2] 到了清代中期,江南农家追肥技术则进步很大。据道光初年成书的《浦泖农咨》记载,松江一带"肥田者,俗谓'膏壅',上农用三通,头通红花草地,于稻将成熟

---

[1] 龙登高:《地权市场与资源配置》,福建人民出版社2012年版,第136页。
[2] (清)佚名:《沈氏农书》,农业出版社1983年版,第35—36页。

下篇　永佃制与江南农业的集约化发展

之时……将草子撒于田肋之内。……三月而花蔓衍满田。垦田时翻压于土下，不日即烂，肥不可言。""二通膏壅，多用猪践"，"三通用豆饼"①。这种追肥技术就已经非常科学了。虽然促使"劳动—资本集约型"技术也有以固定资本形式出现的，如农具、桑秧、蚕室、养蚕设备、缫丝用具等物。但是，这些多属劳动工具，成熟经营的佃农都独立拥有。所以，促使"劳动—资本集约型"技术的传播强化了佃农在投资方面的地位。

"追求长期利益"技术的传播，则带来了佃农在收益方面的明显增加。但是，这一生产技术的推广尤为需要长期契约形式予以保障。因为，"追求长期利益"的实质乃是进行长期投资，而长期投资的实施无疑需要长期契约进行保障。同时，由于长期契约的签订频率比短期契约为低，所以交易费用也相对较少。因此，长期契约更有利于农民对土地进行长期投资和精耕细作以提高土地产出率，例如，"乾隆年间，江西安远县有的佃农在获得田面权之后，连续耕作二十年，'顶耕年久，田成膏腴'"②。另外，长期的租佃关系也是有利于地主的，原因在于"地主希望制止佃农在短期土地经营期限中拼命挣取他们收入企图的办法，就是使土地租佃期限尽可能长一些"③。所以，"追求长期利益"技术的传播在契约方面提高了对于长期契约的要求。当然，劳动力节约型技术和促使"劳动—资本集约型"技术也有对于长期契约的要求，将在下文进行详细论述。

可以看出，清代江南"集约化"技术的传播，使得佃农在生产和投资方面都处于更为重要的地位，使佃农的收益明显增加，但是在契约方面提高了对于长期契约的要求。在这些方面的共同作用之下，佃农养地能力和对于土地的控制能力都得到了巨大的提高，而且农业生产上对于长期契约的要求也越来越高，使得永佃制在江南兴起有了更多需要。

---

① （清）姜皋：《浦泖农咨》，道光十四年刻本。
② 王昉：《中国古代农村土地所有权与使用权关系：制度思想演进的历史考察》，复旦大学出版社2005年版，第277—278页。
③ 张红宇：《中国农村的土地制度变迁》，中国农业出版社2002年版，第69页。

第九章　江南农业的集约化发展与永佃制的兴起

第四节　江南佃农经营能力的上升

传统经济学使用"税收—相等"的方法，一般会认为自耕农的制度最优，而且定额租好于分成租。这种观点被张五常在其经典名作《佃农理论》中运用合约选择理论中的交易费用理论和风险规避理论予以推翻。但是，张五常还是犯了把佃农和雇农等同看待的错误，被龙登高、彭波运用经营的不确定性理论和历史考证予以推翻。他们认为，与雇农在生产方面处于被安排的地位不同，近世中国佃农具有较大的独立性，多是自我组织生产。其实质在于佃户农场中的生产并不仅包括农业，而是多种经营，集农业、手工业及副业于一体，相当于一个"综合性企业，或者小型的一体化企业"。所以佃农具有农业企业家的性质，既是农业生产的劳动者，更是经营管理者。佃农通过各种渠道把不同的生产要素组合起来以安排生产，因其承担风险而获得剩余索取权。佃农的剩余索取权可以分为三个方面：其一，主要作物之外的种植与收成；其二，佃农超额的劳动与资本投入的收益；其三，多种经营与副业经营的收入。[①]

通过前文的梳理，我们可以看出清代江南农业生产的"集约化"发展，是通过提高复种率和在农闲时节没有得到充分利用的劳动力投入新的生产之中以带来的土地产出的增长，它主要靠的是以肥料为中心的资本投入，而不是仅仅依靠增加劳动投入数量。所以，清代江南"集约化"技术的传播在提高了拥有生产工具和劳动技艺的佃农对于农地的经营能力的同时，带来剩余索取权收入的增加，例如，很多地区的地租只征收一季的主要作物，除此之外的收成"乃劳力者之特别利益，业主不得分润，于理亦当"[②]。除此之外，佃农经营还包括通常面向市场的多种经营与副业经营，因为这部分完全由独立佃农控制，所以这方面带给佃农的剩余索取权收入最大。为了提高这部分的

[①] 龙登高、彭波：《近世佃农经营的性质与收益比较》，《经济研究》2010年第1期。
[②] 南京国民政府司法行政部编著：《民事习惯调查报告录》No. 135，司法行政部印行1930年版。

下篇　永佃制与江南农业的集约化发展

收入，江南佃农必然会将很多精力置于面向市场的多种经营与副业经营之上，所以清代江南农业会一直呈现出外向型特征也就不足为奇了。

因为佃农拥有剩余索取权，所以保障了其获得资本增值利益的权益，鼓励了佃农对土地进行投资。但是，如果没有田面权或永佃权的制度保证，佃农还是不会投资于土地。[①] 对于清代江南来说，很多农业生产上的投资数额不菲，如佃农用于土地的灌溉、粪壅等项的费用要占到全年田间收入的1/4或1/3。佃农对耕地及其配套设施的投资是为了长期的更高收益，其报酬平摊到未来每年的作物收成之中，不可能当期全部获得回报，所以如果没有长期契约的保障，佃农会因为担心血本无归而不对土地进行投资。[②]

另外，在清代前中期，农业生产中就出现了劳动力短缺缺，需要外地人填补的现象。例如一些丝织业机户，因为脱离农业而移居城镇，他们闲置的土地多由附近地区的人来耕种。[③] 而在太平天国战争之后，江南一度地旷人稀，劳力紧张，佃农流动频繁。无论是官府还是田主，都急于招佃垦荒。[④] 如果处于流动状态中的佃农发现"退出土地耕种后不能获得未来收益的贴现或转让"[⑤]，就不会对土地进行投资。

随着清代江南农业的"集约化"发展，佃农经营能力随之上升。拥有剩余索取权的佃农能够从"集约化"技术的推广中得到主要的收益，所以倾向于对土地进行投资，以便获得更大的收益。但是，因为对于土地的劳动和资本投入数额不菲，其报酬平摊到未来每年的作物收成之中，不可能当期全部获得回报，所以如果没有一个具有较强执行效力的长期契约保障，佃农还是不会对土地进行投

[①] 侯璐：《凝结在地权中的农民多重权益》，硕士学位论文，清华大学，2009年。
[②] 龙登高、任志强、赵亮：《近世中国农地产权的多重权能》，《中国经济史研究》2010年第4期。
[③] 方行：《清代前期江南的劳动力市场》，《中国经济史研究》2004年第2期。
[④] 严中平：《中国近代经济史（1840—1894）》，人民出版社2012年版，第922—924页。
[⑤] 龙登高、彭波：《近世佃农经营的性质与收益比较》，《经济研究》2010年第1期。

第九章　江南农业的集约化发展与永佃制的兴起

资。另外,因为清代江南农业劳动力市场的高流动性,所以佃农对土地的投资还会考虑到退出土地耕种后能否获得未来收益的贴现或转让。

永佃制无疑是一种具有长期执行效力的地权形式,而由永佃制发展而来的田面权,因为可以自由转让所以具有可以贴现未来收益的性质。所以,永佃制及田面权这一地权形式因为契合了佃农进行投资所需要的制度要求,从而在清代江南地区兴起以致盛行。清代江南租佃制度以永佃制及田面权的形式继续发展,表现为佃权或者说耕权从地权中逐渐独立出来的"佃权的物权化"趋势,[1]"地主的土地所有权向生产经营者分割"[2]反映了社会对于经营能力上升的佃农所拥有的佃权或者说耕权的承认,体现出一种历史的进步,是清代佃农经济"中农化"发展的又一特征。

本章首先梳理了前人对于清代江南农业生产绩效的研究,发现当时江南在耕地质量、亩产量、复种指数、粮食总产量、劳动生产率、农户家庭总收入等方面,均有着巨大的增长,而非过去普遍认为的那样停滞不前。清代江南农业生产中技术性的发明比较有限,但是很多实用性的技术却得到了极大地推广,正是这些实用性技术的推广促使江南农业"集约化"发展,使得江南农业中各项生产资源利用合理性的提高。清代后期,虽然江南农业受到各方面的影响,但是农业生产上还是较多地保留了能够保证较高生产率的传统生产方式。

"集约化"技术可以依据其特点划分为三类:劳动力节约型技术、促使"劳动—资本集约型"技术和"追求长期利益"技术。这些技术使得当时江南的佃农在生产和投资方面都处于更为重要的地位,而且在契约方面提高了对于长期契约的要求。拥有剩余索取权的佃农虽然能够从"集约化"技术的推广中得到主要的收益,但还需一个具有长期执行效力并且可以贴现未来收益的地权形式予以保障,才会对

---

[1] 龙登高:《地权市场与资源配置》,福建人民出版社2012年版,第29页。
[2] 方行:《清代佃农的中农化》,《中国学术》第2辑,商务印书馆2000年版。

◇❖◇ 下篇　永佃制与江南农业的集约化发展 ◇❖◇

土地进行劳动和资本上的投资。永佃制及田面权因为契合这些要求，所以在清代江南兴起以致盛行。清代江南租佃制度以永佃制及田面权的形式继续发展，表现为佃权或者说耕权从地权中逐渐独立出来的"佃权的物权化"趋势，以及清代佃农经济的"中农化"发展特征。

第十章　地权市场中的主佃博弈与永佃制的兴起

前文分别从清代江南的人口和农业技术两个方面，论述了永佃制兴起的原因。本章则将进一步通过研究江南地权市场的特征，论述永佃制在地权市场发展中的演化博弈逻辑。

第一节　清代江南地权市场的发展

伴随着民间市场经济的不断发展，清代中国的传统地权市场也日益走向了成熟。从时间上来看，春秋战国时代中国出现了土地所有权的买卖这一最早的土地交易形式，随后出现的是土地所有权的租佃，在战国秦汉时代就已经普遍存在。押、抵在魏晋时代开始有所记载，典在宋代已经广泛存在。宋元之后的明清，交易形式更趋多样性：在一般租佃和典之间，出现了押租制；在买卖所有权方面，出现了"活卖"。从而形成了"一般租佃—押租—典—押、抵—活卖—绝卖、股权交易"[①] 形成了丰富的地权交易体系。在图 10-1 中，清晰地表现出土地权益的不同层次：

在地权交易形式的多样化发展，很多现代常用的金融手段在清代的地权交易市场中已经被广泛使用（详见表 7-3），而这些金融手段及其名称普遍被后人一直沿用，显示出相承相因的关系，以及草根金融强大的生命力。

---

① 龙登高：《地权市场与资源配置》，福建人民出版社 2012 年版，第 51 页。

下篇　永佃制与江南农业的集约化发展

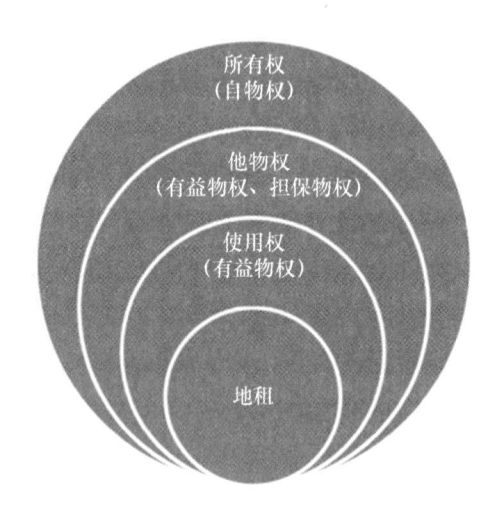

图 10-1　土地权益层次

在明清时期，地权交易在已有的形式之上又增加了介乎典与租佃之间的押租和介乎典与卖之间的活卖。清代甚至出现了土地股权交易。随着金融性能的最大化，农户能够以土地为中介实现各种融通功能，优化资源配置，提高土地的产出与经济的效率。使得中国可以形成以地权为轴心的资源配置体系与自发秩序，在 19 世纪以前的技术条件下适应和推动经济的发展。

在第九章第四节中，笔者曾论述了拥有剩余索取权的佃农虽然能够从"集约化"技术的推广中得到主要的收益，但还需一个具有长期执行效力并且可以贴现未来收益的地权形式予以保障，才会对土地进行劳动和资本上的投资。永佃制及田面权因为契合这些要求，所以在清代江南兴起以致盛行。并且简要地概括了永佃制所具有的"佃权的物权化""佃农的中农化"等经济学方面的意义。在本节，笔者将对永佃制在地权交易形式的演进逻辑上所具有的意义展开论述。

一　佃权的物权化

在地权交易形式的演进逻辑上，永佃制的出现最重要的是表现出"佃权的物权化"的特征。

第十章 地权市场中的主佃博弈与永佃制的兴起

田主的土地所有权向生产经营者分割，是永佃制的实质所在。在永佃制中，田底权归土地所有者所有，而田面权则归佃户所有，两者都属于独立的物权属性，各自的买卖不仅独立且互不相干。[①]

田底权和田面权虽然是同样独立的物权，但是还是有着根本区别的：首先，二者的属性根本不同，田底权是所有权，即自物权，它的归属决定了土地的根本归属，田面权虽然排他性地拥有使用、收益、抵押、转让等权利，[②] 但它还是一种他物权，与所有权有所不同；其次，二者的收益权也有所不同，在佃权分解的情形之下，二者虽然都可以带来地租收益，却因其根本属性的不同而不能一概而论，田底权的收益在于它所有权的根本属性，田面权的收益则是来自于使用、收益、抵押、转让等其他经济收益，所以必须区别对待，传统上分别将其称为地租和佃租、正租和佃租或业主租和佃主租等。在下图10－2中，则清晰地表现出田底权、田面权及其各自收益权的关系：

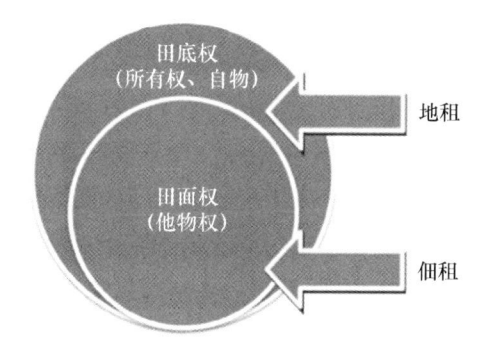

图10－2 田底权、田面权及其各自收益权

因为多层次的产权分解形成了清晰而稳定的产权制度，所以各种资金得以投向土地，而土地所有者则对土地进行大量投资。[③] 龙登高

[①] 龙登高：《地权交易与生产要素组合：1650—1950》，《经济研究》2009年第2期。
[②] 龙登高、任志强、赵亮：《近世中国农地产权的多重权能》，《中国经济史研究》2010年第4期。
[③] 龙登高：《地权交易与生产要素组合：1650—1950》，《经济研究》2009年第2期。

下篇　永佃制与江南农业的集约化发展

用"资产性地权"和"经营性地权"为田底权和田面权定义，进一步凸显了二者不同的经济和金融属性。[①] 在清代江南地区，对于拥有佃权的佃农来说，需要一个具有长期执行效力并且可以贴现未来收益的地权形式来保障投资的进行，所以会为了获得田面权而进行投资，如"康熙五十八年（1718）间，江苏长洲县人章敬山，把八亩五分的田面，得银八两，立契顶与章茂甫耕种还租。到乾隆三年（1738）上，又加绝了十两银子去，契上已载明，与章茂甫永远布种，有正找文契可凭的"[②]。而对于清代江南地区的大量城市居民与工商业者来说，田底权这一"资产性地权"的出现，能够让田主脱离土地控制与管理而获得地租，同时实现其"以末取之，以本守之"的稳健投资之道。

所以，促进佃权的物权化发展的永佃制，因为在制度上分别满足了佃农生产经营和地主资产管理的需要，促进了江南的农业进步和地权市场发展，所以逐渐兴盛起来。

二　转佃的意义

永佃制的发展，还带来了转佃这一地权交易形式的发展。转佃是我国民间自发形成的租赁和转让耕作权的形式，是租佃制的配套机制。[③] 龙登高[④]认为它有两个重要的功能：

其一，提供了一种自由选择与退出机制。转佃在清代江南地区已经大量出现，甚至不用通知通知地主，如江苏靖江县人"郁文选于乾隆十三年（1748）冬间，包种徐顺章田二十亩，得受工银一两八钱五分。议明稻归业主，麦给佃户。文选随将六亩五分，转包与桂原代种，分工钱六分。桂原又拨一半与文选嫡侄郁五生承种，分给工银三

[①] 龙登高：《清代地权交易的多样化发展》，《清史研究》2008年第3期。
[②] 《清代地租剥削形态》No. 253，中华书局1982年版。
[③] 龙登高、任志强、赵亮：《近世中国农地产权的多重权能》，《中国经济史研究》2010年第4期。
[④] 龙登高：《地权市场与资源配置》，福建人民出版社2012年版，第97—98页。

第十章 地权市场中的主佃博弈与永佃制的兴起

钱。均未通知顺章、文选"[1]。再如浙江海盐县人"冯友高有田十亩，卖与张天时，仍系友高租种。雍正八年（1730），将田顶与伊甥钱维贤承佃。乡间例有顶佃银两，因系至戚，未经讨取"[2]。可以看出，在当时江南的转佃非常普遍，因为顶佃时还形成了需要顶佃银两的乡规俗例。

其二，提供了租佃耕作制的一种延伸机制。在合约成本方面，大佃农比城居地主要小得多。随着租佃制中委托代理关系的发展，近代出现了如租栈等专门负责包租业务的中介机构。

可以看出，与永佃制的同时迎合清代江南地区佃农和地主双方需要类似，转佃的出现也是分别迎合主佃双方利益的地权交易形式。对于清代江南地区的佃农来说，长期契约固然是符合其利益的，但是因为各种原因需要退出农地经营的情况是存在的，退出机制使得佃农免受土地束缚，避免成为终身农奴。而对于不在地主来说，因为他们对于农地经营及具体佃户的了解有限，由他们自己来选择佃户的交易成本及风险较高，所以委托租栈等专门负责包租业务的中介机构来安排生产更具经济效率。另外，佃户退出农地经营时具有的转佃权利，会让新的农户继续从事农业生产，保证了田地的持续产出和地主的地租收入，也是有利于地主的一个方面。

所以，转佃这一在永佃制之上形成的地权交易形式，进一步明确了土地产权的层次，不仅降低了交易的成本，而且减少了交易的纠纷。同时，它确立的地权可转让性，促进生产资料的优化配置，而且利于财产的动态安全，在此基础上实现财产的保值和增值。

第二节 不在地主的增加

在清代江南，有一个引人注意的人口现象：不在地主的增加。本篇中所指的不在地主，指的是城居地主、商人地主等不长期居住在所

---

[1] 《清代地租剥削形态》No. 307，中华书局1982年版。
[2] 《清代地租剥削形态》No. 308，中华书局1982年版。

下篇　永佃制与江南农业的集约化发展

有田的土地所有者。其中城居地主指的是生活在城市中的本乡地主，商人地主则是本业为商业、但购买土地进行投资的商人。商人地主必然会与城居地主有所重合，但这种重合只能是两种身份在一人身上的偶然结合，而二者作为社会群体来说，其来源和性质是不同的。更为重要的是，商人地主的出现标志着商业资本流入土地的趋势。

一　城居地主

地主因为羡慕都市的繁华生活、躲避战乱等原因，进城现象在明代就开始出现。[①] 在明清时期，城居人口所占比例一直在提高。虽然没有确切的数据，但是可以肯定清代中期江南的城市化水平比明代后期高出许多。[②] 地主移居城市，自然不能像过去那样直接干预佃农的生产经营。如明代正统年间周克敏等的产业讼案中立的契约，在城周克敏，同西都谢振安，共有承租经理管业得用价买冯宅山地一片……克敏同振安共业一半，计山一亩六角；能静一半，系山一亩六角，系能静一人营业。写立合同议约，各收一纸。自议之后，各照合同为始，照依分法，永远共同管业，日后子孙不许争论。[③] 其中在城周克敏和谢振安的一份，名为二者共业，实际由西都谢振安经营，可以从中看出土地私有权的分化。

而在清代，地主进城现象一直存在，进入清代后期更是成为一大社会现象。虽然清末江南地区地主的城居率没有确切的数据，但是可以从20世纪二三十年代的记录推测而知。从1934年的《中国经济年鉴》中可以看出，上海、江苏、浙江三省的地主城居率分别为20%、27.7%、37.2%。[④] 乔启明[⑤]对江苏昆山、南通和安徽宿县的调查结

[①] 徐畅：《抗战前长江中下游地区城居地主述析》，《文史哲》2002年第4期。
[②] 李伯重：《江南农业的发展（1620—1850）》，王湘云译，上海古籍出版社2007年版，第24页。
[③] 原件藏于安徽省博物馆，藏号2：16770。
[④] 《中国经济年鉴：民国二十四年续编》，第114—117页。
[⑤] 乔启明：《江苏昆山、南通、安徽宿县农佃制度之比较以及改良农佃问题之建议》，《农林月刊》第30号，1926年5月。李文海：《民国时期社会调查丛编（二编）·乡村经济卷》下册，福建教育出版社2009年版，第603页。

第十章　地权市场中的主佃博弈与永佃制的兴起

果则显示，三地的地主居外比例分别为65.9%、15.8%和27.4%。20世纪30年代前期，中央政治学校附设的地政学院学员也对苏州、无锡、常熟三地的农村进行了调查，其结果显示不在地主的比例分别为95%、40%和40%。[1] 可以看出，到了20世纪二三十年代，江南地主的不在现象明显高于其他地区。[2]

清代城居地主在地权交易中，明显地表现出偏好田底权的倾向。如苏州的城居地主"皆以田连底面者为滑田，鄙弃不取，而壹买田底，以田面听佃者自有之"[3]。他们不但对于田中事"一切不问"，甚至都不需要下乡收租，而是由租栈等专门的中介代理机构为城居地主收取地租。[4] 尤其是太平天国战争之后，江苏、浙江和安徽等地此风更盛。日本学者村松祐次就研究指出"租栈"产生的另一个重要背景是绅士地主的城居化。[5]

二　商人地主

商业资本流入土地，也为农村土地买卖注入了新的活力，成为明清时期普遍的社会现象。明代中后期，随着赋役的加重，加上豪绅地主依仗着优免等特权转嫁赋役，商人曾一度出现不愿买地的倾向。"大率吴民不置田亩，而居货招商为多"[6]，"江南大贾，强半无田，利息薄而赋役重也"[7]。到了清初，清政府为了稳定政权、保证赋税，对有反清倾向的江南豪绅地主进行了严厉的打击，取消优免特权，严禁拖欠及转嫁赋役的活动。[8] 此后，土地买卖的范围逐渐扩大。

---

[1] 何梦蕾：《苏州、无锡、常熟三县租佃制度之调查》，萧铮主编《民国二十年代中国大陆土地问题资料》，成文出版社有限公司1977年版，第33237页。
[2] 徐畅：《抗战前长江中下游地区城居地主述析》，《文史哲》2002年第4期。
[3] （清）陶煦：《租核》，光绪二十一年聚珍本。
[4] 龙登高、任志强、赵亮：《近世中国农地产权的多重权能》，《中国经济史研究》2010年第4期。
[5] ［日］村松祐次、邢丙彦：《清末民初江南地主制度文书研究》，《史林》2005年第3期。
[6] （明）杨循吉：嘉靖《吴邑志》卷首。
[7] （明）谢肇淛：《五杂俎》卷四。
[8] 段本洛：《苏南近代社会经济史》，中国商业出版社1997年版，第6页。

◈◈ 下篇 永佃制与江南农业的集约化发展 ◈◈

随着清代前中期江南人口的增长和手工业发展,江南的城市人口和农村从事非农行业人口比例上升,使得粮食的消费量猛增,江南农业在这一时期虽然有着巨大的进步,但是还是解决不了自身的粮食问题,粮食的输入量持续增加,粮价也随之水涨船高,经营土地越来越有利可图,"粮价腾贵,益见田之为利"①。所以,乾隆初年"富商巨贾挟其重资,多购买土地,或数十顷或数百顷"②。这完全不同于明末的情景。也就是在这一时期,钱泳提出了他著名的投资理论:"凡置产业,自当以田地为上,市廛次之,典与铺又次之。"③ 如在清代乾嘉年间的无锡,商人王锡昌先以经商致富,后又购田三千多亩。④

太平天国战争之后,江南地区劳力缺乏,土地荒废,地主的地租收入下降,"商贾利厚,田亩利薄"⑤。商人地主却依旧有增无减,而且与城居地主一同推动了江南农业的商品化发展。⑥ 一直到20世纪初期,江南地区著名的企业家,依旧会在经商成功之中或者之后投资于土地。如近代著名的"荣氏兄弟"荣宗敬和荣德生,就曾为家族购置义田数百亩。⑦ 荣宗敬与张謇等人组织成立左海公司,前后承购了1200亩的土地。⑧ 荣德生则在江阴、常熟沿江一带垦殖,扩充到一万亩之多。该时期商人地主的增加,主要原因就在于"以末取之,以本守之"的稳健投资之道。

三 不在地主土地控制力的下降

在清代的江南人口现象中,除了江南农业生产的劳动力短缺之

---

① (明)黄印:《锡金识小录》卷一。
② 清代户部钞档,乾隆五年四月胡定奏。
③ (清)钱泳:《履园丛话》丛话七《臆论》。
④ (清)齐学裘:《见闻随笔》卷一六。
⑤ (清)方浚颐:《梦园丛说》《内篇》卷八。
⑥ 严中平:《中国近代经济史(1840—1894)》,人民出版社2012年版,第927—929页。
⑦ 汪敬虞:《中国近代经济史(1895—1927)》,经济管理出版社2007年版,第1020页。
⑧ 上海社会科学院经济研究所编,《荣家企业史料》,上海人民出版社1980年版,第72—73页。

外，不在地主的增加也是一个令人注意的现象。城居地主在地权交易中，明显地表现出偏好田底权的倾向，在农业生产中不但对于田中事"一切不问"，甚至由租栈等专门的中介代理机构为其收取地租。虽然在清代前中期，随着江南城市人口和农村从事非农行业人口比例上升，使得粮食的消费量猛增，"粮价腾贵，益见田之为利"，商人地主投资土地有较多的获利动机。但是在太平天国战争之后，江南地区劳力缺乏，土地荒废，地主的地租收入下降，"商贾利厚，田亩利薄"，商人地主却依旧在增加，主要原因就只能用"以末取之，以本守之"的稳健投资之道来解释了。

所以，无论是城居地主还是商人地主，相比于传统的在田地主，均表现出对于土地控制能力的下降。随着不在地主在清代江南地区的逐渐增多，永佃制也在当地不断发展。而在清代后期，地主进城更是成为当地一大社会现象，以及商人地主的不断发展，永佃制则在农业劳动力更为短缺的江南地区变得普遍起来。

第三节　永佃制的博弈论分析

一　主佃博弈的外在制度环境

通过上文的梳理，我们可以对清代江南永佃制的兴起做出一个较为完整的经济学解释：

在清代江南人口的缓慢增长、战争造成人口锐减和外向型农业的共同作用下，江南农业生产中一直都有劳动力短缺现象的存在，这使得江南的地主甚至政府会给予佃农永佃权甚至田面权来招佃，并使得劳动力节约型技术得以推广应用，使得江南农业呈现出"集约化"而非"过密化"的发展特点。

拥有剩余索取权的佃农虽然能够从这些"集约化"技术的推广中得到主要的收益，但还需一个具有长期执行效力并且可以贴现未来收益的地权形式予以保障，才会对土地进行的劳动和资本上的投资。

与此同时，江南持续增加的不在地主，通常在农业生产中"一切不问"，倾向于脱离土地控制与管理而获得地租。

◈ 下篇　永佃制与江南农业的集约化发展 ◈

在土地市场的发展上，永佃制契合"佃权的物权化"的演进逻辑，在制度上分别满足了佃农生产经营和地主资产管理的需要，促进了江南的农业进步和地权市场发展。

另外，永佃制的兴起还带来了转佃这一地权交易形式的发展，进一步明确了土地产权的层次，保障了交易的顺利进行，同时，促进生产资源的优化配置和财产的动态安全。这些，最终导致了永佃制在清代江南的兴起以致盛行。

二　激励相容的主佃博弈

在使用博弈论的方法来分析永佃制兴起的原因之前，需要先论述一下这样做的经济学合理性。

对于传统中国租佃制度中主佃双方的关系，以往学者往往从剥削的角度出发，谴责地主对佃农各种剥削与榨取行为的不义。并且总能罗列许多时人的笔录和历史事件来揭示封建的租佃制度对佃农的压迫有多么的残酷，处于这种地位之下的佃农生活十分悲惨，不得不经常在走投无路的情况之下进行抗租斗争，甚至揭竿而起，革命造反。近来有些学者则从另一个角度出发，认为在租佃关系规定是一回事，实施则是另一回事，佃农可以通过大规模的有组织斗争来抗租，也可以通过少交租、迟交租、拖欠敷衍，甚至干脆恃强罢种、逃租、交差粮、压产等各种办法来减少实际地租。对此，清代政府不但明显地偏袒佃户，而且明文规定不允许"无故加租"，更是数次规定"禁止增租夺佃"，清代还屡次蠲免田赋，并多次令田主照蠲免分数免征佃户田租。[①]

这两方的观点相差很大，而且都有很多例证来支持自己的观点，所以并不能简单地判断谁对谁错。毕竟，双方都指出了传统中国租佃制度中一些现实存在的现象。然而，这两种情况的比例到底有多少，当时租佃制度中的普遍现象究竟如何，则因为没有确切的数据无法得出定论。

---

① 高王凌：《租佃关系新论——地主、农民和地租》，上海书店出版社2005年版。

第十章 地权市场中的主佃博弈与永佃制的兴起

农业生产最重要的是土地和劳动，在自耕农制度下，二者是合一的，而在租佃制下二者却是分属不同个体的。所以，二者并不能保证目标的完全一致。但是，目标的"不完全一致"并不是"完全不一致"。在清代的江南，农业集约化发展技术特点使得佃农在农地经营中处于更为重要的地位。与此同时，江南不在地主的增加使得地主在农业生产中控制能力下降，这本应该导致佃农普遍变得"顽劣"、以减免地租才对。但是，江南却是全国地租率最高的地区，而且也有很多佃农被地主压榨的案例。相反，地处鲁西南的滕县，经济并不发达，却有乾隆二十三年（1758）佃农集体反抗孔府收租的事件发生。而从前人的记录和后人的研究来看，清代江南地区的居民生活质量明显高于鲁西南。笔者相信这绝不是江南佃农甘心被压迫造成的，江南佃农抗租的事件也不罕见。那么是什么造成江南地区经济水平高于全国其他地区呢？

本篇认为原因在于清代江南地区合理的制度安排，兼顾了主佃双方的利益，从而使得双方能够更好地合作，以进行农地的经营与生产。而这种制度，就是永佃制。用博弈论的视角来考虑，佃农与地主无疑是两个博弈参与者。双方都有各自的利益诉求，不可能完全一致。但是在一定的范围内，还是可以获得一个双方都可以接受的纳什均衡结果，实现激励相容的效果。所以，运用博弈论的方法可以解释这一问题。

前人已有使用博弈论来研究土地制度和解释永佃制的尝试。[①] 本篇运用博弈论的目的，只是将上文得到的结论更简洁地表述出来，并结合历史数据进行一些验证。

三 主佃博弈分析

这一小节将使用博弈论的方法来分析永佃制兴起的原因，并用历史数据进行验证。

[①] 徐美银：《永佃制的起源：演化博弈理论的解释》，《中大管理研究》2008 年第 3 期；谢冬水：《永佃制的结构、演化及对现实的启示》，《中国农业大学学报》2010 年第 3 期；丁萌萌：《演化博弈论视角下的永佃制变迁》，《首都经济贸易大学学报》2011 年第 5 期。

下篇 永佃制与江南农业的集约化发展

令佃农为参与人1，地主为参与人2。因为佃农在任何土地制度下都是土地的使用者，而地主则是土地的所有者。而且当时佃农在生产和投资方面都处于更为重要的地位，所以假定投资完全由佃农来决定，在当时农业生产中可以选择不投资 A、短期投资 B 和长期投资 C。因为地主是土地产权最终的所有者，所以假设在契约选择方面完全由地主来决定，在当时契约可以选择短期租约 A'、长期租约 B' 和永佃制 C'。则二者的策略空间为：佃农 $s_1 = \{A, B, C\}$，地主 $s_2 = \{A', B', C'\}$。

参与人1与参与人2之间博弈的支付矩阵为：

表10-1　　　　　　　　　　　　主佃博弈

	参与人2 A	B	C
参与人1　A'	w_{11}, v_{11}	w_{12}, v_{12}	w_{13}, v_{13}
B'	w_{21}, v_{21}	w_{22}, v_{22}	w_{23}, v_{23}
C'	w_{31}, v_{31}	w_{32}, v_{32}	w_{33}, v_{33}

其中，w_{ij}，v_{ij}，分别为参与人1与参与人2在参与人1做出第 i 个选择且参与人2做出第 j 个选择时的预期收益，其中 $i, j = 1, 2, 3$。

为了区分不投资、短期投资和长期投资，假设简历一个三期的收入模型，π_i^j ($i, j = 1, 2, 3$) 表示第 i 中投资情况下第 j 期土地的产出。假设土地为稻田熟地，平均正常年产出为 π_0。以下为对于三种投资情况的设定：

（1）不投资：明清时代的江南，养地非常重要，肥料的投入对于保持土壤质量有着非常重要的意义，如《陈泓全书》就提出"用粪如用药"的说法。但是，肥力虽然保持不易，但是衰退却很快，如宋代的《种艺必读》就提出"地久耕必耗"的说法。所以，假设在三期收入模型中在不投资时，第一期的产出 $\pi_1^1 = \pi_0$；第二期的产出减半，即：

第十章 地权市场中的主佃博弈与永佃制的兴起

$$\pi_1^2 = \frac{1}{2}\pi_0$$

第三期的产出降为零,即 π_1^3。不投资时,每期投资支出为 0。

(2)短期投资:这里的短期投资即为保持正常熟田肥力的投资,则可知其三期产出均为正常产出 π_0,即 $\pi_2^1 = \pi_2^2 = \pi_2^3 = \pi_0$。短期投资时,每期投资支出为 d。

(3)长期投资:长期投资即对"追求长期利益"集约型技术的投资,我们以上文中提到的稻田换桑田来表示长期投资。李伯重认为,虽然明清每亩蚕桑的总产值和净产值均约为水稻的 4 倍,但是考虑到稻田复种的春花作物和桑园间种的豆类作物,这一比例会有所降低。而且,桑树在移种之后第六年才能进入成熟期,一个生产周期需要 16 年左右,而稻田年年均有收获,所以实际年均净产值约为 2∶1。考虑到桑树移植 6 年内都不能有所收获,6 年在 16 年中占了三分之一强,所以第一期产出设为 0,即 $\pi_3^1 = 0$。因为桑园 3 期的总产出是稻田 3 期的 2 倍,而稻田在短期投资下的三期总产出为 $3\pi_0$,则桑园三期总产出为 $6\pi_0$。假设在第二、三期,桑园的产出固定,则 $\pi_3^2 = \pi_3^3 = 3\pi_0$。在投资支出方面,因为水稻的投资约为桑业生产的 40% 左右,所以长期投资中,每期投资支出为:$\frac{5}{2}d$。

在交易成本方面,假定每次每种交易成本一样。在长期租约中,假定三期只需订立一次契约,三期总交易成本为 c,在第一期支付;在短期租约中,假定每期都需订立契约,每次交易成本为 c,在每期分别支付,每期支付交易成本为 c;在永佃制中,假定交易成本为 0。

在当时租佃交易中,地主控制土地能力下降,而且农业劳动力短缺,加之契约由选择选择,所以假定不确定性在佃农一方。即地主不知道是否会一直合作,但是明确佃农的随机停止概率。在短期租约下,佃农的随机停止概率为 $p_1 \in (0, 1)$,则重复概率为 $(1-p_1) \in (0, 1)$;在长期租约下,佃农因为可耕作时间延长,所以随机停止概率比短期租约要低,假设为 $p_2 \in (0, p_1)$,则重复概率为 $(1-p_2) \in (1-p_1, 1)$;在永佃制下,佃农不会选择违约,而且在不想耕种时可以通过转佃来让生产继续,所以假设随机停止概率为0,则重复概率为1。

假设一般地租率为 $q \in (0,1)$。令一般贴现率为 γ,则一般贴现因子为:$\delta = \frac{1}{1+\gamma}$。则在不投资时,三期总产出贴现值为 $\pi_1 = \pi_1^1 + \delta \pi_1^2 + \delta^2 \pi_1^3 = (1 + \frac{\delta}{2}) \pi_0$,三期交易总成本贴现值为 $c_1 = (1 + \delta + \delta^2) c$,三期总投资贴现值为;在短期投资时,三期总产出贴现值为:

$$\pi_2 = \pi_2^1 + \delta \pi_2^2 + \delta^2 \pi_2^3 = (1 + \delta + \delta^2) \pi_0$$

三期交易总成本贴现值为 $c_2 = c$,三期总投资贴现值为 $d_2 = (1 + \delta + \delta^2) d$;在长期投资时,三期总产出贴现值为:

$$\pi_3 = \pi_3^1 + \delta \pi_3^2 + \delta^2 \pi_3^3 = 3\delta(1+\delta)\pi_0$$

则可以知道:

$$v_{11} = q[(1-p_1) \cdot \pi_0 + \delta(1-p_1)^2 \cdot \frac{1}{2}\pi_0 + \delta^2(1-p_1)^3 \cdot 0] - (1+\delta+\delta^2)c$$

$$= \frac{1}{2}q(1-p_1)[2+(1-p_1)\delta]\pi_0 - (1+\delta+\delta^2)c;$$

$$v_{12} = q[(1-p_2) \cdot \pi_0 + \delta(1-p_2)^2 \cdot \frac{1}{2}\pi_0 + \delta^2(1-p_2)^3 \cdot 0] - c$$

$$= \frac{1}{2}q(1-p_2)[2+(1-p_2)\delta]\pi_0 - c;$$

$$v_{13} = q[\pi_0 + \delta \cdot \frac{1}{2}\pi_0 + \delta^2 \cdot 0] - 0 = \frac{1}{2}q(2+\delta)\pi_0;$$

$$v_{21} = q[(1-p_1) \cdot \pi_0 + \delta(1-p_1)^2 \cdot \pi_0 + \delta^2(1-p_1)^3 \cdot \pi_0] - (1+\delta+\delta)c$$

$$= q(1-p_1)[1+(1-p_1) \cdot \pi_0 + \delta(1-p_1)^2\delta^2]\pi_0 - (1+\delta+\delta^2)c;$$

$$v_{22} = q[(1-p_2) \cdot \pi_0 + \delta(1-p_2)^2 \cdot \pi_0 + \delta^2(1-p_2)^3 \cdot \pi_0] - c$$

$$= q(1-p_2)[1+(1-p_2)\delta+(1-p_2)^2\delta^2]\pi_0 - c;$$

$$v_{23} = q[\pi_0 + \delta \cdot \pi_0 + \delta^2 \cdot \pi_0] - 0 = q(1+\delta+\delta^2)\pi_0;$$

$$v_{31} = q[1-p_1 \cdot 0 + \delta(1-p_1)^2 \cdot 3\pi_0 + \delta^2(1-p_1)^3 \cdot 3\pi_0] - (1+\delta+\delta^2)c$$

第十章 地权市场中的主佃博弈与永佃制的兴起

$$= 3q(1-p_1)^2[\delta + (1-p_1)\delta^2]\pi_0 - (1+\delta+\delta^2)c;$$
$$v_{32} = q[1-p_2 \cdot 0 + \delta(1-p_2)^2 \cdot 3\pi_0 + \delta^2(1-p_2)^3 \cdot 3\pi_0] - c$$
$$= 3q(1-p_2)^2[\delta + (1-p_2)\delta^2]\pi_0 - c;$$
$$v_{33} = q[\pi_0 + \delta \cdot 3\pi_0 + \delta^2 \cdot 3\pi_0] - 0 = 3q\delta(1+\delta)\pi_0.$$

因为 $p_2 \in (0, p_1)$,$c > 0$,易知 $v_{i3} > v_{i2} > v_{i1}$,$i = 1, 2, 3$。所以,佃农知道对于地主来说,永佃制是一个上策(Dominant Strategy)。这或许有些出乎我们的意料,因为之前我们一直认为永佃制的兴起是佃农的斗争,而非地主的自愿。但是,考虑到在这个博弈中,地主对于农业生产和投资完全无法干预,类似于商业地主和城居地主的处境,所以他们显然会更倾向于获取田底权,即运用永佃制的契约形式。这与我们之前对不在地主的分析的结果相一致。

因为永佃制是地主的上策(Dominant Strategy),所以可以运用严格重复剔除下策法(Iterated Elimination of Strictly Dominated Strategies)处理,则地主与佃农博弈的支付矩阵变为:

表10-2　　　　　　　　**主佃博弈:重复剔除下策后**

		参与人2
		C'
参与人1	A	w_{13}, v_{13}
	A	w_{23}, v_{23}
	B	w_{23}, v_{23}
	C	w_{33}, v_{33}

其中,

$$w_{13} = \pi_1 - v_{13} - c_1 - d_1 = (1+\frac{\delta}{2})\pi_0 - \frac{1}{2}q(2+\delta)\pi_0 - 2(1+\delta+\delta^2)c$$
$$= \frac{1}{2}(1-q)(2+\delta)\pi_0 - 2(1+\delta+\delta^2)c;$$
$$w_{23} = \pi_2 - v_{23} - c_2 - d_2 = (1-q)(1+\delta+\delta^2)\pi_0 - 2c - (1+\delta+\delta^2)d;$$
$$w_{33} = \pi_3 - v_{33} - c_3 - d_3 = 3(1-q)\delta(1+\delta)\pi_0 - \frac{5}{2}(1+\delta+\delta^2)d。$$

下篇 永佃制与江南农业的集约化发展

从清代江南"追求长期利益"技术的推广，可知当时江南人对于未来收益的偏好是很高的 $\delta=1$，不妨令。而交易成本因为不好统计，没有确切的数据。在此，我们先假定三种投资环境下，交易成本相等。则易知，

当时 $0 < q < \dfrac{\pi_0 - 2d}{\pi_0}$ 时，$w_{33} > w_{32} > w_{31}$；

当时 $\dfrac{\pi_0 - 2d}{\pi_0} < q < \dfrac{2\pi_0 - 3d}{2\pi_0}$ 时，$w_{32} > w_{31}$ 且 $w_{32} > w_{33}$；

当时 $q > \dfrac{\pi_0 - 2d}{\pi_0}$ 时，$w_{31} > w_{32} > w_{33}$。

通过查阅文献，我们知道佃农在农作时需要在土地基本建设和水肥等方面进行较多的投资，用于土地灌溉、粪壅等项费用占到全年田间收入的1/4到1/3，[①] 即 $3d \leq \pi_0 \leq 4d$。所以，若取 $\pi_0 = 4d$，当时 $0 < q < \dfrac{1}{2}$ 时，$w_{33} > w_{32} > w_{31}$，当 $\dfrac{1}{2} < q < \dfrac{5}{8}$ 时，$w_{32} > w_{31}$ 且 $w_{32} > w_{33}$，当 $q > \dfrac{5}{8}$ 时，$w_{31} > w_{32} > w_{33}$；若取 $\pi_0 = 3d$，当 $0 < q < \dfrac{1}{3}$ 时，$w_{33} > w_{32} > w_{31}$，当 $\dfrac{1}{3} < q < \dfrac{1}{2}$ 时，$w_{32} > w_{31}$ 且，当 $q > \dfrac{1}{2}$ 时，$w_{31} > w_{32} > w_{33}$。

因为 q 是地租率，保守看来，当地租率降到1/2以下时，佃农就会进行投资，而当降到1/3以下时，佃农就会进行长期投资。考虑到这些数字是在没有考虑到交易成本的差距时给出的，所以笔者认为应该取乐观一点的数据，也就是当地租率降到5/8（62.5%，约60%）以下时，佃农就会进行投资，而当降到1/2（50%）以下时，佃农会进行长期投资。事实上，清代江南地租率的变动是不大的，虽然个别地区在有些时候会上升到80%左右，但是一般来说都保持在50%左右。[②] 考虑到对于佃农来说，地租率大多只是对主要农作物一季产出的收取，而复种的作物一般完全由佃农所得，所以清代江南整体地租率应当在50%以下。这与我们知道的，江南桑树的种植面积从明代

[①] （清）沈镜贤：《东草堂笔记》。转引自龙登高《地权市场与资源配置》，第140页。
[②] 段本洛：《苏南近代社会经济史》，中国商业出版社1997年版。

后期的 70 万亩增长到清代中期的 150 万亩，再到清代后期的更进一步发展是吻合的。

所以，博弈论的结果证明对于该时期对农业生产和投资影响越来越小的地主来说，永佃制是最优的选择。对于城居地主和商人地主来说，情况更是如此。而对于佃农来说，投资收到地租率的影响，不过在江南一般维持在 50% 的地租率，佃农在耕作中一般肯定会进行投资，而当地租率下降到 50% 以下时，佃农则会进行长期投资。这些结论与清代江南永佃制的发展和农业投资的史实都是吻合的。

第十一章　结论和政策启示

"耕者有其田"自古以来一直是中国农民朴素的渴望，也是近代以来各派革命者所共同追求的目标。然而，历朝历代的激进的平均主义政策最多只能短暂地实现这一目标，农户生产要素禀赋的变动不居使得维持初始平均状态成为不可能。如何能在适当的市场化[①]制度安排下尽可能地接近这一目标呢？本书的回答是：中国传统地权市场自发演化出的多层地权交易体系能够帮助勤俭持家的农户尽可能接近这一目标的实现。

本书的核心理论是传统农地制度中的多层次产权和交易体系。这一"多层地权交易理论"与传统的"自耕农最优论"是相互抵触的：如果完全为自己而劳动的自耕农能够拥有最大的边际产出作为对自己的激励，那么任何多层次的地权安排和流转都将减少劳动者的边际收益，从而损害农业生产的效率。但是史实给了我们与此相反的证据，这就迫使我们打破"自耕农最优论"的陈说，并且寻求对地权交易史实的经济学新解释。

我们的基本结论就是：即使不考虑农户家庭资本和劳动等生产要素的动态变化和外部冲击，只考虑农户运用自身积累扩大再生产或适当缩小经营规模的要求，严格的自耕农制度也是不适合的。因为土地

[①] 古代（如唐代均田制）和现代（如当代村集体按人头重分承包地）的经验都证明，通过非市场化或行政的手段定期使地权归于均等的努力，都终将在一两代人的时间里，因私有产权意识的滋长、行政效率的下降、信息的缺失等原因而归于失败。其中，私有产权意识的滋长似乎是人类的一种本性，这可以用行为经济学中的"禀赋效应"（Endowment Effect）来解释，而这一效应又根植于人类的"损失厌恶"（Loss Aversion）心理之中。

的一次性"买断"交易所需要的资本,会远远高于经济史上自发演化出来的多层地权交易制度,这是个体小农依靠十分有限的农业剩余积累一般难以承担的,所以严格的自耕农制度就将严重阻碍小农通过自身积累逐步扩大或适度缩小生产经营规模的努力。

反之,只有本书所论述的、以佃权或农户经营性地权为中心和最积极因素的多层地权交易体系,才能提供能够调节农户生产要素组合的自发的市场化途径,从而帮助农户在"阶梯价格"或"产权与合约连续谱"曲面上拾级而上、逐步攀升,实现"耕者有其田"的梦想。

本书的这一论述在当今农村土地制度改革进入深水区的背景下显得尤为意味深长,有关政策讨论将从这些历史事实、历史经验和历史智慧中获得无穷的教益。

第一节 打破"自耕农最优论"的陈说

"土地是农民的命根子",在传统农业社会当中,其含义是农业生产几乎是农户的唯一就业方式,是农户家庭唯一的收入来源。因此,一个农户家庭收入上的多寡、财富上的贫富,就主要取决于家庭掌握的土地的多少。若掌握的土地较多,自家耕种以外的土地还可招租或者雇工耕种,取得财产性收益或者经营收益;若掌握的土地较少,由于劳动没有别的机会成本,则会陷入黄宗智[1]所言的"没有发展的增长":过量的劳动力集中在有限的土地当中,农户家庭的收入受到土地这一生产要素的"不足"的约束。

因此,尽量取得更多的土地,至少是取得尽量多的土地使用权以投入农业生产,是农户家庭扩展收入、获得更好发展的最主要的目标;对社会而言,尽量使得土地这一生产要素和农户的劳动力相结合,不仅有利于提高个体农户的家庭收入,而且也是提升有限资源的利用效率、提高社会整体的物质产出的要求。

---

[1] [美]黄宗智:《长江三角洲的小农家庭与乡村发展》,中华书局1992年版。

◈◈ 下篇 永佃制与江南农业的集约化发展 ◈◈

一 对"自耕农最优论"的质疑和反思

自李嘉图、马歇尔以来,小农经济或者说自耕农经济最优这样的观点就较为盛行。一方面,人们认为这样的土地分配制度之下,可以确保劳动力和土地的结合,实现"耕者有其田";另一方面,由于农户对耕种的田地具有清晰完整的产权,因而受到产权制度的激励,勤于耕种、乐于投资。正因此,人们常常恐惧于土地的流转交易,认为土地的买卖会导致地权分配不均、形成土地兼并,导致劳动力与土地的分离,"富者田连阡陌,而贫者无立锥之地",影响经济效率、造成社会的不安定。

近年来经济史领域不少学者的研究成果却发现,近世在我国的许多地区发展出了一套较为发达的农村地权交易制度,以"地权多层次的分化"和"交易形式的多样化"为突出的特征。在这一地权市场当中,土地的经营者与土地的所有者之间的交易非常活跃,而在这一活跃的交易背后,本质是生发了大量的使得农户"非自耕农化"的地权交易,催生了一大批佃农、半佃半自耕等形式的非自耕农。他们没有掌握土地的完整产权,却又与传统意义上的纯粹租佃土地使用权的纯佃农相区别,实际占有了层次各异、大小不一的各色土地权利,程度不一地"分润"了原地主对土地的控制权力。

周远廉面对明清以来这一地权市场的地权分化和交易形式多样化,认为这又是地主阶级压榨农民、剥削农民的"新手段"和"新花样",为农民又套上了更沉重的"枷锁"。[①] 然而,这种静态的观点却是值得怀疑的,正如龙登高指出的"明清以来,地权形态的发育及其交易形式的多样化,使土地流转趋于活跃,促进了生产要素的组合和资源配置","各种生产要素处于动态组合之中",反而促使"土地通过各种交易配置到具有生产效能的劳动力手中,从而提高了农业经济效率",这也正是"中国传统经济长期领先于西方的重要原因"。[②]

---

① 周远廉:《清代租佃制研究》,辽宁人民出版社1986年版。
② 龙登高:《地权交易与生产要素组合:1650—1950》,《经济研究》2009年第2期。

二　多层地权交易体系作为资源优化配置的手段

近世活跃的地权交易和普遍发生的"非自耕农化"的现象，与传统的"自耕农最优"的认识产生了矛盾。本书上篇从农户的家庭独立经营的角度，通过搭建一个无限期下农户家庭效用最优化的动态最优化模型，分析不同时期、不同贫富水平的农户的最优地权配置策略的变化，展示了近世地权市场中农户的"非自耕农化"选择其自生自发的机制机理，指出多层次地权交易制度对于农户家庭经营的重大意义，重新反思了"自耕农最优"这一命题。

只允许农户通过完整土地买卖的方式配置土地，则对于资产较为丰厚的农户而言"或可接受"，而对于资产较为贫乏的农户则是大大的不利。面对较高的土地买卖价格，资产贫乏的农户往往就只能从市场中获得小块的土地用于家庭耕种，对于这些小规模的小自耕农而言，就只能被迫陷入黄宗智[①]所说的"没有发展的增长"，也没有别的地可耕，于是劳动只好过量地沉淀在小块的土地之中。

多层次的地权交易市场为农户随时、自由、灵活地配置家庭的地权组合大开"方便之门"，农户可以动态地根据家庭的资产状况选择最优的地权配置组合，在保证农业生产经营的规模和土地权益投资之间取得动态最优的平衡。在较为贫乏的时候，多选择"门槛"较低的纯租佃、押轻租重等交易方式融入土地，解决可耕土地不足这一"当务之急"，实现土地规模和劳动力的最佳搭配，充分利用既有劳动力，避免微观个体的"没有发展的增长"；而在较为富足的时候，多选择掌握权利较多、而"门槛"更高的押重租轻、典或者活卖绝卖等交易方式融入土地，在兼顾耕种的土地规模的同时，取得更多的土地权利上的投资收益。

传统中国社会中的农家往往需要通过数代人坚持不懈的勤劳经营和储蓄积累实现家庭状况的改善发展，这一漫长的积累发展历程形象而言就如同沿着阶梯"逐级而上"的登山，在这一勇攀顶峰的"登

[①] [美]黄宗智：《长江三角洲的小农家庭与乡村发展》，中华书局1992年版。

山"过程中,每上一级"台阶",农户就随之提高地权配置的综合价格水平,农户的家庭状况逐步提高改善,与之伴随的是地权配置综合价格水平的逐步提高——本篇中,将农户充分利用地权市场的地权产品多样性以实现家庭最优发展的这一地权配置策略,形象地称为"阶梯价格"策略。

采用这一策略,农户可以更好地在保证农业经营规模(从而充分利用既有劳动力)和取得土地权利收益之间进行平衡,在每一个时期都实现家庭经营净收入的最大化,从而不仅可以提高当期家庭的消费能力,也提高了家庭为未来储蓄的能力。因此,在多层次地权交易市场中农户的"非自耕农化",恰恰是农户最优化家庭福利的必然选择,它为农户的长远发展提供最优的行动方案,在促进农户家庭的发展上不是单纯的"增速效应"而是"加速度效应"。

综上所述,本篇通过借鉴 David Cass 在经济增长理论中将家庭消费最优化引入经济增长模型的思路,利用动态最优化的数学分析方法,从农户家庭经营的角度分析了近世发展出来的这一地权多层次分化、交易形式多样化的土地交易制度对农户家庭福利和家庭发展的重要意义,从三个角度重新思考了"自耕农最优"这一传统观点,指出在这一交易制度之下普遍发生的农户"非自耕农化"的选择正是农户家庭福利最优化之下、自生自发的必然选择。

第二节 押租制促进多层地权的形成

中国传统农地制度在其演化发展的过程中呈现出了独特的演化多样性和制度灵活性,从一般租佃合约安排孕育、衍生出了田底权、田面权、永佃权、耕作权等多层次的产权体系,并在产权束逐步分离、明晰界定和日趋稳固的过程中,发展出了与农业生产力水平和社会生活需求相适应的按、押、抵、当、胎借、典、活卖、绝卖、找价、顶退等多种地权交易形式及其复杂组合,构成了一个具有丰富演化多样性的土地制度产权与合约谱系。

第十一章 结论和政策启示

一 两种地权的分离是"物权观念革命"的核心

这个多层次地权体系与多样化地权交易形式结合,将土地的所有权视为使用权、收益权和处置权等组成的权利束。从这一权利束出发,土地的使用权与收益权逐渐离析,并形成了各自具有独立处置权的经营性地权和资产性地权,[①] 催生了以"一田两主"、两权分离为特征的近世农地产权制度。

在土地产权束只发生使用权和收益权的有限分离的情况下,一般租佃合约只让渡土地使用权;典质合约中只让渡土地收益权;土地买卖合约则是让渡土地处置权,即土地产权束中最高的和最根本的权利。当土地所有者完整地让渡土地处置权时,土地使用权和土地收益权必然一同让渡,而不可能继续在原租佃合约或典质合约下独立存在,可谓"皮之不存,毛将焉附"。在近世"两权分离"的农地制度发展起来以前,农业租佃生产关系的稳定性不断被产权关系的更迭所打断,其根本原因就在土地处置权的两权分离的不彻底性上。

当土地产权束发生更为彻底的分离、即分离为经营性物权和资产性物权的时候,土地处置权分裂为田面处置权和田底处置权,并分别与土地使用权和土地收益权相结合,使二者都具有了可以独立交易的权利属性,从而分别孕育出了土地的经营性物权和资产性物权。本卷认为,这种彻底的分离和转变也就是在导论中所提及的"中国物权观念的一次革命"[②] 的本质和核心所在。

[①] 龙登高:《地权市场与资源配置:基于清代地权交易案例的解释》,《基调与变奏:七至二十世纪的中国》,台北政治大学与"中央"研究院2008年版;龙登高:《清代地权交易的多样化发展》,《清史研究》2008年第3期;龙登高:《地权交易与生产要素组合:1650—1950》,《经济研究》2009年第2期。

[②] 赵冈:《永佃制研究》,中国农业出版社2005年版,第11页;龙登高:《地权市场与资源配置:基于清代地权交易案例的解释》,《基调与变奏:七至二十世纪的中国》,台北政治大学与"中央"研究院2008年版;龙登高:《清代地权交易的多样化发展》,《清史研究》2008年第3期。

二 租佃合约、经营性/资产性地权相互转化的杠杆

循着土地的经营性地权和资产性地权相分离的理论路径,本卷在前人研究的基础上探讨了"传统土地制度产权与合约连续谱"在租佃关系和金融关系两方面的"连续性转变",以押租制的合约治理、物权交易与土地融资的三种功能,分别构建数学模型分析了租佃合约、经营性地权和资产性地权的主要影响变量——分别是押租金额、合同期长度和实际租率大小,并将租佃合约与两种地权整合为了一个三维度的产权与合约连续谱模型,押租制在其中起到了"连续性转变"的杠杆作用。

这三种维度和三种转变在图 6-3 和图 6-4 中被表示在了一个三维直角坐标系中(此处不再重复附图)。从毫无土地经营性地权和资产性地权的"一般租佃"开始(远离坐标系原点),一个勤俭持家的农户经过不断的生产剩余积累,将在图 6-3 的"产权与合约连续谱"曲面上,逐步攀升到经营性地权和资产性地权占有份额越来越高的位置(不断接近原点)。

传统农地租佃关系是从租率较高、合同期较短或无保障的一般租佃合约开始的。这种租佃合约多数为分成租约,租率通常是 50% 或更高,对合同期长度没有约定(随时可以单方面解约),但往往不收押租。佃农往往缺乏生产资料,由地主提供,因而地主对生产有较大的主导力。

当佃农逐渐安于耕作,地主也乐得不问农事时,主佃双方就倾向于事先按照历年收租的通常数量约定固定租额,从而改分租为额租。佃农也逐渐蓄积资财,在土地专用性资产上有所投入,因而产生了保障长期租佃权利的要求,并往往导致租约在事实上的自然延长。到积累的专用性资产足够多的时候,佃农就既愿意也能够付出更大的努力,来捍卫自己事实上形成的经营性物权;地主往往也不得不承认佃农的合理权利诉求,以至最终得到乡规民约和官府的承认。在图 6-3 中,从一般租佃,到长期租佃,再到事实上的永佃权,就反映的是这样一个虽然没有押租保障和地权交易、却能逐渐"久佃成业"的自

第十一章 结论和政策启示

然发展过程。

然而,这种自然发展形成的永佃权并不是最有效的促进土地长期改良投资的途径。农户如能一开始就得到对合同期和租额的契约保证,就能在立即形成以保障土地增产收益为明确目的的永佃权,从而促进专用性投资的迅速增长。稳佃押租在这种情况下被引入租佃关系中,保障了一定合同期内佃农的经营权不受侵夺。如果稳佃押租所保障的合同期是未来无限时期,那么佃农就获得了永佃权或田面权。

从基础押租到稳佃押租,再到田面权的"佃价",在增加押租金额的同时,经营性物权的价值和稳定性也在增加。由于稳佃押租和佃权保障了较长时期的专用性投资,所以佃农在土地上的投入增加将快于没有押租和契字保障时的情形,从而使产出增加,实际租率下降,因而在图 6-3 中佃农所处的位置不仅在贴现因子的横轴方向上向经营性物权增加的原点方向移动,也在租率的横轴方向上向资产性物权增加的原点方向有所前进。押租制保障了佃农的经营性物权,促进了佃农的增产增收,反过来又进一步增加了佃权在土地产权总价值中的分量,这就是图 6-3 所描绘的、为历史事实所证明了的佃农独立经营实力提升的过程。

这种佃权份额上升的连续不断的渐进演化,又得到了押租制作为一种土地融资工具的经济功能的促进。地主获得了他们所需的现金,佃农则获得了丰厚的未来土地收益,佃权更加巩固,自主经营空间更加广阔。在图 6-3 中,从不缴押租的一般租佃,到缴纳常押的一般租佃,经过连续的增押减租,最终将发展到完全无租可收的"干押"或"大押佃"的地步。在佃农的资产性物权增加的同时,经营性物权也得到了保证,甚至是有所巩固和增加。由于许多田主没有赎回"粮业"的能力或意愿,于是资产性物权和经营性物权向富裕佃农转移,最终土地完整产权(底面合一的"清业田")有可能完全落入原来的佃农之手。

从图 6-3 右上角的小示意图可以看出,佃农可以由一般租佃所获得的不稳定、价值低的使用权,以不同的产权变迁路径,向稳定的、价值高的经营性物权或资产性物权发展,最终殊途同归,获得土地的完整产权。

第三节 永佃制兴起的经济学逻辑

一 人口、技术和制度背景

在分析永佃制兴起的经济学逻辑之前，本篇先对清代江南永佃制的人口、技术和制度背景进行了研究：

（1）在人口方面，虽然清代前中期全国有着巨大的人口增长，但是江南却呈现出低速增长的人口特点。同时，江南从事非农业工业的人口比例较高，这是由江南农业生产的外向型特征造成的。随着清代前中期江南的商品在国内、国际市场上贸易量的不断增加，使得从事农业生产的人口比例进一步减少，江南的农业生产呈现出劳动力短缺的状态，而并非前人所认为的劳力过剩。在太平天国战争之后，江南人口锐减一半，江南与外界市场的联系却因为更深地卷入了世界市场之中，而几乎不受全国市场瓦解的影响，继续保持着外向型农业的特征。这就使得农业劳动力短缺的现象更为明显。永佃制在江南的兴起即处于这样一个人口背景之中。另外，与清代江南农业生产中出现劳动力短缺相对应的，是江南不在地主的增加。无论是城居地主还是商人地主，均表现出对于土地控制能力的下降，在地权交易中明显地表现出偏好田底权的倾向。

（2）在生产技术方面，清代江南永佃制的盛行，离不开江南农业"外向型"和"集约化"的发展。前者是国内与国际市场的扩大造就的，后者则是技术的创新与推广带来的，即发展经济学中的"斯密式增长"和"库兹涅茨式增长"。清代后期，劳动力节约型技术、促使"劳动—资本集约型"技术和"追求长期利益"技术的推广使得江南农业实现"集约化"的发展。江南农业较多地采用了生产率较高的生产技术和经营方式。这种"集约化"技术和经营方式尽管能使农户受益，但还需要一个具有长期执行效力并且可以贴现未来收益的地权形式予以保障，农户才能对土地进行长期专用性资产投资。

（3）在地权制度方面，促进佃权的物权化发展的永佃制，在制度上分别满足了佃农生产经营和地主资产管理的需要，促进了江南的农业进步和地权市场发展；而转佃这一在永佃制之上形成的地权交易形式，进一步明确了土地产权的层次，不仅降低了交易的成本，而且保障了交易的顺利进行，同时，促进生产资源的优化配置和财产的动态安全。关于租佃制下的主佃关系，传统观点主要强调地主对于佃农的剥削压迫，现代学人则论证佃农对地主的恃强凌弱。清代的江南地区，这两种情况同时存在，但借助"佃权的物权化"的制度演进逻辑，永佃制在制度上满足了佃农生产经营和地主资产管理的需要，兼顾了主佃双方的利益，得到了广泛的应用，促进了江南农业生产力和地权市场的发展。另外，永佃制的兴起还带来了转佃这一地权交易形式的发展，进一步明确了土地产权的层次，保障了交易的顺利进行，同时，促进生产资源的优化配置和财产的动态安全。永佃制及转佃保障了生产的持续性，使得农业生产更具有效率。从中我们可以看出，中国地权市场的发展方向是更为清晰的地权结构和更为顺畅的市场流通，前者保障了不同权益拥有者的利益，后者促进了资源的优化配置。

二　永佃制的新制度经济学解释

基于上述分析，本篇对清代江南永佃制的兴起做了一个较为连贯的新制度经济学的解释：

在清代江南人口的缓慢增长、战争造成人口锐减和外向型农业的共同作用下，江南农业生产中一直都有劳动力短缺现象的存在，这使得江南农业发展呈现出"集约化"的发展。拥有剩余索取权的佃农虽然能够从"集约化"技术的推广中得到主要的收益，但还需一个具有长期执行效力并且可以贴现未来收益的地权形式予以保障，才会对土地进行的劳动和资本上的投资。

与此同时，江南持续增加的不在地主，通常在农业生产中"一切不问"，倾向于脱离土地控制与管理而获得地租。

在地权市场的发展上，永佃制契合"佃权的物权化"的演进逻辑，在制度上分别满足了佃农生产经营和地主资产管理的需要，促进了江南的农业进步和地权市场发展。

另外，永佃制的兴起还带来了转佃这一地权交易形式的发展，进一步明确了土地产权的层次，保障了交易的顺利进行，同时，促进生产资源的优化配置和财产的动态安全。这些，最终导致了永佃制在清代江南的兴起以致盛行。

三 主佃博弈分析的结论

为了简明地阐明这一过程，并结合历史数据进行验证，本篇还建立并分析了主佃博弈模型，结果证明，对于该时期在农业生产和投资上影响越来越小的地主来说，永佃制是最优的选择。对于城居地主和商人地主来说，情况更是如此。对于佃农来说，投资受到地租率的影响，当地租率处于50%—60%左右时，佃农会进行投资；当地租率下降到50%以下时，佃农则会进行长期投资。清代江南的秋季主粮地租率一般维持在50%，加上复种作物的影响，整体地租率要低于50%。结合清代江南农业的发展与农业投资的史实，发现二者是吻合的。

第四节 对当下农村土地改革问题的启示

我国农村土地制度在1978年的家庭联产承包责任制改革以后的很长一段时期都处于停滞不前的状态。长期保持着的集体所有制的外壳，与家庭承包经营权之间，不断产生制度的张力。在土地城市化、农村空心化、粮食安全等问题的多重挤压下，农村土地制度面临新的困局，难以同时很好地支撑城市发展、农民增收和粮食安全的需要。这其中关键问题在于，传统的农村土地集体所有制已经束缚了土地和劳动力资源的优化配置和动态调整。目前呼声甚高的"第四次土地改革"也只是在谨慎地进行确权颁证等必要前期准备工作，未来改革的方向尚未得到明确。在现有制度和观念的约束下，如何为新一轮农村土地改革破局，成为一个非常棘手的问题。

关于中国农地制度的进一步改革，理论界主要提出了三种方案：

第十一章　结论和政策启示

一是集体所有制不变，完善家庭承包；二是"国有永佃"，土地可适度流转；三是彻底私有化。当今关于农村土地改革的争论可谓众说纷纭，然而讨论虽然热烈，涉及具体改革，关系到千家万户，又不得不慎之又慎。或许，从中国丰富的历史中寻找经验教训，是探索改革方略、凝聚改革共识的一剂良方。本卷所论述的押租制、永佃制，以及它们背后的多层次产权和交易制度的宏大体系，对我们今天的改革顶层设计确实有许多足以发人深省的地方。

本卷从农户最优资产配置路径和产权/合约连续谱的角度，阐述了佃农由一般租佃所获得的不稳定、价值低的使用权，以不同的产权变迁路径，向稳定的、价值高的经营性物权或资产性物权发展，最终殊途同归，获得土地的完整产权的过程。这一戏剧性的产权变迁过程，一方面是佃农通过多次分期支付押租和长期投入专用性资产，不断增强其经营能力和资本实力；另一方面则是地主在土地产权占有上不断地妥协退让，以至最终放弃了土地的未来收益，而选择将其变现为现金。佃农通过其自身家庭几代人的努力获取土地产权的过程，就像图2-6和图6-3所显示的那样，是一个在产权阶梯上逐步攀升的过程，其间充满了艰辛的奋斗和勤勉的经营，是农户生产经营能力进步和农地制度多样化发展的一曲史诗。

从这个视野来观察土地租佃关系和产权关系的变迁，我们就会达到较之传统的"剥削论"和"兼并论"更为深刻的认知层面，并从中得到焕然一新的认识和领悟。当前农业现代化进程中所遇到的若干重大制度性问题，如土地规模经营、土地有序流转、土地资本化等，都可以从中国传统土地制度中找到借鉴和依据。这对于我们重新发现传统农业制度遗产的重大价值，并在现实的土地制度改革实践中予以继承和发扬，就显得尤为重要。这也就是本卷在中国传统农地多层产权交易体系的背景下，对佃权的多种表现形式——田面权、永佃权、经营性物权、部分的资产性物权——进行综合性研究的意义之所在。

中国当前农村土地政策是以"耕地红线"、粮食安全、社会稳定的底线思维来决定的。事关十几亿人的国计民生，底线思维固然十分重要，但我们划定底线的目的应该是在保底的基础上实现更大的发展,而不是以过度保护阻碍生产力的发展。在深化改革破局的关键阶段,除了我们本国丰富的历史经验可资借鉴之外,由于中外国情的不同,我们的政策参考对象着实不易找到。我们的历史经验证明,一个顺畅流转的地权市场可以在制度上保证资源的优化配置,并为农户提供多元化的上升通道和退出机制,在实现效率的同时兼顾社会公平。让有能力的人去经营土地,让有资本的人去投资土地,让无力或无心经营土地的人得到合理补偿地离开土地,让没有土地的人得到经营土地的机会,让祖国的每一寸土地都硕果累累,这些可以而且应该是我们土地政策改革的最终梦想!

参考文献

资料集

《清代乾嘉道巴县档案选编》，四川大学历史系、四川省档案馆编，四川大学出版社1989年版。

《江苏省实业行政报告书》，江苏省实业司编，1913年版。

李文治，章有义等编：《中国近代农业史资料》，生活·读书·新知三联书店1957年版。

《李煦奏折》，故宫博物院清档案部编，中华书局1976年版。

《民事习惯调查报告录》，前南京国民政府司法行政部编，中国政法大学出版社1998年版，《原载民商事习惯调查报告录》，司法行政部1930年5月印行。

《清代的旗地》，中国人民大学清史研究所、档案系中国政治制度史教研室编，中华书局1989年版。

《荣家企业史料》，上海社会科学院经济研究所编，上海人民出版社1980年版。

《台湾私法物权编》，台湾文献史料丛刊第九辑，孔昭明，台湾大通书局1987年版。

汪敬虞：《中国近代工业史资料（第2辑）》，科学出版社1957年版。

（刑科题本）《清代地租剥削形态》，乾隆刑科题本租佃关系史料之一，中国第一历史档案馆、中国社会科学院历史研究所，中华书局1982年版。

《豫鄂皖赣四省之租佃制度》，金陵大学农学院农业经济系编，金陵大学经济系印行，1936年。

章有义：《中国近代农业史资料（第三辑），生活·读书·新知三联书店1957年版。

《中国大百科全书·中国历史》（第三册），中国大百科全书总编辑委员会编，大百科全书出版社1992年版。

《中国经济年鉴》，实业部中国经济年鉴编纂委员会编，商务印书馆1934年版。

《中国经济年鉴》（1935年续编），实业部中国经济年鉴编纂委员会编，商务印书馆1936年版。

中文论文著作

卞利：《清代前期江西赣南地区的押租制研究》，《中国农史》1998年第3期。

滨岛敦俊：《试论明末东南诸省的抗、欠租与铺仓》，《中国社会经济史研究》1982年第3期。

蔡继明、方草：《对农地制度改革方案的比较分析》，《社会学研究》2005年第4期。

曹树基：《中国移民史·清、民国时期（第六卷）》，葛剑雄主编《中国移民史》，福建人民出版社1997年版。

曹树基：《中国人口史·清时期（第五卷）》，葛剑雄主编《中国人口史》，复旦大学出版社2001年版。

曹树基：《两种"田面田"与浙江的"二五减租"》，《历史研究》2007年第2期。

曹幸穗：《旧中国苏南农家经济研究》，中央编译出版社1996年版。

陈恒力：《补农书研究》，中华书局1958年版。

陈秋坤：《十九世纪初期土著地权外流问题——以岸里社的土地经营为例》，陈秋坤、许雪姬：《台湾历史上的土地问题》，《"中央"研究院台湾史田野研究室论文集》。

陈秋坤：《清代台湾土著地权——官僚、汉佃与岸里社人的土地变迁1700—1895》，"中央"研究院2008年版。

陈秋坤：《清代台湾土地占垦与地权分配》，《中国土地制度改革国际学术研讨会论文集》，清华大学，2008年。

陈太先：《成都平原租佃制度之研究》，萧铮主编《民国二十年代中国大陆土地问题资料》，成文出版社有限公司1977版。

陈争平：《近代中国手纺业的三次大抗争》，《中国经济史探索：陈争平文集》，浙江大学出版社2012年版。

陈正谟：《中国各省的地租》，李文海编，《民国时期社会调查丛编》二编《乡村经济卷》下册，福建教育出版社2009年版。

慈鸿飞：《民国江南永佃制新探》，《中国经济史研究》2006年第3期。

[日]村松祐次、邢丙彦：《清末民初江南地主制度文书研究》，《史林》2005年第3期。

丁萌萌：《演化博弈论视角下的永佃制变迁》，《首都经济贸易大学学报》2011年第5期。

董蔡时：《永佃制研究》，《董蔡时学术论文选集》，苏州大学出版社1998年版。

段本洛：《苏南近代社会经济史》，中国商业出版社1997年版。

樊树志：《农佃押租惯例的历史考察》，《学术月刊》1984年第4期。

樊树志：《十一至十七世纪江南农业经济的发展》，《中国史研究编辑部．中国封建社会经济结构研究》，中国社会科学出版社1985年版。

范金农：《江南社会经济史研究入门》，复旦大学出版社2012年版。

范如国：《制度演化及其复杂性》，科学出版社2011年版。

方行：《中国封建社会的经济结构与资本主义萌芽》，《历史研究》1981年第4期。

方行：《清代前期的预租》，《清史研究》1992年第2期。

方行：《中国封建社会农民的经营独立性》，《中国经济史研究》1995年第1期；另载于方行《中国封建经济史论稿》，商务印书馆2004年版。

方行：《清代农民经济扩大再生产的形式》，《中国经济史研究》1996

年第 1 期。

方行:《清代佃农的中农化》,《中国学术》第 2 辑,商务印书馆 2000 年版。

方行:《清代前期江南的劳动力市场》,《中国经济史研究》2004 年第 2 期。

方行:《清代租佃制度述略》,《中国经济史研究》2006 年第 4 期。

方行:《清代前期的土地产权交易》,《中国经济史研究》2009 年第 2 期。

方行、魏金玉、经君健:《中国经济通史·清代经济史》,经济日报出版社 2000 年版。

费孝通:《江村经济——中国农民的生活》,商务印书馆 2006 年版。
英文版:Hsiao Tung Fei. *Peasant life in China: a field study of country life in the Yangtze valley Chinese*,Routledge Kegan & Paul,1981.

冯尔康:《清代押租制与租佃关系的局部变化》,《顾真斋文丛》,中华书局 2003 年版。原载《南开学报》1980 年第 1 期。

傅衣凌:《明清农村社会经济》,生活·读书·新知三联书店 1961 年版。

傅衣凌:《明清封建土地所有制论纲》,中华书局 2007 年版。

高王凌:《经济发展与地区开发:中国传统经济的发展序列》,海洋出版社 1999 年版。

高王凌:《地租征收率的再探讨》,《清史研究》2002 年第 2 期。

高王凌:《租佃关系新论——地主、农民和地租》,上海书店出版社 2005 年版。

葛剑雄:《中国人口发展史》,福建人民出版社 1991 年版。

葛剑雄:《中国人口史·导论、先秦至南北朝时期(第一卷)》,葛剑雄,《中国人口史》,复旦大学出版社 2001 年版。

耿元骊:《宋代"田制不立"新探》,《求是学刊》2009 年第 36 (4) 期。

龚六堂:《动态经济学方法》,北京大学出版社 2014 年版。

郭汉鸣、孟光宇:《四川租佃问题》,李文海:《民国时期社会调查丛编》二编《乡村经济卷》，下册，福建教育出版社 2009 年版。

郭松义：《清初封建国家垦荒政策分析》，《中国社会科学院历史研究所清史研究室》，《清史论丛（第二辑）》，中华书局 1980 年版。

何炳棣：《明清以降人口及其相关问题：1368—1953》，葛剑雄译，生活·读书·新知三联书店 2000 年版。

何国卿：《传统农地押租制多重功能的制度经济学研究》，硕士学位论文，清华大学，2012 年。

何梦蕾：《苏州、无锡、常熟三县租佃制度之调查》，萧铮（主编），《民国二十年代中国大陆土地问题资料》，成文出版社有限公司 1977 年版。

洪璞：《明代以来太湖南岸乡村的经济与社会变迁——以吴江县为中心》，中华书局 2005 年版。

侯璐：《凝结在地权中的农民多重权益》，硕士学位论文，清华大学，2009 年。

黄冕堂：《论清代的货币地租》，《山东大学学报》1990 年第 2 期。

[美] 黄宗智：《华北的小农经济与社会变迁》，中华书局 1986 年版。

[美] 黄宗智：《长江三角洲的小农家庭与乡村发展》，中华书局 1992 年版。

[美] 黄宗智：《长江三角洲的小农家庭与乡村发展》，中华书局 2000 年版。

[美] 黄宗智：《法典、习俗与司法实践：清代与民国的比较》，上海书店出版社 2003 年版。

贾丽英：《汉代"名田宅制"与"田宅逾制"论说》，《史学月刊》2007 年第 1 期。

江太新：《清代前期押租制的发展》，《历史研究》1980 年第 3 期。

江太新：《论预租制的发生和发展》，《中国经济史研究》1988 年第 2 期。

江太新：《论福建押租制的发生和发展》，《中国经济史研究》1989 年第 1 期。

江太新：《对清代土地关系变化的新认识》，《中国经济史研究》2010

年第 4 期。

姜彬：《稻作文化与江南民俗》，上海文艺出版社 1995 年版。

蒋中一：《动态最优化基础》，中国人民大学出版社 2015 年版。

瞿明宙：《中国农田押租底进展》，薛暮桥、冯和法：《中国农村论文选》，人民出版社 1983 版。原载《中国农村》1935 年第 14 期。

李伯重：《唐代江南农业的发展》，农业出版社 1990 年版。

李伯重：《清代前中期江南人口的低速增长及其原因》，《清史研究》1996 年第 2 期。

李伯重：《宋末至明初江南农民经营方式的变化——十三、十四世纪江南农业变化探讨之三》，《中国农史》1998 年第 2 期。

李伯重：《唐初至清中叶江南人口的变化——答陈意新〈节育减缓了江南人口的增长？〉》，《中国学术》第 7 辑，商务印书馆 2001 年版。

李伯重：《"江南地区"之界定》，李伯重，《发展与制约——明清江南生产力研究》，联经出版事业有限公司 2002 年版。

李伯重：《江南农业的发展（1620—1850）》，王湘云译，上海古籍出版社 2007 年版。

李伯重：《19 世纪初期华亭—娄县地区的城市化水平》，《中国经济史研究》2008 年第 2 期。

李德英：《从成都平原租佃纠纷个案论押租制的双重意义》，《历史档案》2005 年第 1 期。

李德英：《国家法令与民间习惯：民国时期成都平原租佃制度新探》，中国社会科学出版社 2006 年版。

李德英：《民国时期成都平原的押租与押扣——兼与刘克祥先生商榷》，《近代史研究》2007 年第 1 期。

李德英：《20 世纪 30 年代成都平原佃农地主结构分析》，《中国经济史研究》2007 年第 4 期。

李德英：《成都平原的佃农经济》，蔡继明、邝梅主编，《中国土地制度改革》，经济科学出版社 2009 年版。

李恒全：《汉代限田制说》，《史学月刊》2007 年第 9 期。

李金铮、邹晓昇：《二十年来中国近代乡村经济史新探索》，《历史研究》2003年第4期。

李三谋、李震：《清代永佃权性质重探》，《中国农史》1999年第3期。

李文治：《明清时代封建土地关系的松解》，中国社会科学出版社2007年版。

李中清、王丰：《人类的四分之一：马尔萨斯的神话与中国的现实（1700—2000）》，生活·读书·新知三联书店2000年版。

梁方仲：《中国历代户口、田地、田赋统计》，上海人民出版社1980年版。

刘承涛：《民国民法·永佃权考》，硕士学位论文，华东政法大学，2008年。

刘克祥：《1927—1937年农业生产与收成、产量研究》，《近代史研究》2001年第5期。

刘克祥：《近代四川的押租制与地租剥削》，《中国经济史研究》2005年第1期。

刘森：《土地关系与农村社会》，暨南大学出版社2011年版。

刘永成：《清代前期佃农抗租斗争的新发展》，中国社会科学院历史研究所清史研究室编：《清史论丛（第一辑）》，中华书局1979年版。

刘永成：《清代前期的农业租佃关系》，中国社会科学院历史研究所清史研究室编：《清史论丛（第二辑）》，中华书局1980年版。

刘永成：《中国租佃制度史》，文津出版社1997年版。

刘泽民：《大甲东西社古文书》，"国史馆"台湾文献馆2003年版。

龙岱、林顿：《清代四川押租制的起源及其背景》，《社会科学研究》1988年第2期。

龙登高：《11—19世纪中国地权市场分析》，《中国农史》1997年第3期。

龙登高：《江南市场史——十一到十九世纪的变迁》，清华大学出版社2003年版。

龙登高：《地权交易：融通需求与维系产权的取向》，《中国工商业、金融史的传统与变迁——十至二十世纪中国工商业、金融史国际学术研讨会论文集》，2007年。

龙登高：《从人格化交易到非人格化交易的历史转变：中国经济史视角的理解》，"中央"研究院中山人文社会科学研究所专题演讲，2007年。

龙登高：《地权市场与资源配置：基于清代地权交易案例的解释》，《基调与变奏：七至二十世纪的中国》，台北政治大学与"中央"研究院2008年版。

龙登高：《清代地权交易的多样化发展》，《清史研究》2008年第3期。

龙登高：《地权交易与生产要素组合：1650—1950》，《经济研究》2009年第2期。

龙登高：《朴素的经济自由主义取向——中国民间经济与基层社会的管理传统流变》，《上海论坛》2011年第5期。

龙登高：《地权市场与资源配置》，福建人民出版社2012年版。

龙登高：《中国传统地权制度及其变迁》，中国社会科学出版社2018年版。

龙登高：《中国传统地权制度论纲》，《中国农史》2020年第2期。

龙登高、彭波：《近世佃农经营的性质与收益比较》，《经济研究》2010年第1期。

龙登高、任志强、赵亮：《近世中国农地产权的多重权能》，《中国经济史研究》2010年第4期。

龙登高、温方方：《传统土地制度演进》，《中国社会科学报》2011年5月5日第9版。

吕国桢：《荒地闯出百万年薪——15个年轻人的希望故事》，《商业周刊（台湾）》第1043期，2007年11月25日。

吕平登：《四川农村经济》，商务印书馆1936年版。

茆荣华、王佳：《论押租》，《法学》2003年第6期。

闵宗殿：《宋明清时期太湖地区水稻亩产量的探讨》，《中国农史》

1984年第3期。

闵宗殿:《江苏稻史》,《农业考古》1986年第1期。

欧学芳:《四川郫县实习调查日记》,萧铮主编《民国二十年代中国大陆土地问题资料》,成文出版社有限公司1977年版。

彭文和:《湖南湖田问题》,萧铮(主编):《民国二十年代中国大陆土地问题资料》,成文出版社有限公司1977年版。

乔启明:《江苏昆山、南通、安徽宿县农佃制度之比较以及改良农佃问题之建议》,李文通编《民国时期社会调查丛编》二编《乡村经济卷》下册,福建教育出版社2009年版。

乔启明、蒋杰:《抗战以来各省地权变动概况》,李文海编《民国时期社会调查丛编》二编《乡村经济卷》下册,福建教育出版社2009年版。

秦和平:《凉山彝区近代土地租佃及押租制》,《西南民族大学学报》1988年第3期。

全汉昇、王业键:《清代的人口变动》,《历史语言研究所集刊》,第32册,1961年。

宋秀元:《从乾隆刑科题本看清代押租制》,《故宫博物院院刊》1983年第4期。

田炯权:《清末民国时期湖南的米谷市场和商品流动》,《清史研究》2006年第1期。

汪敬虞:《中国近代经济史(1895—1927)》,经济管理出版社2007年版。

王昉:《中国古代农村土地所有权与使用权关系:制度思想演进的历史考察》,复旦大学出版社2005年版。

王昉:《传统中国社会中租佃制度对产出的作用分析——基于德怀特·希·帕金斯视角的研究》,《财经研究》2006年第3期。

王昉:《传统中国社会农村土地所有权和使用权关系的演变——以租佃制度为中心的分析》,《河北经贸大学学报》2007年第3期。

王加华:《民国时期一年两作制江南地区普及问题考》,《中国农史》2009年第2期。

王建革:《人口、生态与地租制度》,《中国农史》1998年第3期。

王思明:《美洲原产作物的引种栽培及其对中国农业生产结构的影响》,《中国农史》2004年第2期。

魏金玉:《清代押租制度新探》,《中国经济史研究》1993年第3期。

温方方:《传统中国土地契约多样性分析——基于合约理论的研究》,《中国经济史研究》2015年第1期。

闻鸣:《地权市场的"金融性"解释——基于清代地权市场的研究》,硕士学位论文,清华大学,2006年。

闻鸣、侯璐:《清代地权交易安排与现代金融工具的相似性》,《中国工商业、金融史的传统与变迁——十至二十世纪中国工商业、金融史国际学术研讨会论文集》,2007年。

乌廷玉:《中国租佃关系通史》,吉林文史出版社1992年版。

吴承明:《中国资本主义与国内市场》,中国社会科学出版社1985年版。

吴承明:《中国的现代化:市场与社会》,生活·读书·新知三联书店2001年版。

谢冬水:《永佃制的结构、演化及对现实的启示》,《中国农业大学学报》2010年第3期。

谢美娥、江长青、何淑宜:《评李伯重〈江南的早期工业化(1500—1850)〉》,《台湾师范大学历史学报》第30期,2002年。

徐畅:《抗战前长江中下游地区城居地主述析》,《文史哲》2002年第4期。

徐美银:《永佃制的起源:演化博弈理论的解释》,《中大管理研究》2008年第3期。

徐铭:《凉山彝族奴隶社会的押租制》,《西南民族大学学报》1983年第1期。

许涤新、吴承明:《中国资本主义的萌芽》,人民出版社1985年版。

严中平:《中国近代经济史(1840—1894),人民出版社2012年版。

杨国桢:《论中国永佃权的基本特征》,《中国社会经济史研究》1988年第2期。

杨国桢：《明清土地契约文书研究（修订版）》，中国人民大学出版社2009年版。

杨国桢：《明清土地契约文书研究》，人民出版社1988年版。

杨际平：《宋代"田制不立"、"不抑兼并"说驳议》，《中国社会经济史研究》2006年第2期。

杨际平：《〈宋代"田制不立"、"不抑兼并"说〉再商榷——兼答薛政超同志》，《中国农史》2010年第2期。

杨勇：《北魏均田制下产权制度变迁分析》，《史学月刊》2005年第8期。

应廉耕：《四川省租佃制度》，李文海编《民国时期社会调查丛编》二编《乡村经济卷》下册，福建教育出版社2009年版。

于振波：《张家山汉简中的名田制及其在汉代的实施情况》，《中国史研究》2004年第1期。

苑书义、董丛林：《近代中国小农经济的变迁》，人民出版社2001年版。

张弛：《永佃制的法律经济分析》，《江苏社会科学》2005年第3期。

张崇旺：《明清时期江淮地区的自然灾害与社会经济》，福建人民出版社2006年版。

张红宇：《中国农村的土地制度变迁》，中国农业出版社2002年版。

张湖东：《权利自由切分与交换——中国传统土地交易再研究》，《中国经济史研究》2014年第3期。

张金光：《普遍授田制的终结与私有地权的形成——张家山汉简与秦简比较研究之一》，《历史研究》2007年第5期。

张少筠、慈鸿飞：《清至新中国建立初期政府永佃权政策的演变——以国家和福建地方互动为中心的考察》，《中国农史》2011年第1期。

张研：《对中国历史上人口问题的思考》，中央政策研究室，2001年。

张研：《17—19世纪中国的人口与生存环境》，黄山书社2008年版。

章有义：《明清徽州土地关系研究》，中国社会科学出版社1984年版。

章有义：《康熙初年江苏长洲三册鱼鳞簿所见》，《中国经济史研究》1988年第4期。

赵冈：《人口、垦殖与生态环境》，《中国农史》1996年第15期。

赵冈：《从制度学派的角度看租佃制》，《中国农史》1997年第2期。

赵冈：《传统农村社会的地权分散过程》，《南京农业大学学报》2002年第2期。

赵冈：《地权分配之太湖模式再检讨》，《中国农史》2003年第1期。

赵冈：《永佃制研究》，中国农业出版社2005年版。

赵冈：《中国土地制度史》，新星出版社2006年版。

赵冈：《中国传统农村的地权分配》，新星出版社2006年版。

赵冈：《论"一田两主"》，《中国社会经济史研究》2007年第1期。

赵冈、陈钟毅：《中国土地制度史》，联经出版事业有限公司1982年版。

赵俪生：《均田制的破坏》，《天津社会科学》1982年第5期。

赵亮、龙登高：《土地租佃与经济效率》，《中国经济问题》2012年第2期。

赵亮、龙登高：《地权交易、资源配置与社会流动——以19世纪台湾范家土地交易与家族兴衰为中心》，《中国经济史研究》2012年第3期。

赵文林、谢淑君：《中国人口史》，人民出版社1988年版。

赵晓力：《中国近代农村土地交易中的契约、习惯与国家法》，《北大法律评论》1998年第2期。

郑天挺、吴泽、杨志玖：《中国历史大辞典》，上海辞书出版社2007年版。

周远廉：《清代租佃制研究》，辽宁人民出版社1986年版。

周子良：《永佃权的历史考察及其当代价值》，《现代法学》2002年第4期。

朱绍侯：《论汉代名田（受田）制及其破坏》，《河南大学学报》2004年第1期。

中文译著

［美］道格拉斯·C. 诺斯：《经济史上的结构与变革》，厉以平译，商务印书馆2009年版。

［美］罗伯特·C. 埃里克森：《复杂地权的代价：以中国的两个制度为例》，《清华法学》2012年第1期。

［美］彭慕兰：《大分流——欧洲、中国及现代世界经济的发展》，史建云译，江苏人民出版社2010年版。

［英］珀金斯：《中国农业的发展（1368—1968）》，宋海文等译，上海译文出版社1984年版。

［苏联］恰亚诺夫：《农民经济组织》，萧正洪译，中央编译出版社1996年版。

［美］西奥多·W. 舒尔茨：《改造传统农业》，梁小民译，商务印书馆2006年版。

［英］亚当·斯密：《国富论》，唐日松等译，华夏出版社2005年版。

张五常：《佃农理论——应用于亚洲的农业和台湾的土地改革》，易宪容译，商务印书馆2000年版。

外文论文著作

Alchian A., Demsets H., "Production, Information Costs and Economic Organization", *American Economic Review*, 62, 1972.

Braudel. F., "*Civilization and Capitalism: 15th – 18th centuries*". Vol. 1: *The Structure of Everyday Life (English version)*. Fontana Press, 1985.

Cass D., "Optimum Growth in an Aggregative Model of Capital Accumulation", *Review of Economic Studies*, 1965, 32 (32).

Cheung S. N. S., *The Theory of Share Tenancy*, "Chicago, University of Chicago Press". 中文版：张五常：《佃农理论——应用于亚洲的农业和台湾的土地改革》，商务印书馆2000年版。

Cheung S. N. S., "The Contractual Nature of the Firm", *Journal of Law and Economics*, Vol. 26, No. 1 (Apr., 1983). 中文版：张五常：《企业的契约性质》，陈郁编，《企业制度与市场组织——交易费用经济学文选》，上海人民出版社 2006 年版。

Coase R. H., "The Nature of the Firm", *Economica, New Series*, Nov. 1937, 4 (16).

Coase R. H., "The Problem of Social Cost", *Journal of Law and Economics*, 1960, III.

Fama E., Jensen M., "Separation of Ownership and Control", *Journal of Law and Economics* 1983, 26 (2).

Fama E., Jensen M., "Agency Problems and Residual Claims", *Journal of Law and Economics*, 1983, 26 (2).

Fisher I., "The Theory of Interest: as determined by impatience to spend income and opportunity to invest it", New York: The Macmillan Co. 中文版：[美] 菲歇尔：《利息理论》，上海人民出版社 1999 年版。

Grossman S., Hart O., "The Costs and Benefits of Ownership: a theory of vertical and lateral integration", *Journal of Political Economy*, Vol. 94.

Hart O., Moore J., "Property Rights and the Nature of the Firm", *Journal of Political Economy*, Vol. 98.

Jensen M., Meckling W., "Theory of the Firm: Managerial Behavior, Agency Costs and Ownership Structure", *Journal of Financial Economics*, Vol. 3, 1976.

Kahneman D., Knetsch J. L., Thaler R. H., "Experimental Tests of the Endowment Effect and the Coase Theorem", *Journal of Political Economy*, 1990, 98 (6).

Montet C., Serra D., *Game Theory and Economics*, New York: Palgrave Macmillan Ltd. 中文版：[法] 克里斯汀·蒙特、丹尼尔·塞拉：《博弈论与经济学》，经济管理出版社 2005 年版。

North D. C., Thomas R. P., "*The Rise of the Western World: A New Economic History*", Pitt Building: Cambridge University Press. 中文版：[美] 道格拉斯·诺斯、罗伯特·托马斯：《西方世界的兴起》，华

夏出版社 2009 年版。

Polanyi M.，"The Tacit Dimension"，*London*：*Routledge & Kegan Paul*，1967.

Pomerantz K.，"Land Markets in Late Imperial and Republican China"，*Continuity and Change*，2008，Vol. 23，Special Issue 1.

Smith J. M.，"Evolution and the Theory of Games"，*Cambridge University Press*，1982.

Thaler R. H.，"Toward aPositive Theory of Consumer Choice"，*Journal of Economic Behaviour and Organization*，1980，1（1）.

Tversky A.，Kahneman D.，"Loss Aversion in Riskless Choice：A Reference-Dependent Model"，*The Quarterly Journal of Economics*，1991，106（4）.

Williamson O. E.，*The Economic Institutions of Capitalism：Firms，Markets，Relational Contracting*，Free Press. 中文版：[美] 奥利弗·E. 威廉姆森：《资本主义经济制度——论企业签约与市场签约》，商务印书馆 2002 年版。

Young H. P.，*Individual Strategy and Social Structure：An Evolutionary Theory of Institutions*，Princeton，NJ：Princeton University Press. 中文版：[美] H. 培顿·扬：《个人策略与社会结构》，上海三联书店、上海人民出版社 2004 年版。

Zelin M.，Ocko J.，Gardella R.，*Contract and Property in Early Modern China*，Stanford University Press. 中文版：[美] 曾小萍、欧中坦、加德拉编：《早期近代中国的契约与产权》，浙江大学出版社 2011 年版。

浜島敦俊：《北京図書館蔵「莆阳讞牘」簡紹——租佃関係を中心に》，《北海道大學文學部紀要》1983 年第 32 卷第 1 號。

松田吉郎：《台湾の水利事業と一田両主制——埔価銀·磧地銀の意義》，陈秋坤、许雪姬：《台湾历史上的土地问题》，《"中央"研究院台湾史田野研究室论文集》。

电子文献

刘英团：《农民土地财产权需要立法保障》，http：//haiwai. people. com. cn/n/2012/0110/c232604-16664767. html，2012-01-10/2020-11-12。

新华网：《中央一号文件鼓励"资本下乡"》，http：//finance. people. com. cn/n/2013/0215/c70846-20488950. html，2013-02-15/2020-11-12。

中华人民共和国国家统计局网：《全国年度统计报告（1978—2019）》，http：//www. stats. gov. cn/tjsj/tjgb/ndtjgb/qgndtjgb，2020-11-12。

中央人民政府网：《中共中央 国务院关于加快发展现代农业 进一步增强农村发展活力的若干意见（2012-12-31）》，http：//www. gov. cn/gongbao/content/2013/content_2332767. htm，2013-01-31/2020-11-12。

古籍

（明）黄印：《锡金识小录》，凤凰出版社2012年版。

（明）谢肇淛：《五杂俎》，上海书店出版社2015年版。

（明）杨循吉：嘉靖《吴邑志》，少陵出版社2000年版。

（明）朱国桢：《涌幢小品》，上海古籍出版社2012年版。

（明清）顾炎武：《天下郡国利病书》，上海古籍出版社2012年版。

（清）佚名：《沈氏农书》，农业出版社1983年版。

（清）包世臣：《齐民四术》，中华书局2001年版。

（清）方浚颐：《梦园丛说内篇》，光绪刻本。

（清）顾禄：《清嘉录》，上海古籍出版社1986年版。

（清）顾震涛编著：《吴门表隐》，江苏古籍出版社1999年版。

（清）郭琇修，屈运隆编：康熙《吴江县志》，《中国地方志集成·江苏府县志辑》第20册。

（清）何石安、魏源辑：《重刊蚕桑图说合编》序，道光重刊本。

（清）姜皋：《浦泖咨农》，道光十四年刻本。

（清）姜顺蛟、叶长扬修著：乾隆《吴县志》，《中国地方志集成·善本方志辑》第 1 编，凤凰出版社 2008 年版。

（清）李调元：《卖田说》，《童山文集补遗（一）》，《丛书集成初编》。

（清）齐学裘：《见闻随笔》，上海古籍出版社 1996 年版。

（清）钱泳：《履园丛话》，中华书局 1997 年版。

后 记

本卷是在清华大学经济史研究中心主任龙登高教授的指导和帮助下，由唐云建、何国卿、魏星三人的硕士论文合编而成①。其中，唐云建的论文对应于第一章至第三章（上篇），何国卿的论文对应于第四章至第六章（中篇），魏星的论文对应于第七章至第十章（下篇），第十一章为何国卿综合各篇内容编写而成。这三篇论文都从某个方面涉及到了中国近世土地制度向"底面分离"和佃权扩张的演化方向，故而定名为"佃权新论——中国传统农地经营权制度研究"。

在此必须说明的是，本卷的思想方向和关键概念都主要是由我们的导师龙登高教授开创和传授的，我们则从各自的角度进行了阐释和发挥。尽管也不乏精彩的理论解释、观点创见和模型建构，尤其是用数学模型和博弈论分析将问题的论述变成更为正式的经济学理论，并尽力对模型进行了数据检验，但疏漏不足之处想必在所难免，欢迎读者批评指正。在老师的热情鼓励下，我们认为或许有加工发表、就教于方家的些许价值。当然，在各自的论述范围内，我们文责自负。

全卷由何国卿进行统稿，重新编排了章节和体例，吸收了一些最新的研究成果，增加了部分总结内容，并对全书文字进行了修订。

---

① 这三篇硕士学位论文分别是：唐云建：《多层次地权交易市场中农户动态土地配置策略研究》，硕士学位论文，清华大学，2016年；何国卿：《传统农地押租制多重功能的制度经济学研究》，硕士学位论文，清华大学，2012年；魏星：《清代江南永佃制的经济学研究》，硕士学位论文，清华大学，2013年。

后　　记

　　非常感谢龙登高教授、唐云建、魏星及同门和同行的良师益友们，本卷没有你们的帮助和鼓励是不可能完成的，你们是我在学术和人生道路上不懈奋进的灵感源泉和巨大动力！

何国卿

2020 年 11 月 12 日

于中南财经政法大学文泉楼